KB154447

언론인 춘원 이광수

정진석

목차

일러두기

1) 인용문: 원문을 따르되 한자는 한글로. 철자법은 현대문으로 바꾸는 것을 원칙으로 한다.

2) 출전: 가능하면 원래 발표 지면에서 인용하였다.

    ① 잡지; 『청춘』, 『삼천리』, 『동광』 등

    ② 신문: 독립신문, 동아일보, 조선일보 등.

3) 신문 잡지에 실렸던 글 가운데도 『이광수 전집』(삼중당, 우신사)에서 인용한 경우가 있다.

4) 두 개의 『이광수 전집』 인용은 통일되어 있지는 않다. 삼중당판과 우신사판 인용의 혼용이다. 안창호 일기도 전집과 혼용되어 있다.

5) 문장부호:

    ① 신문: 부호 없이 동아일보, 조선일보 등으로. 다만 널리 알려지지 않은 신문은 겹낫표를 사용한 경우도 있다.

    ② 잡지와 단행본; 겹낫표 사용. 『청춘』, 『개벽』.

    ③ 논문; 홑낫표 사용. 「민족개조론」, 「민족적 경륜」

    ④ 연재소설; 홑낫표 사용. 「단종애사」, 「이순신」, 「흙」

이광수의 필명*

　이광수는 몇 개의 필명으로 글을 썼다. 어릴 적 이름은 보경(寶鏡)이었다. 자신의 필명에 관해서 이광수는 이렇게 설명했다.

　첫 필명은 '고주(孤舟)'. "끝없이 망망한 큰 바다 위에 외로운 배―그 배가 지향 없이 흘러가는 것이 어쩐지 나의 소년시대의 사정을 그린듯하였다. 그러나 '외돛'이라 함이 나의 고단한 가정과 나의 외로운 신세를 너무나 핍진하게 그린 듯하여 17~8년 전에 '춘원'으로 고치었다." 이리하여 가장 널리 알려진 필명은 '춘원'이다.

　'올보리'에서 유래한 필명이 춘원이다. 올보리는 5월의 보리. 농가에서는 이른 보리를 먹었다. 비록 다 익지는 못하였으나 양식이 떨어진 늦은 봄 농민들은 올보리를 긴요하게 식량으로 삼는다. 자신의 재능이 다 익지는 못하였더라도 사회에 도움이 되자는 뜻으로 지은 필명이었다. 하지만 처음부터 이를 필명(아호)으로 사용할 생각은 아니었고, 익명으로 사용할 작정이었는데, 결국 가장 널리 알려진 필명이 되었다.

　'장백산인'은 상해에 있을 때에 안창호가 지어준 필명이다. 안창호는 세 가지 이유를 들었다. 첫째, 장백산 아래 조선에서 태어났으니 장백이오, 둘째, 장백은 결백을 의미하고, 셋째, 돈이 없으니 건달이란 뜻이 포함된다. 상해의 추운 겨울에 옷이 없어서 흰옷을 입고 지내면서 어쩐지 그 건달이라는 말이 옳은 듯하였고, 여관에서 변성명을 하느라고 '이장백'으로 행세하였는데, 그 후 필명으로 널리 알려지게 되었다.

　상해 독립신문에는 '천재', '송아지' 등의 가명을 쓰기도 했다. 국내로 돌아온 후 1921년 7월호 『개벽』에 처음 발표한 「중추계급과 사회」, 「소년에게」(1921.11~1922.3.)는 '노아자(魯啞子)'라는 필명을 사용했다.

　가야마 미츠로(香山光郎). 1940년 2월 11일 이광수는 일본 이름으로 창씨개명하고 친일의 길로 들어선 사실을 공개했다.

＊ 이광수, 「아호의 유래, 춘원과 장백산인」, 『삼천리』, 1930.5. 초하호, pp.75~76.

100년 전의 특파기자

춘원 이광수(春園 李光洙, 1892.2.28~1950.10.25)는 한국 문학사 연구에 비켜갈 수 없는 높은 산맥이다. 하지만 우리는 이광수가 문인이면서 언론인, 논객이었다는 사실은 흔히 잊어버리고 만다. 그는 문인으로 이름이 알려지던 때부터 언론의 계몽적 기능을 깨달았고, 우리말과 글의 대중화를 통해서 언론의 역할을 효율적으로 수행할 수 있다고 생각했다. 그래서 문학 활동을 시작하던 무렵부터 신문 잡지에 글을 쓰면서 언론의 기능에도 깊은 관심을 기울였다. 한국문학사의 첫 근대소설 「무정」을 발표하던 1917년에는 매일신보·경성일보의 특파원에 임명되어 본격적인 취재 르포기사 「오도답파여행기(五道踏破旅行記)」를 한국어와 일어로 연재하면서 언론인으로 활동하였다. 식민지 치하에서 한국어 일간지가 매일신보 하나밖에 없던 100년 전의 일이다.

1919년에 상하이에서 이광수가 발행한 『독립신문』은 독립운동사의 귀중한 역사적 사료로도 활용되고 있다. 조선일보와 동아일보 창간보다 한 해 먼저였다. 동아일보 편집국장 두 차례, 조선일보 부사장 겸 편집국장으로 재직하는 동안 언론과 문학의 경계를 가르지 않고 글을 썼다. 역사소설 「이순신」은 동아일보 편집국장 재직 시에 아산 현충사 유적보존운동을 벌이면서 연재했고, 「흙」은 전국적인 농촌계몽, 문자보급운동의 신문 캠페인 소설이었다.

이광수 문학 연구는 그가 창작 활동을 시작한 1910년대 이후 오늘에 이르기까지 끊임없이 진행되고 있다. 우리나라 작가론의 순위에서 가장 높은 자리를 차지하는 인물이 이광수다.[1] 이광수는 긍정과 부정적인 관점을 떠나 어떤 이데올로기 잣대를 들이대더라도 한국 문학사에서 언급하지 않을 수 없을 정도로 작품의 분량이 많고 위상이 높다. 일제 강점기부터 연구논문과 연구서가 오늘날까지 끊임없이 나오고 있으며 1960년대에는 이광수 문학전집이 출간되었다. 춘원연구학회가 창립되던 2007년 9월까지 이광수 연구는 단행본 50여 권, 학위논문 270여 편, 각종 학술논문과 단편 800여 편이 나왔다.[2] 2002년에는 『이광수 문학사전』(한승옥, 고려대학교 출판부)도 출간되었다. 이광수는 근대문학의 텃밭에 처음으로 씨앗을 뿌린 개척자이면서 끊임없는 논란의 중심에서 논설을 썼던 논객이었다.

처음에는 이광수의 언론활동을 연구논문으로 집필할 생각이었다. 나는 일찍이 상하이 발행 『독립신문』을 연구하는 과정에서[3] 이광수의 언론

---

1. 김영민, 「남·북한에서의 이광수 문학 연구사 정리와 검토」, 『동방학지』, 연세대학교 국학연구원, 1994.3. p.157.

2. 최혜림, 「춘원 이광수 연구사 목록」, 『춘원연구학보』1호. 2008. 춘원연구학회, pp.329~388.

3. 정진석, 「상해판 독립신문에 관한 연구」, 『산운사학』, 1990, pp.119~159; 이 논문은 「상해판 독립신문과 임시정부의 독립운동」, 『언론과 한국현대사』, 커뮤니케이션북스(2001, pp.278~333)에 전재.

활동에 주목하였다. 그래서 언젠가 한 편의 논문을 쓸 생각을 가지고 있었다. 그런데 시작하고 보니 논문 한 편으로는 도저히 그의 언론활동을 제대로 담아 낼 수 없음을 깨달았다.

30년 전에는 육당 최남선의 언론활동을 연구 한 적도 있었다.[4] 그는 문인, 사학자 등 계몽지식인으로서 여러 분야에 대단한 업적을 남긴 인물이지만, 문학과 역사 분야의 저술과 독립선언문을 기초하였다는 활동 등이 워낙 널리 알려졌기 때문에 '언론인'이라는 사실은 자신의 그림자에 묻혀버린 경향이 있었다.

이광수, 최남선, 홍명희는 '조선의 세 천재(三才)'로 불렸던 도쿄 유학생 출신이다.[5] 세 사람은 친구였고, 문인이면서 언론활동을 병행했던 공통점이 있다. 이광수와 최남선은 일제 말기의 친일행적이 그 이전 활동을 공정하게 평가 받는데 걸림돌이 되고 있다. 홍명희는 동아일보 주필 겸 편집국장이었다가 시대일보 사장을 지내기도 했는데 광복 후에 월북했고, 앞의 두 문인처럼 자신이 쓴 「임꺽정」의 그림자에 가려서 언론활동 연구는 등한시 된 측면이 있다.

이 책은 '언론인 이광수'에 초점을 맞추었다는 점을 미리 밝혀두고자 한다. 언론활동 이외의 발자취도 어느 정도 살펴보았지만 언론활동을 설명하기 위한 배경으로 이해하면 된다. 이광수는 1914년에 치타의 『대한인정교보』 주필로 시작했던 언론생활을 1934년 5월 22일 조선일보 사퇴를

---

4. 정진석, 「언론인 최남선」, 『한국 현대언론사론』, 전예원, 1985; 이 논문은 「문사일체 최=남선의 언론활동」, 『역사와 언론인』, 커뮤니케이션북스(2001, pp.354~423)에 전재하였다.

5. 「인재순례(제일편), 신문사측」, 『삼천리』, 1930.1. 이광수는 "속칭 玄相允 文一平 씨 등과 가치 定州 3才 중 일인, 또는 碧初[홍명희], 六堂[최남선]과 함께 조선 3才 중의 한 사람"이라고 평했다.

공개적으로 선언하면서 일단 마감했다. 하지만 이듬 해 편집고문에 위촉되어 「일사일언」 칼럼을 집필하였으므로 언론과의 인연이 아주 끊어지지는 않은 상태였다고 볼 수 있다.

이광수의 언론활동이 완전히 단절된 때는 1937년 6월 7일 동우회사건으로 구속된 이후였다. 문학 활동은 제한된 상태로나마 가능했지만, 이때부터는 본인의 의지와는 상관없이 언론활동을 할 수 없었다. 언론인 이광수를 살펴본 이 책도 거기서 끝이 난다. 1940년 2월 20일자 매일신보에 가야마 미츠로(香山光郞)라는 일본 성과 이름으로 창씨 개명한 이유를 공개하고 친일의 길로 들어선 이후 부분은 다루지 않았다. 그의 친일을 눈감아주자는 뜻은 아니다. 이에 관해서는 이전에 다른 분들의 연구가 많다는 이유 외에도 이 책이 다루고자 하는 범위를 벗어나기 때문이다.

책을 쓰는 동안 여러 선행 연구자들의 저서와 논문의 도움을 많이 받았다. 하지만 이광수가 직접 쓴 글들이 집필에 결정적인 길잡이였음은 길게 말 할 필요도 없다. 이광수는 자신을 소설의 모델로 삼거나 기행문과 회고록으로도 남겼고, 잡지의 설문이나 인터뷰에 응하면서 밝힌 부분도 있다. 그의 삶 자체가 일반 대중에게 관심과 논란의 대상이었고, 소설 보다 더 흥미로운 요소를 고루 갖추고 있었다. 전집에 수록되어 있는 글이라도 가능하면 발표 당시의 지면을 찾아보고 인용했다. 전집에는 누락되거나 첫 게재 지면의 내용과 달라진 부분도 있기 때문이다. 각주에 충분히 밝히지 않은 자료도 더러 있다.

논문으로 시작한 글이 한 권의 책으로 탄생하기까지 많은 분들의 도움을 받았다.

먼저 출판을 맡아주신 출판사 기파랑 안병훈 사장에게 감사의 말을 남기지 않을 수 없다. 안 사장은 내가 이광수 연구를 진행하고 있다는 말을 우연히 듣고는 즉석에서 출판을 제안했다. 어떤 연구에 몰두하면 대화 도중에 무심코 그 이야기가 나오는 경우가 있다. 하지만 책의 형태까지는 결정하지 못한 상태였다. 논문으로는 너무 길고 단행본이 되기에는 아직 부족한 분량까지 집필했던 무렵이었다. 안병훈 사장은 책에 다양한 사진 자료를 넣자고 제안했다. 사진이 많이 들어간 편집은 안 사장의 아이디어다. 언론인 이광수와 관련된 인물과 언론 역사를 사진자료로 모은 화보집 기능까지 갖도록 한 것이다.

　　노양환 사장은 세 번 찾아갔다. 노 사장은 삼중당에서 『이광수전집』을 편찬한 실무자로 백과사전식 이광수 전문가다. 1956년부터 시작하여 6년간 자료를 수집하여 『이광수전집』 20권을 1962년과 1963년에 완간했다. 전집 편찬과정과 그 이후까지 이광수의 부인 허영숙과는 깊은 대화를 나누면서 신뢰를 쌓았다. 딸 이정화의 『그리운 아버지 춘원』도 출판했다. 삼중당을 퇴사할 때에 자신이 만든 『이광수전집』을 인수하여 도서출판 우신사를 창업 경영하면서 춘원전집을 다시 발간하고 춘원 저작 단행본도 출간하였다. 출판사 폐업 후 용인시 수지에서 은퇴생활을 하고 있는데 찾아간 나에게 소장 사진 자료를 흔쾌히 빌려주셨다. 연세대학교 명예교수 오인환 선생은 나의 노양환 사장 방문 세 번을 모두 안내해 주셨다. 두 분은 경복고등학교 동기동창의 인연이 있다.

　　오늘날까지 끊이지 않고 이어지는 이광수 연구는 대부분 노양환 사장이 편찬한 노작 삼중당–우신사판 전집의 도움을 받고 있는 실정이다. 그가 작성하여 전집에 수록한 「춘원 평전」, 「춘원 연보」는 춘원을 찾아가는 연구자들의 길잡이 역할을 한다. 해마다 발표되는 수십 편의 춘원 관련 석 박사 논문과 전문 연구자들이 감사할 일이다.

동아일보와 조선일보도 사진을 제공해 주었다. 두 신문 편집국장 시절의 이광수, 그와 연관이 있는 여러 인물 사진들이다. 이광수가 편집국장 또는 논설기자로 사설과 칼럼을 썼던 사실은 알려져 있지만, 신문사에서의 역할이 구체적으로 부각되지는 않았다. 특히 동아일보 시절의 소설 「이순신」과 「흙」의 연재가 신문의 캠페인과 연관되어 있다는 부분을 새롭게 조명되어야 할 것이다.

경희대학교 명예교수 신용철 선생의 조언과 도움에 대해서도 감사드린다. 은퇴 후 구반포 나와 같은 빌딩에 개인 연구실을 사용하고 계신데, 2007년에 창립된 춘원연구학회의 존재를 알려주셨고, 『춘원연구학보』를 비롯하여 책도 여러 권 빌려주셨다. 한국외국어대학교 동료 교수였던 남성우(한국어교육과) 명예교수도 자료를 제공해 주셨다.

책을 만든 분들의 수고도 잊을 수 없다. 기파랑의 박은혜 실장은 사진, 그림, 신문 지면 등 복잡한 자료가 많아 몇 차례 수정된 까다로운 작업을 잘 마무리 지어 주었다. 본문과 표지 디자인을 총괄한 조의환 대표와 오숙이, 김성숙 두 디자이너는 저자의 의도를 세심하게 반영하여 세련된 작품으로 완성했다. 모두 고마운 분들이다. 진심으로 감사드린다.

2017년 7월

정 진 석

1937년 『문장독본』 간행 때의 이광수.

| 서장 |

문인·언론인·논객
이광수

문인·언론인·논객 이광수

이광수는 살아온 인생 자체가 우리 현대사의 축도였다. 북한의 시골 가난한 집안의 5대 장손으로 태어나 11살에 양친을 잃고 홀로 세파를 헤쳐 나가야 할 처지였다. 짚세기[짚신]에 헌 두루마기 차림으로 상경하여 최남선의 조선광문회에 나타났던 이광수는 일본의 식민지로 전락하는 나라의 현실을 보았고, 일본 유학을 거쳐 중국, 상하이, 러시아까지 떠돌면서 동포의 처지를 체험했다. 그는 보고 느낀 현실을 글로 써서 남긴 역사가였고, 천재적인 문인이자 선구적인 언론인이었다. "조선의 소설가 가운데서 그 지식의 풍부함과 그 경험의 광범함과 교양의 많음과 정력의 절륜함과 필재의 원만함이 춘원을 따를 자 없다."[1]고 『춘원연구』를 쓴 김동인은 말한다.

---

1. 김동인, 『춘원연구』, 신구문화사, 1956, pp.183~184.

이광수는 대중의 끊임 없는 관심의 대상이 되어 사랑과 비판을 동시에 받았던 인물이다. 민족의 고뇌를 안고 문학 작품과 언론 활동으로 논설, 칼럼을 통해서 민족개조를 주장하고 역사의식을 고취하였지만 마침내 친일의 길로 들어서는 돌이킬 수 없는 과오를 범하고 말았다. 6·25 전쟁 때에는 북으로 끌려가서 비참한 최후를 마쳤다.

남북한 일본 미국의 연구

북한에서도 이광수는 문학사에서 외면할 수 없는 존재가 되어 있다. 6·25전쟁 후 1950년대에는 반동적 부르주아 문학의 상징적 인물로 철저히 매도하였고,[2] 한동안은 언급조차 하지 않다가 차츰 비판적으로 바라보기 시작하는 단계를 거쳐 1980년대에는 인정할 부분과 비판할 부분을 갈라 서술하는 방식으로 바뀌었고,[3] 1990년대 이후에는 '부르주아 계몽주의 문학자'로 규정한다.[4] 이광수는 남북한 양측에서 다 같이 도저히 무시하고 넘어갈 수 없는 문학적 발자취를 남긴 것이다. 일본에서도 그를 연구하는 사람들이 있고, 미국에서도 연구논문이 나온다.[5] 한반도라는 공간, 100년의 시간을 뛰어 넘어 새로운 각도에서 그를 연구하는 사람들이 끊어지지 않고 있다. 한승옥의 『이광수 문학사전』(고려대학교 출판부, 2002, pp.723~752)에도 이광수 연구 문헌목록이 있다.

---

2. 황 건, 「리광수 문학의 매국적 정체」, 『문학예술』, 평양, 1956.5, pp.132~141.
3. 이에 관해서는 김영민 「남·북한에서의 이광수 문학 연구사 정리와 검토」에 상세히 언급되어 있다.
4. 하타노 세츠코(최주한 역), 『이광수 일본을 만나다』, 푸른역사, 2016, p.10.
5. Travis Workman, The Colony and the World, Nation, Poetics, and Biopolitics in Yi Kwang-su, Imperial Genus, University of California Press, 2016, pp.62~97.

이광수는 문학사에 길이 남을 인물인 동시에 논객, 언론인으로 활동한 경력도 문학에 못지 않은 비중을 차지한다. 이광수가 1915년에 김성수의 도움으로 두 번째 동경 유학 때에 와세다대학 철학과를 선택한 것은 문인이 아니라 사상가나 교육가가 되겠다는 야심 때문이었다.

> "문장을 한 무기로 하려고는 하였지만 시나 소설을 지으려는 생각은 조금도 없었다. 정직하게 말하면 시나 소설은 내가 그리 존경하는 바가 아니었고 글을 쓰면 당당한 논문을 쓸 것이라고 자인(自認)한 것이었다. 이 생각은 지금도 마찬가지다. 지금은 소설은 할 수 없어서 쓰는 부기(副技), 여기(餘技)라고 밖에 생각하고 싶지 아니한 것이 내 진정이다."[6]
> "무정과 개척자를 쓰고 나서는 나는 소설을 더 쓸 생각이 없었다. 원체 소설을 쓰는 것으로 일생의 업(業)을 삼으려고는 생각한 일이 없는 데다가(중략) 글을 쓰려면 사상평론이나 쓰랴고 마음먹었다. 그리고 내게도 정치적 관심이 도리어 주(主)가 되었던 것이다."[7]

정치적 관심을 가지고 사상평론을 쓰고자 했던 사람들이 택했던 직업은 언론인이었다. 정치활동이 금지된 상황에 언론에 몸담고 있던 사람들은 광복 후에 정계로 진출하게 된다. 이광수와 관계가 깊었던 김성수, 송진우, 장덕수가 그런 예다.

---

6. 이광수. 「문단 고행 30년, 서백리아서 다시 동경으로」, 『조광』 1936.5. p.103.
7. 이광수. 「문단생활 30년의 회고, 무정을 쓰던 때와 그후」, 『조광』 1936.6. p.118.

안병욱은 말한다. "춘원은 소설가인 동시에 대논객이었다. 우리는 대논객으로서의 춘원에 대해서 좀 더 깊은 관심을 가질 필요가 있다"[8]면서 "소설가 춘원도 위대했지만, 논객 춘원은 그 이상으로 위대했다. 우리는 사회평론가로서의 춘원의 공적과 영향력을 작게 평가해서는 안 된다."는 것이다.[9] 그의 작품 가운데는 언론활동의 일환으로 보아야 할 부분이 많다. 근대문학 초창기 신소설 대부분은 직업적인 문인이 아니라 언론인이 신문제작의 방편으로 발표한 작품이 많았는데 이광수도 그렇다. 문학작품이면서 언론활동의 일환이었던 작품이 적지 않다. 그런데 문학 관련 연구는 수없이 많지만 언론인 이광수 연구는 찾아보기 어렵다. 유재천의 「언론인으로서의 춘원 이광수」(문학과 지성, 1975. 가을)가 거의 유일하다.

육당 최남선도 문인, 사학자 등 여러 분야에 대단한 업적을 남겼다. 그는 『소년』을 비롯하여 적어도 6종의 잡지를 발행하고 주간신문 『동명』(1922), 일간지 『시대일보』(1924)를 발행한 언론인이었지만 워낙 그의 다른 분야 활동이 널리 알려졌기 때문에 '언론인'이라는 사실은 자신의 그림자에 묻혀 있다. 이광수도 같은 상황이다.

이광수는 일생을 세 가지 난관과 싸우면서 살았다. 가난, 병마, 탄압이었다. 첫째 난관은 조실부모와 찢어지게 가난한 환경이었다. 평안북도 정주 시골에서 태어난 이광수는 절망적인 환경에서 자신의 운명을 헤쳐 나가야 할 처지였다. 사회에 진출하여 이름이 널리 알려진 후에도 경제

---

8. 안병욱, 이광수의 「민족개조론, 민족 백년대계를 구상한 대 경륜의 서(書)」, 『사상계』, 1967.1, pp.81~93.
9. 안병욱, 「작품해설」, 『춘원의 명작논문집 민족개조론』, 우신사, 1981. p.366.

적인 여유는 없었다. 생활비를 마련하기 위해 보통 인간으로서는 견디기 어려운 생사를 넘나드는 위중한 병중에도 글을 써야 했다. 창작욕의 발현이라기보다는 생계 수단으로서의 글쓰기였다. 그렇다고 해서 그의 문학작품과 언론인으로서 쓴 글의 가치를 폄훼할 수는 없다. 그는 타고난 천재였다.

가난, 병마, 탄압과의 싸움

두 번째 난관은 청년시절부터 평생을 따라다닌 병마였다. 27세 1917년에 폐병이 발병했고, 그 후로도 척추카리에스, 신장염과 같은 난치 중병을 앓았다. 신문에 연재하던 소설을 병이 나서 중단하였다가 계속한 경우가 여러 차례였다. 6·25전쟁 때에 납북되어 파란 많은 생을 마칠 때까지 병마에 시달렸다.

　세 번째 난관은 탄압과의 싸움이었다. 시대를 앞선 그의 사상은 기성세대의 반발을 불러 여러 차례 필화를 입었다. 민족의 역량을 길러야 독립을 달성할 수 있다는 소신은 민족진영의 호응을 받지 못했고, 큰 논란을 야기했다. 그가 제창한 민족개조론은 오늘날까지도 찬반 논쟁이 끝나지 않은 상황이다. 일제의 감시와 탄압도 따라다녔다. 병 때문에 중단하였던 글도 있지만 일본 경찰의 간섭과 탄압으로 끝내지 못한 글도 적지 않았다.

　"그가 처음에 사회에 던진 문학은 반역적 선언이었다. 실로 용감한 동키호테였다. 그는 유교와 예수교에 선전을 포고하였다. 그는 부로(父老)들에게 선전을 포고하였다. 그는 결혼에 선전을 포고하였다. 온갖

제도, 온갖 법칙, 온갖 예의—이 용감한 돈키호테는 재래의 '옳다'고 생각한 온갖 것에게 반역하였다. 그리고 이 모든 반역적 사고는 당시 전 조선 청년의 일치되는 감정으로서 다만 중인(衆人)은 차마 이를 발설하지 못하여 침묵을 지키던 것이었다. 중인 청년 계급은 아직껏 남아 있는 도덕성의 뿌리 때문에 혹은 예의 때문에 이를 발설하지 못하고 있을 때에 춘원은 반역적 기치를 높이 들었다."[10]

평생을 역경과 싸워야 했던 이광수는 그러나 당대 최고의 교양인이자 행동하는 지성인이었다. 시골의 가난한 환경에서 자랐고 오산학교 교장, 농촌계발의 경험을 두루 갖추면서 일본 유학이라는 최고의 교육환경도 경험했으며 만주, 중국 베이징, 상하이, 러시아 블라디보스토크를 거쳐 치타까지 공간적으로도 그만큼 넓은 견문을 갖추었던 사람은 흔치 않았다. 소설로 수많은 독자의 심금을 울리고, 신문 고정칼럼을 맡아 쓸 수 있는 지식과 문장력을 동시에 갖춘 인물이다. 우리말과 한글의 우수성을 예찬하고 우리 역사에 자부심을 가지고 있었다.

---

10. 김동인, 『춘원연구』, p.183.

1926년 무렵의 이광수. 동아일보 편집국장 시절.

| 1장 |

상하이 거쳐
치타에서 잡지편집

일본 유학 후 오산학교 교사

다이세이중학, 메이지학원 졸업

이광수는 1892년 2월 28일(음력 2월 1일) 평안북도 정주군 갈산면 익성리 940번지 돌고지에서 태어났다. 아명은 보경(寶鏡)이었다. 아버지 이종원(李鍾元)은 42세였고, 어머니 충주 김씨는 23세였다. 부부의 많은 나이 차이는 어머니 김씨가 이종원의 세 번째 아내였기 때문이다. 이광수는 이 씨 문중의 5대 장손이었다. 1897년에는 여동생 애경(愛鏡), 1900년에는 둘째 여동생 애란(愛蘭)이 태어났다.

이광수는 8살 때부터 동리의 글방에서 한학을 공부했다. 11살이었던 1902년에 양 부모를 콜레라로 잃고 불우한 어린 시절을 보냈다. 이듬해에 둘째 여동생 애란은 이질로 사망했다. 12살인 1903년 11월에는 동학 당원 승이달(承履達)이라는 유식한 선비의 인도로 동학당에 입도하여 박찬명 대령 집에 기숙하며 도쿄와 서울에서 오는 문서를 베껴 배포하거나

메이지학원 시절의 이광수. 1910년 2월호『富の日本』에 이보경(李寶鏡)이라는 어릴 적 이름으로 발표한 「특별기증작문」에 실린 사진이다.

입으로 전하는 심부름을 하면서 사상형성에 많은 영향을 받았다. 세상을 위하는 일만이 사람의 직분이라는 교리에 감화를 받았다. 그가 본 동학교도들은 모두 겸손하고 친절하였다. 평등 정신, 민족주의 사상도 동학에서 체득했다.

그 후 일본에 유학하면서 성경을 배우고, 톨스토이를 애독하고, 무저항주의에 공명하였는데 동학에서 어릴 적에 익힌 사상이 정신적 토대가 되었다. 동학에서 문서를 수발하던 중에 일본 헌병대가 포상금을 걸고 자신을 체포하려 한다는 사실을 알고 몸을 숨긴 일도 있었다. 동학 두목 박찬명의 서기로 근방 동학 두목들을 잘 안다는 이유였다. 같은 해 9월 조부에게 상경할 뜻을 아뢰고 진남포에서 배를 타고 제물포를 거쳐 서울에 왔다가 다시 고향으로 돌아갔다.

1905년 2월 이광수는 두 번째로 서울에 와서 머리 깎고 양복을 사 입

러시아군의 만행. 이광수가 어려서 자라던 평안북도 정주는 러일전쟁 때 러시아군과 일본군이 첫 접전을 벌였던 지역이다.

코사크족 출신 러시아군 기마병들이 국경 부근 한국인 마을을 습격하여 약탈하는 비참한 장면도 있다. 전투가 아니라 민간인 살해와 약탈이다. 긴 창을 휘두르는 기마병들이 마을에 들이닥쳤다. 겁에 질린 한국인들을 목숨을 구걸하는 자세로 엎드리거나 맨손으로 본능적인 방어태세를 취하고 있다. 돼지, 오리 등의 가축은 놀라서 우왕좌왕 흩어진다. 이광수는 러일전쟁 당시를 이렇게 회고했다.

"내가 열두 살 되던 해는 계묘년이요, 서력으로는 1903년이었다. 이 해 겨울에 러시아 병정이 정주에 들어왔다. 그들은 들어오는 길로 약탈과 겁간을 자행하여서 성중에 살던 백성들은 늙은이를 몇 남기고는 다 피난을 갔다. 젊은 여자들은 모두 남복을 입었다. 길에서 러시아 마병(馬兵) 십여 명에게 윤간을 당하여서 죽어 넘어진 여인이 생기고, 어린 신랑과 같이 가던 새색시가 러시아 병정의 겁탈을 받아 튀기(혼혈아)를 낳고 시집에서 쫓겨나서 자살을 하였다. 소와 돼지가 씨가 없어지고 말았다. 이 때 어린 나는 우리 민족이 약하고 못난 것을 통분하고 러시아 사람을 향하여 이를 갈았다."

『르 프티 쥬르날』(Le Petit Journal) 1904년 3월 27일자에 실린 한 장면이다.

(신용석, 『잊어서는 안 될 구한말의 비운』에서 전재)

었다. 그리고 천도교(일진회)가 운영하는 소
공동 소재 학사에 들어가서 산술을 배우고
일본어를 가르쳤다.

메이지학원 시절의 이광수.

천도교는 손병희의 지시로 1904년에 진
보회(進步會)를 결성하였다가 일진회와 합
쳐서 일진회가 되었는데 이광수는 시골에
있을 때에 『일어독학(日語獨學)』이라는 책을
암송한 실력으로 교사 노릇을 할 수 있었
다. 그러는 사이에 『황성신문』, 『뎨국신문』,
1904년에 창간된『대한매일신보』를 사 읽으면서 나라 형편과 러일전쟁
의 전황, 세계소식을 접할 수 있었다.

종로에서 열리는 일진회 연설도 찾아다니며 들었다. 1905년 8월에
이광수는 일진회 유학생 9명 가운데 하나로 선발되어 일본 유학을 떠나
면서 새로운 문화를 경험하게 되었다. 나이 14살이었다. 그는 우선 도카
이의숙(東海義塾)에 다니면서 일어를 공부하다가 이듬해 2월에는 다이세
이(大成)중학에 입학하여 정치가를 꿈꾸면서 서구를 비롯한 일본의 신학
문을 본격적으로 배우기 시작했다.

이광수는 다이세이중학 1학기를 우수한 성적으로 마쳤지만 이 해 7
월 천도교와 일진회의 내분으로 학비가 끊어지자 1906년 12월에 귀국하
였다가 이듬해 관비유학생으로 두 번째 일본으로 건너갔다. 이번에는 메
이지학원(明治學院) 보통부 3학년 2학기 편입시험에 합격하여 9월부터 공
부하기 시작했다.

이때 동급생이 된 홍명희(碧初 洪命憙, 1888~1968)와 함께 문학에 심

최남선. 이광수와 최남선은 첫 만남부터 서로의 천재성을 알아보았다. 최남선은 자신이 발행하는 『청춘』에 이광수의 글을 여러 편 실었다.

취하게 되었다.[1] 문일평(文一平, 1888~1939)도 같은 학교 동급생으로 이광수보다 네 살 위였지만 이광수, 홍명희, 문일평은 긴밀한 우정을 쌓았다. 세 사람은 상하이에서 독립운동을 하면서 다시 만났고, 20년 후에는 조선일보사에서 함께 일하게 되었다. 1933년에 방응모가 인수한 조선일보에서 이광수는 부사장 겸 편집국장, 문일평은 편집고문으로 들어갔고, 홍명희는 조선일보에 「임꺽정」을 연재하고 있었다.[2]

최남선 홍명희와의 우정

이광수는 홍명희의 소개로 최남선(六堂 崔南善, 1890~1957)을 처음 만났다. 이광수는 아직 무명 청년이었다. '조선의 3대 천재'로 불렸던 최남선, 홍명희, 이광수는 이때부터 긴밀한 협력 관계를 가지게 된다. 이들은 언론인과 문인으로 활동하는 공통점이 있다.[3]

최남선은 1909년 11월에 도쿄에 건너갔다가 1910년 2월 1일에 귀국했

---

1. 홍명희의 일본 유학과 이광수와의 관계는 하타노 세츠코, 『일본유학생 작가연구』, 소명출판, 2011, pp.181 이하. 홍명희의 「자서전」은 『삼천리』,1929년 7월 창간호(유소년 시대)에 이어 9월호(유학)까지 2회 게재되었는데, '차호 계속'으로 예고하였으나 무슨 이유였는지 중단되었다.

2. 이한수, 『문일평 1934년/ 식민지 시대 한 지식인의 일기』, 살림, 2008. p.8.

3. 세 사람의 만남, 우정, 활동을 비교 연구한 저서로는 ①류시현, 『동경 삼재, 동경 유학생 홍명희 최남선 이광수의 삶과 선택』(도서출판 산처럼, 2016), ②하타노 세츠코, 『일본유학생 작가연구』(소명출판, 2011)가 있다. ②는 이광수, 홍명희, 김동인 연구서이다.

는데 그 때 이광수를 만난 것이다. 두 사람이 만나던 장면을 이광수는 그의 일기에 남겼다. 1909년 11월 8일 이광수는 자기와 '취미를 같이하는' 홍명희를 찾아갔다가 최남선이 만나기를 원한다는 말을 들었다. 최남선의 글과 시를 처음 읽고는 "확실히 그는 천재다."라고 감탄하면서 현대 우리문단에 첫손가락 꼽힐 인물이라고 평가했다. 11월 30일 첫 대면의 인상은 이랬다.

홍명희. 이광수의 다이세이중학 동급생이었다.

"여는 그를 온순한 용모를 가진 자로 상상하였더니 오(誤)하였도다. 그는 안색이 흑(黑)하고 육(肉)이 풍하고 안(眼)이 세(細)하여 일견하면 둔한 듯하고 일종 오만의 색이 그의 구(口)에 부동(浮動)하다"[4]

풀이하면 최남선을 만나기 전에는 온순한 문인의 모습을 상상했는데, 실물 얼굴은 검은 색이고, 살찐 편이었으며, 눈은 가늘어서 얼른 보면 둔한 것 같으면서도 입은 오만한 표정이 떠돌았다고 보았다.

한편 최남선은 이광수와 홍명희가 잡지 발행에 도움을 줄 수 있을 것으로 기대했다. 최남선은 그는 귀국 후 첫 번째로 낸 『소년』지 「편집실 통기」에 홍명희와 이광수가 앞으로 잡지 발행에 참여하게 된 기쁨을 감추지

---

4. 「일기」, 『이광수전집』 9권, 삼중당, 1971, p.329.; 전집 제17권, p.379.

않았다.[5] 최남선은 그 후에도 이광수와 홍명희를 가리켜 "장래 우리나라 청년에게 후대(厚大)한 무엇을 주실 뽑힌 사람"이라 격찬하고 그들의 참여로 말미암아 『소년』의 앞길은 광명이라고 말하였다.

이광수는 최남선을 만난 후 고주라는 필명으로 『소년』 제3년 2, 3, 5호 (1910년 2, 3, 5월 발행)에 단편 소설 「어린 희생」을 발표했고, 제8호에는 「헌신자」를 실었다. 「어린 희생」은 이광수가 우리말로 쓴 첫 소설이라는 설도 있어서[6] 그의 문학 활동은 『소년』에서 시작되었다고 말할 수도 있다. 8호에는 「헌신자」 외에도 「여(余)의 자각한 인생」, 「조선 사람인 청년들에게」도 있다.

세 사람이 동경에서 만나던 1909년 11월 이광수가 18살이었고 최남선이 20살, 홍명희는 22살이었다. 이광수는 그 후 『청춘』에도 적극적으로 기고하여 신문장 운동과 문학 활동을 최남선과 함께 전개하였다. 홍명희는 1924년 최남선이 창간한 『시대일보』가 경영난으로 판권을 넘긴 후 그 신문의 사장을 맡는다. 이광수, 최남선, 홍명희 세 사람은 우정을 쌓으면서 긴밀한 협력 관계를 가지게 되고 문인, 언론인으로 활동하기 시작했다.

이광수는 최남선을 만나자마자 우리 문단에 첫손꼽을 수 있는 '천재'라고 감탄했고, 최남선은 그가 창간한 잡지 『소년』 발행에 두 사람의 도움을 얻을 수 있을 것으로 기대했다.

---

5. 「편집실 통기」, 『소년』, 제3년, 제2권, 1910. 3.: 1918년 5월에 발행된 『청춘』 제13호에 실린 「병우(病友) 생각」에는 이광수를 아끼는 애틋한 마음이 담겨 있다.

6. 김윤식, 『이광수와 그의 시대』, 솔출판사, 1999, pp.57~59: 이광수가 최초로 발표한 글은 「국문과 한문의 과도시대」(『태극학보』 1908.5.24., 제21호)이고, 같은 잡지에 이어 실린 「수병투약」(25호, 1908.10.24), 「혈루」(26호, 1908.11.24)로 보는 견해도 있다.(김원모, 『자유꽃이 피리라』 상, 철학과 현실사, 2015, p.34)

메이지학원 대문학회(大文學會) 웅변대회 참석자와 역원(1909년 2월). 메이지학원 '대문학회 출연 자 급 역원'의 단체사진에 나오는 조선인 학생은 이광수, 문일평 두 사람. 이광수는 셋째 줄 오른쪽 셋째, 문일평은 같은 줄 왼쪽 둘째. 일본인 학생 26명과 회장(非深), 부회장(熊野), 이사 3명(渡邊, 日 達, 高尾), 부장(中川), 서기(宮地), 랜디스(ランデス) 교수와 부인, 그의 어린 딸과 아들 외에 서양인 교수(ウイコツフ, ライツャワル) 두 사람이 포함되어 있다. 영어를 많이 가르치는 학교였을 것이다. 랜 디스는 10년 후에 이광수가 기초한 2.8독립선언서 영어 번역문을 교열해 주었다. (메이지학원 역사 자료관 소장, 하타노 세츠코 제공)

최남선은 "장래 우리나라 청년에게 후대(厚大)한 무엇을 주실 뽑힌 사람 가인(假人, 홍명희)씨, 고주(이광수) 같은 뇌와 완(腕, 재주, 솜씨, 기량)이 겸전하고 정(情)과 의(意)가 구지(俱至)한 지도자가 있음이라"고 두 사람을 높이 평가했다.[7]

<hr>

7. 「소년의 기왕과 밋 장래」, 『소년』, 제3년 제6권, 1910.6, p.24; 또한 1918년 5월에 발행된 『청춘』 제13호 (pp.5~8) 「병우(病友) 생각」

최남선을 만나기 전인 1908년부터 이광수는 재학 중인 메이지학원 보통부의 한국인 유학생들과 회람잡지 『신한자유종』를 만들면서 그 편찬 임무를 맡고 있었다. 프린트판 인쇄, 또는 활판 인쇄였을 것이다. 이 회람잡지는 1910년에 발행된 제3호가 남아 있는데 원래 일본어로 작성된 글과 원래는 한국어였을 글도 일어로 번역되어 모두 일본어 형태로 보존되어 있다.[8] 유학생들의 회람잡지 형태였지만 이광수는 이때 잡지 편집을 처음 경험했다. 그의 글쓰기와 언론활동이 시작되는 초기 단계였다.

이광수는 1910년 3월 메이지학원 보통부 중학 5학년을 졸업하고 고

---

8. 하타노 세츠코(최주한 역), 「극비 신한자유종 제1권 제3호의 이광수 관련자료에 대하여」, 『근대서지』, 제5호, 2012, 239~262; 장신·황호덕, 「신한자유종(1910) 검열기록의 성격과 이광수의 초기활동」, 『근대서지』, 제5호, 제5호, 2012, 263~282.

등학교에 들어가면 학비를 대주겠다는 독지가도 있었지만 고향인 평안북도 정주 오산학교의 교사로 부임하기 위해 귀국했다. 도중에 서울에 들러 최남선과 홍명희를 만나기도 했다.[9] 오산학교에 부임한 이광수는 교주 남강 이승훈(南崗 李昇薰, 1864~1930)이 105인 사건으로 투옥되자 학감에 취임하여 실질적인 책임자가 되었다. 제자 가운데 후에 유명한 명성을 얻는 인물이 많았다. "가령 백인제(白麟濟) 김여제(金輿濟), 서춘(徐椿, 1894~1944), 김억(岸曙 金億), 김도태(金道泰)

이승훈. 이광수는 1910년 4월 남강 이승훈이 설립한 오산학교 교사로 부임했다. 그런데 이승훈이 105인 사건으로 투옥되자 학감에 취임하여 실질적인 책임자가 되었다.

등"이 있었다고 이광수는 회고했다. 1910년 7월에는 시골 처녀 백혜순(白惠順)과 중매 결혼했다.

하지만 4년 재직하는 동안 학생들에게 톨스토이 사상을 선전하여 예수교회에 대한 신앙을 타락케 하였다는 이유로 오산교회와 대립하자 오산학교를 떠나기로 했다.

9. 이광수, 『나의 고백』, 이광수전집, 13, 삼중당, 1963, pp.195~196.

해외 방랑, 대한인정교보 주필

상하이 러시아에서 만난 사람들

이광수는 오산학교를 사직하고 세계여행을 목적으로 1913년 11월에 국경을 넘어 만주의 안동(安東縣, 현재 단둥)으로 갔다. 정처 없는 해외유랑이었다. 십년 계획으로 중국, 베트남, 인도, 페르시아, 이집트와 같은 나라를 돌아볼 생각이었다. 우선 봉천 방향으로 가는 차표를 사려고 여관을 나서다가 뜻밖에도 정인보(鄭寅普, 1893~1950, 납북)를 만나 그의 권유로 상하이로 목적지를 바꾸었다. 열흘이 넘도록 배를 타고 황해 해안 항구인 잉커우(營口), 다롄(大連), 옌타이(煙台), 칭타오(靑島)를 거친 끝에 상하이에 닿았다.[10)

---

10. 이광수는 상하이로 가던 여행기를 여러 차례 남겼다. ① 호상몽인(滬上夢人)이라는 필명으로 「상해서」, 제1신, 『청춘』, 제3호, 1914.12(pp.102~106). ② 「상해에서」, 『삼천리』, 1930.5, 초하호(pp.72~74). ③ 「인생의 향기, 상해 이일 저일」, 『삼천리』, 1930.7(pp.22~24). 이 무렵의 행적은 조선일보에 연재한 「그의 자서전」

상하이에 한 달 남짓 머무는 동안 이광수는 여러 망명객들을 만났다. 도쿄 유학시절부터 절친했던 홍명희와 문일평을 비롯하여 조소앙(趙素昻, 1887~1958, 납북), 김규식(金奎植, 1881~1950, 납북), 신규식(申圭植, 1880~1922), 신채호(申采浩, 1880~1936), 변영태(卞榮泰, 1892~1969), 신성모(申性模, 1891~1960) 등이었다. 일제 강점기에 독립운동을 하거나 광복 후 정치, 문화 분야에서 활동하는 인물들이다.

상하이 생활은 몹시 곤궁하였지만 이광수는 중국 최대의 출판사 상무인서관(商務印書館; 1897년 창립)도 찾아가 보았다. 그곳에서 서양 서적을 번역하고 사전을 편찬 발간하는 광경을 보고 부러움을 느꼈다.[11] 마치 최남선이 처음 일본 유학을 가서 서점에 처음 발을 들여놓은 인상을 "놀랍다. 그 출판계의 우리나라보다 성대함이여!"라고 찬탄하였던 것과 같은 감동이었다.[12]

상하이 거주 한인의 중심인물은 신규식(호 睨觀, 이명 申檉)이었다. 그는 미국 샌프란시스코의『신한민보』에서 주필을 구하고 있으니 그리로 가라면서 이광수에게 돈 500원과 블라디보스토크의 이종호(月松 李鍾鎬, 1885~1932)와 길림성 뮬린(穆陵)에 있는 이갑(秋汀 李甲, 1877~1917)에게 소개장을 써 주었다.[13] 이광수는 시베리아와 유럽을 거쳐 미국으로 갈 계획

(1936.12.22~1937.5.1)이라는 제목의 '장편소설' 형식(필명 장백산인)도 있는데, 소설의 등장인물은 실명을 쓰지 않고 W(정인보), K(홍명희), T(신채호), R(박은식) 등으로 표시했다. 1920년대에 활동했던 독립운동가들의 실명을 감춘 것이다.(전영택, 「작품해설. 그의 자서전」, 이광수전집, 우신사, 1979)

11. 호상몽인, 「상해서」, 제2신, 『청춘』, 제4호, 1915.1. p.78.

12. 「『소년』의 기왕과 밋 장래」, 『소년』, 1910.6. p13; 정진석, 「문사일체 최남선의 언론활동」, 『역사와 언론인』, 커뮤니케이션북스, 2001. p.361.

13. 이에 앞서 1911년 무렵에 안창호가 신채호에게 『신한민보』 주필로 와달라고 요청한 일도 있었다. 미국에서 신한민보를 편집할 수 있는 인물을 찾고 있었던 사례다.

정인보. 이광수는 1913년 11월에 정처 없는 해외유랑을 떠났다. 만주에서 봉천 방향으로 가는 차표를 사려고 여관을 나서다가 정인보를 만나 그의 권유로 상하이로 목적지를 바꾸었다.

으로 상하이를 떠났다. 1914년 1월 5일 홍명희와 문일평의 전송을 받으면서 일본 나가사키를 거쳐 블라디보스토크로 가는 러시아 의용함대(義勇艦隊) 포르타와호에 올랐다.[14]

블라디보스토크에서도 이광수는 여러 독립운동가를 만났다. 이동휘(誠齋 李東輝, 1873~1935)는 구한국 육군 참령을 지낸 경력이 있고 후에 임시정부 국무총리를 지내는 독립운동의 중심인물이었다. 김립(金立, 미상~1922), 윤해(尹海; 후에 상하이『독립신문』주필, 1888.3.5~?), 김하구(金河球;『권업신문』주필, 1880~?), 이종호(李容翊의 손자), 이동녕(石梧 李東寧, 1869~1940), 이강(梧山 李剛, 1878~1964), 홍범도(洪範圖, 1868~1943), 정재관(鄭在寬, 1880~1930) 등이었다. 이 가운데는 미국과 러시아에서 신문을 제작한 인물이 있었다. 이강, 정재관, 김하구가 그런 사람들이다. 잠시 살펴보기로 한다.

---

14. 블라디보스토크 여행기는 외배라는 필명으로 「어린 벗에게」, 제3신(『청춘』, 제10호, 1915년 9월, pp.26~33)에 기고했다. 『삼천리』, 1930년 초추호, 「인생의 향기, 알는 秋汀」①, pp.26~27; 1930년 11월호, 「인생의 향기, 알는 秋汀」②, pp.34~35.

신규식. 독립운동가 신규식은 샌프란시스코 『신한민보』에서 주필을 구하고 있으니 그리로 가라면서 이광수에게 500원과 블라디보스토크의 이종호, 길림성 뮬린(穆陵)에 있는 이갑(李甲)에게 소개장을 써 주었다.

연해주와 미주의 교포신문

블라디보스토크에서 발행된 첫 한국어 신문은 『해죠신문(海朝新聞)』이다. 그 지역 사업가 최봉준(崔鳳俊, 1859~1917)이 자금을 대어 1908년 2월 26일에 창간되었는데 판권에 기재된 발행급 편집인은 최만학(崔萬學)이었다. 최만학은 사주 최봉준의 생질이자 그의 재산 관리인이었다. 이 신문에는 한말 언론계를 대표하는 위암 장지연(張志淵, 1864~1921)이 주필로 참여했으며[15] 연해주 최초의 신문이었다는 사실 등으로 후세에까지도 널리 알려졌다. 하지만 『해죠신문』의 수명은 짧았다. 1908년 5월 26일 제75호를 마지막으로 폐간하고 말았다.

『해죠신문』이 폐간되자 연해주의 한인들은 폐간된 이틀 후인 1908년 5월 28일부터 유진률(俞鎭律)이 중심이 되어 신문 발행을 추진하였다. 유진률은 러시아 퇴역 소령이며 변호사인 콘스탄틴 뻬드로비치 미하일로프

---

15. 정진석, 「韋庵 張志淵의 언론사상과 언론 활동」, 천관우 외, 『위암 장지연의 사상과 활동』, 민음사, 1993, pp.505~548같은 글, 『역사와 언론인』, 커뮤니케이션북스, 2001, pp.116~163.

이갑. 이광수는 뮐린에서 거동이 불편한 독립운동가 이갑의 집에 한 달간 머무르면서 말동무가 되어 주다가 1914년 2월 모스크바 행 밤 열차를 타고 바이칼 주의 수도 치타로 향했다.

를 편집인으로 내세워 러시아의 군무지사(軍務知事) 아무르즈에게 신문의 발행 허가를 신청하였다. 유진률은 최봉준으로부터 『해죠신문』의 인쇄 시설을 구입하여 1908년 11월 18일자로 『대동공보』를 창간하였다. 매주 2회(일, 수) 발행으로 체재는 『해죠신문』과 비슷했다. 창간 당시의 간부는 사장 차석보(車錫甫), 발행 명의인에 러시아인 콘스탄틴 뻬드로비치 미하일로프, 발행인 겸 편집인은 유진률이었고, 주필 윤필봉(尹弼鳳), 회계 이춘식(李春植), 지방계 박형류(朴馨柳), 기자 이강(李剛)이었다.[16]

『대동공보』에는 미국 샌프란시스코에서 발행된 『공립신보(共立新報)』에 관계했던 사람도 참여하고 있었다. 이 강은 샌프란시스코 『공립신보』(1905.11.14~1909.2.10, 『신한민보』로 개제)에 관계하다가 연해주로 와서 『해죠신문』에 근무했으며[17] 『해죠신문』이 폐간된 뒤에 그 후신격인 『대동공보』(大東公報 : 1908.11.18~1910.9.1) 기자였다가 이듬해 2월에 열린 고주총회(股主總會)에서 주필로 선임되었다.[18] 대동공보는 외형상으로는 러시아

---

16. 박 환, 『러시아 한인민족 운동사』, 탐구당, 1996, p.73 ; 박환, 『러시아 한인언론과 민족운동』, 경인문화사, 2008, p.23 이하.
17. 이 강은 『해죠신문』 3월 26일자(28호)에 「황성신문 론셜 죠등」이라는 제목으로 『황성신문』 국한문 논설을 한글로 바꾸어 게재하였다.
18. 「本社待人」, 『대동공보』, 1909.2.25.

40 언론인 춘원 이광수

인 미하일로프가 주필이었지만 그는 한국어를 몰랐으므로 이강이 실질적인 주필이 된 것이다. 1909년 4월 무렵부터는 정재관이 주필이었는데 블라디보스토크로 오기 전에는 미국 『공립신보』의 주필(1907.4~1909.1)이었다.[19] 김하구는 와세다대학 출신으로 『해죠신문』 기자였는데 이광수를 만나던 무렵인 1914년 1월에는 『권업신문』(勸業新聞;1912.5.5~1914.9.1)의 주필로 활동하게 된다.[20] 윤해는 1914년에 『권업신문』 신문부장

이동휘. 구한국 육군 참령이었고 후에 임시정부 국무총리를 지내는 독립운동가.

과 총무를 맡는 등 신문과 관련이 많았다. 그는 이광수가 상하이를 떠난 뒤인 1923년 7월에 『독립신문』의 주필을 잠시 맡게 되는 사람이다. 프랑스어에 능통했고 국제적인 감각을 지닌 사람이었던 것 같다.[21]

이광수는 블라디보스토크에 잠시 머무는 동안 『권업신문』에 「독립준비하시오」라는 논설을 '외뷔'라는 필명으로 기고했다.[22] 4회(1914.3.1~3.22) 연재되었는데 블라디보스토크에서 쓴 글이 아니라 뮬린으로 가서 이갑의 말동무가 되어 한 달 정도 머무는 동안에 써 보냈을 것이라는 추측도 있지만[23] 이광수가 현지에서 써 준 글을 뒤늦게 실었을 가능성도 있다. 어

19. 최기영, 『대한제국시기 신문연구』, 일조각, 1991, p.206~207.
20. 박 환, 2008, p.149.
21. 정진석, 『언론과 한국현대사』, p.317.
22. 최기영, 「1914년 이광수의 러시아 체류와 문필활동」, 『식민지 시기 민족지성과 문화운동』, 한울아카데미, 2003, pp.163~172에 전문이 수록되어 있다.
23. 최기영, 위의 책, p.155.

디에서 썼는지는 중요하지 않다. 23세였던 이광수가 해외로 떠돌면서 독립을 염원하는 글을 썼다는 사실에 주목할 필요가 있다.

필사 석판인쇄 월간 정교보

이광수는 미국으로 가기 위해 일단 블라디보스토크를 떠나 이종호가 준 300루블과 이갑에게 보내는 편지를 지니고 북만주의 뮬린에 도착했다. 그곳에서는 이갑과 안중근 의사의 동생 안정근(安定根, 1885~1949)을 만났다. 이갑은 대한제국 군인으로 일본에서 군인교육을 받았고, 러일전쟁에도 참전하였다. 이광수는 거동이 불편한 이갑의 집에 한 달 동안 머무르면서 말동무가 되어 주다가 1914년 2월 모스크바 행 밤 열차를 타고 바이칼 주 수도 치타로 향했다.

치타에 도착한 이광수는 이강을 찾아가서 월간잡지『대한인정교보(大韓人正敎報)』(1912.1~1914.6)의 편집을 도와주기 시작했다. 이강과 정재관이 중심이 되어 창간한 대한인국민회 시베리아총회 기관지였다.[24] 두 사람은 미국에서『공립신보』발행에 참여한 경험이 있었고, 블라디보스토크의 『대동공보』주필로 활동하였던 인물이다.『대한인정교보』의 주필은 이강이었다. 정교보는 B6(4×6판) 32쪽 분량을 손으로 써서 석판(石版) 인쇄하는 빈약한 잡지로 발행일은 매월 초하루로 되어 있었다.

이광수는 샌프란시스코의『신한민보』에서 미국으로 가는 여비가 오기를 기다리면서 치타에 머무는 동안『대한인정교보』에 글도 쓰고 편집을 도왔다. 실은 전담하여 만든 잡지였다. 그는 후에 이렇게 회상했다. "광막

---

24. 박 환, 2008, p.186 이하 참고.

이강. 러시아 치타 거주 교포들의 월간잡지 『대한인정교보』(대한인국민회 시베리아총회 기관지) 주필이었다. 이광수는 이 잡지의 주필에 임명되어 편집을 맡았다.

한 시베리아 벌판을 돌아다니든 인상이 정말 진정으로 이즐 수가 업서요, 먼―지평선에서 해가 솟아 다시, 먼― 지평선 속에 사라지며 백화나무(白樺, 자작나무)가 끝없는 벌판을 덮은 끝없는 시베리아를 오늘은 동으로 내일은 서로 하고 흘러다니든 생각! 아름다운 꿈 같이 늘 내 기억을 흔듭니다."[25] 이때의 체험은 후에 문학적 상상력의 원천이 되기도 했다.

여름이 되자 시베리아 교민들의 국민회 대의회(代議會)가 치타에서 3일 동안 열렸는데, 회의에서 이광수를 『대한인정교보』 주필로 임명하였다.[26] 글도 쓰고 편집까지 전담하는 편집장의 위치였다. 국민회는 이광수에게 사무실 겸 거처할 방을 제공하고 30루블을 월급으로 지급하기로 결의하였다.

이광수가 치타에 오기 전인 1월 17일 밤에 열린 정교보 사원회의는 임원을 개선하였다. 사장 김인수, 부사장 배상은, 총무 고성삼, 서기 김만식, 재무 문중도였다. 이 회의에서는 '권의부(勸義部)'를 설치하였는데 잡지 발행에 소요되는 경비를 충당하기 위해 각처 유지들로 하여금 보조

25. 「이광수씨와 교담록(交談錄)」, 『삼천리』, 1933.9, pp.58~61.
26. 이광수, 『나의 고백』, 이광수전집, 13, 삼중당, 1963, p.221. 상하이 독립신문(62호)도 "치따에는 정교보가 발행하야 이강 이광수씨가 서로 주필이 되야섰다."라는 구절이 있다.(뒤바보, 「아령실기(俄領實記)」12, 1920.4.8)

「독립쥰비하시오」. 이광수가 블디보스토크에 잠시 머무는 동안 '외비'라는 필명으로 『권업신문』에 기고한 논설. 4회 연재되었다.

금을 내도록 하자는 취지였다.[27] 편집인도 변동이 있었다. 창간호부터 제7호(1912.1.1~1912.12.1)의 편집인은 박집초였고, 제8호부터 마지막 발행인 11호(1914.2.1~1914.6.1)까지는 김엘니싸벳다(김콘스딴찐 신부의 어머니)가 편집인이었다. 편집인이 바뀐 이유는 정교보가 반일활동으로 정간된 후 다시 발행되는 사정과 관련이 있었다.[28] 3월 1일자 제9호 판권의 편집인은

---

27. 「본샤 샤원회의 결과」, 『대한인졍교보』, 8호, 1914.2.1.

28. 박 환, 2008, p.201.

김엘니싸벳다, 발행인 문윤함, 주필 이강으로 되어 있다. 5월 1일에 발행된 제10호 판권에는 편집인 김엘니싸벳다, 주필 이강, 발행인 문윤함이다. 이광수의 이름이 판권에 기재되지는 않았다. 하지만 이광수는 제9호부터 11호까지 여러 편의 글을 썼고, 한글 풀어쓰기까지 시도한 것을 확인할 수 있다.

국어와 한글 사랑

정교보에 실린 이광수의 글

이광수가 치타에 온 직후인 3월 1일에 발행된 정교보 제9호 「편집인이 독자에게」란에는 "새로 고명한 기자 한 분을 모서올 터이오니 끗소리 나는 글과 진쥬 갓흔 사샹을 졉하실 날이 멀지 아니하오리이다"라 하여 이름을 밝히지는 않았지만 새로운 편집인의 영입을 예고하였다. 바로 이광수를 지칭하였을 것이다. 실지로 이광수는 3월 1일자 발행인 제9호부터 제작을 주관하고 있었다. 제9호부터 11호까지 실린 글을 살펴보면 제9호부터는 이전과는 체재와 내용이 완전히 달라졌고, 이광수가 쓴 것으로 판단되는 글도 여러 편 찾을 수 있다.[29]

---

29. 최주한, 「이광수와 『대한인정교보』 9,10,11호에 대하여」, 『대동문화연구』, 제86집, 대동문화연구원, 2014, pp.517~543.

대한인정교교보에 실린 「우리 글, 가로쓰기」. 이광수는 말했다. "우리 민족의 제일 큰 보배가 우리글이오 세계에 가장 과학적이오 편리한 것이 우리글이라. 그러나 그 좋은 우리글도 쓰는 법을 잘못하여 교육과 인쇄상에 불편함이 많았나니 날로 문명이 나아가는 오늘날 어찌 그대로 갈 수 있으리오. 이제는 새로 쓸 법을 연구하여야 하리로다."

이광수는 2월 말 경 치타에 도착했기 때문에 3월 1일자로 발행된 잡지 편집에 간여했을 시간이 부족하다는 의문도 제기되지만, 월간이나 계간 잡지의 판권에 기재된 발행일은 실제 발행된 날짜와 다른 경우가 많다. 이는 국내에서 발행되는 정기간행물 가운데도 계간, 반연간, 년 1회 발행 간행물에서 발행일을 엄격히 지키지 못하여 흔히 볼 수 있는 현상이다. 제9호부터 실리기 시작한 「우리의 쥬쟝」은 이광수가 편집을 맡으면서 신설되었다.

제10호 「우리의 쥬쟝」에 실린 3편은 무기명이지만 이광수 집필일 가능성이 높다.[30] 이어서 6월 1일 발행 제11호 「우리의 쥬쟝」은 '빗'라는 기명인데 '외빗' 이광수의 집필이 확실하다. 11호 「우리의 쥬쟝」은 필자가 '빗'로

---

30. 최기영, 「1914년 이광수의 러시아 체류와 문필활동」, p.158.

되어 있고, 한글 풀어쓰기로 집필한 「지사의 감회」와 시 3편은 '외비'라는 이광수의 필명을 밝히고 있다.[31] 그런데 주목할 중요한 글은 이광수의 한글 풀어쓰기다. 이광수가 먼 이국 땅 치타에서 국내에서도 생소한 풀어쓰기로 글을 쓴 의도는 무엇일까. 한글 풀어쓰기를 연구한 권두연은 "이는 한자와의 단절을 통해 완벽한 한글로만 된 문자 환경을 이룩하려 한 이상주의자들의 노력의 산물"로 보았다.[32] 그런 측면도 없지는 않았다.

하지만 이광수의 경우는 '이상주의자'가 아니라 '실용적'인 면에 더 중요한 목적이 있었다. 인쇄문화를 혁신하고 실천하려는 시도였다. 이광수의 풀어쓰기를 국어학, 국문학 측면에서 바라보았지, 인쇄문화의 관점에서 주목한 연구는 없었다.

풀어쓰기 한글인쇄 혁신 시도

정교보는 활자를 구입할 돈이 없어서 모든 기사를 손으로 써서 석판으로 인쇄하는 형편이었으니 활자 구비는 절실한 과제였다. 모금을 해서라도 활자를 구입하지 않을 수 없는 처지였다.

3월 1일 발행(제9호) 지면에 실린 「정교보사 활자 살 의연을 청하나이다」라는 기사는 활자가 없어 석판에 인쇄하기 때문에 "돈은 곱 들고 일은 뜻같이 아니 되며 그도 정부에서 쓰는 석판이라 얼마 오래 부탁할 수 없으니…"라면서 성금을 보내달라고 호소한다. '정부에서 쓰는 석판'은 치

---

31. 최기영, 위의 글, p.158. 정교보에 실린 이광수의 글은 최기영의 「1914년 이광수의 러시아 체류와 문필활동」에 상세히 고찰되어 있고, 논문 말미에 이광수의 글이 수록되어 있으므로 설명은 생략한다.
32. 권두연, 「근대 매체와 한글 가로풀어쓰기의 실험」, 『서강인문논총』, 서강대학교 인문과학연구소, 2015. p.5.

타 주 정부 소유 석판기계를 활용해서 인쇄했다는 말이다. 이광수는 제9호에서 먼저 한글 가로쓰기와 풀어쓰기로 인쇄의 혁신을 기하자는 이론을 제시했다. 「우리 글, 가로쓰기라」를 현대문으로 고쳐 옮기면 이렇다.

"우리 민족의 제일 큰 보배가 우리 글이오 세계에 가장 과학적이오 편리한 것이 우리 글이라. 그러나 그 좋은 우리 글도 쓰는 법을 잘못하여 교육과 인쇄상에 불편함이 많앗나니 날로 문명이 나아가는 오늘날 어찌 그대로 갈 수 있으리오. 이제는 새로 쓸 법을 연구하여야 하리로다.

글이 가장 완전하려면 ① 자형이 간단하면서 분명하고 아름답고, ② 글자 수효가 적음이니, 글자 수효가 많으면 배우기에도 곤란할뿐더러 문명의 진보와 관계가 큰 인쇄술에 큰 영향이 있는지라. 그런데 ㅏ ㅓ ㅗ ㅜ ㄱㄴㄷㄹ 이만큼 기하학적이오 간단하고 분명한 자형이 달리 어디 있느뇨. 이를 아직까지 가장 완전하다 하던 로마 글에 비겨보라. A B X G P R 얼른 보아도 알 것이 아니뇨. 그러나 쓰는 법을 잘못하야 '쌇'[33]으로 가로 붙이고 세로 붙여 모양도 흉할뿐더러 처음 배우기도 어렵고 또 활자도 가, 각, 깍, ?(판독불능), 이 모양으로 한문 글자보다 지지 아니하게 수다하게 새겨야 할지니 경비와 시간에 막대한 손해를 입어왔도다."

이광수는 계속한다.

---

33. 무슨 글자인지 복잡하고 인쇄가 분명하지 않아 비슷해 보이는 '쌇'으로 썼다.

한글 풀어쓰기. 한글은 자음 14개, 모음 10개로 조합해 낼 수 있는 과학적인 문자인데도 모아쓰기로 인쇄하면 1만개가 넘는 활자가 필요하다. 가난한 이주민들이 이국땅에서 신문 잡지를 발행하려면 인쇄기와 활자구입에 감당하기 어려운 부담이다. 풀어쓰기는 이런 애로를 해소하여 기계화에 획기적인 효과를 얻을 수 있다.

"이 모음과 자음을 가로쓰기로 하면 활자는 불과 스물에 지나지 못할 지요 채자 식자에 얻는 시간이 또한 적지 아니할 지며 그 깨끗하고 또 보기 쉬움이 얼마나 하리오. 그러나 이리 하랴면 문법도 만들어야 하겠고, 여러 동포가 각각 힘을 써 이 글 보기를 익혀야 할지니 처음에는 비록 보기 어려울 듯 하나 얼마 아니 하야 전보다 훨씬 보기 쉽고 편리함을 알리이다."

한글은 자음 14개, 모음 10개만 있으면 1만 1,172자를 조합해 낼 수 있는 과학적인 문자인데도 모아쓰기 인쇄에는 1만 개가 넘는 활자가 필요하다. 가난한 이주민들이 이국땅에서 신문 잡지를 발행하려면 인쇄기와 활자구입이 감당하기 어려운 부담이다. 하지만 풀어쓰기는 이런 애로를 해소하여 기계화에 획기적인 효과를 얻을 수 있다. 자음과 모음만으로 활자문제가 해결되기 때문이다. 풀어쓰기는 처음에 다소 불편을 감수할 수밖에 없겠지만 곧 익숙해 질 것으로 이광수는 확신했다. 그는 몇 개의 단어를 예로 들어 보이고, 김종서의 시 「백두산」을 풀어쓰기로 보여주면서 모음[암늧] 여섯자, 자음[수늧] 열 네자를 필기체로 제시했다.

　짧은 글이지만 이광수는 모아쓰기의 번잡하고 불편함을 설명하고, 대안으로 풀어쓰기의 시행을 제시했다. 풀어쓰기를 시행하면 활자는 불과 스물에 지나지 않으며, 인쇄를 위한 채자(採字)와 식자(植字)에 시간과 노력을 획기적으로 줄일 수 있다고 강조했다. 이광수는 러시아 문화권에서 사용하는 키릴문자(Cyrillic alphabet)를 차용하여 흘림체[필기체]도 고안했다.

키릴문자 차용 필기체 고안

우선 제9호에는 기초적인 글자 모음[암늧] 여섯자, 자음[수늧]을 예시하고 키릴문자로 고안한 필기체(흘림체)를 제시했다. 소리가 하나, 또는 둘 이상 모인 것을 '씨'로 설명하고 명사, 형용사, 동사의 예를 들었다. 두음의 ㅇ은 사용하지 않았고, 받침의 ㅇ은 옛 글자 ㆁ을 사용했다. 모음 ㅡ는 u로 썼다.

　ㄱㅏㅇㅏㅈㅣ, ㅂㅏㅌ(田), ㅂㅣㅅ(債), ㅂㅣㅊ(色), ㄷㅏㅁ(垣), ㄷㅏㅁ(痰), ㅅㅓㅣㅁ(石), ㅅㅓㅣㅁ(島): ㅁㅕㅇㅅㅏ[명사]

ㄴㅗㅍ(高), ㄴㅏㅅ(優), ㄴㅏㅈ(卑), ㅅㅡㄹㅍu: ㅎㅓㅓㅣㅣㅗㅇㅅㅏ[형용사]

ㅏㄴㅈ(坐), ㄷㅏㄹㅎ(耗), ㅜㄴㄷㅗㅇㅎㅏ(運動): ㄷ_ㅗㅇㅅㅏ[동사]

이광수의 한글 흘림체 고안은 국어학사상 최초였다. 주시경은 1913년 3월에 한글 풀어쓰기를 연구하여 실용화를 시도했는데,[34] 최남선이 설립한 신문관 부설 조선광문회에서 한글사전[말모이] 편찬작업을 하고 있었다. 이광수도 신문관에 드나들면서 잡지제작에 참여하였으므로 이광수─최남선─주시경의 한글 풀어쓰기는 연관이 있었다.

풀어쓰기 연구는 이처럼 진행되었지만 1920년대 이전까지 필기체(흘림체)를 처음 고안한 사람은 이광수였다. 그의 흘림체 고안은 65년 동안 주목받지 못한 채 파묻혀 있다가 1979년에야 한글 흘림체가 대한인정교보에 처음 시도되었다는 논문이 나왔다. 하지만 고안한 사람이 이광수라는 사실은 몰랐다. 그저 먼 시베리아 치타에서 한글 흘림체가 시도되었다는 것만 알려졌을 따름이었다. 경위는 이렇다.

『대한인정교보』 제10호에 실린 한글 풀어쓰기 문장을 분석하여 처음 발표한 연구자는 핀란드 헬싱키대학 강사 고송무(高松茂)였다.[35] 고송무는 1969년부터 1977년까지 헬싱키대학에서 우랄알타이 여러 언어를 연구하여 박사학위를 받았고, 1972년부터는 그 대학에서 한국어를 강의하던 언어학자였다. 정교보 제10호는 핀란드 언어학자 카이 도네르(Kai Donner)가 1914년에 시베리아를 탐사하던 중에 수집하여 핀우그르학회 도서관

---

34. 『나라사랑』, 1971, 제4집, '한힌샘 주시경 특집호' 참고.
35. 「러시아 이주 한인들, 한글 풀어쓰기 첫 시도, 월간지 『대한인정교보』 입수 공개」, 경향신문 1979.12.18. 한글 풀어쓰기에 관해서는 앞의 권두연 논문 참고.

「우리글」, 「지사의 감회」. 이광수가 '외배'라는 필명으로 게재한 풀어쓰기. 소리가 하나, 또는 둘 이상 모인 것을 '씨'로 설명하고 명사, 형용사, 동사의 예를 들었다.

에 기증했던 단 한 호였다. 고송무는 1979년 8월에 잠시 귀국하여 12월 15일 한글학회에서 정교보 제10호에 실린 한글 풀어쓰기의 내용을 판독하여 발표했다.[36] 하지만 그보다 한 호 먼저 발행된 제9호와 그 후의 11호를 보지는 못했고, 최초로 필기체 한글 풀어쓰기를 고안했던 사람이 이광수였다는 사실도 알지 못했다.[37]

정교보 제10호에 실린 풀어쓰기 「우리 글」을 모아쓰면 다음과 같다.

아리나리(압록강)[38]
백두산의 다믄 못이

---

36. 고송무, 「대한인정교보에 실린 한글 풀어쓰기 흘림과 그 판독」, 『한글새소식』 89호, 1980.1.5., pp.8~9.

37. 권두연, 「근대 매체와 한글 가로풀어쓰기의 실험」은 이광수, 최남선, 주시경이 같은 시기에 풀어쓰기를 시도한 문제를 비교 분석하였다.

38. 이광수는 한자로 "阿利那禮라고 우리 先民이 부르든 渾河鐵橋를 지나면 奉天驛입니다."라고 썼다. 동아일보, 1933.8.9., 「만주에서」1.

흐르어 나리어 아리나<u>리</u>

배달동산 곳 속으로

잘 스믈 해 흐르리로

    [주] ×표와 +표는 운[韻]. 이는 새로 짓는 시니라.[39]

백이숙제의 무덤

수양산 바라보매윗 백이숙제 한하노라

주리어 죽을 진정 고사리도 캐올 것가?

아모리 풀새 것인들 긔 뉘 따에 낫더니?

    [주] 이는 시지오. 성삼문 선생이 짓으신 바. 비돌에서 땀이 흘읫
    다 하나니라.

이 첫 장을 초로 쓰면:

키릴문자 「육자배기」. 이광수는 러시아 문화권에서 사용하는 키릴문자(Cyrillic alphabet)를 차용하여 흘림체[필기체]도 고안했다.

---

39. 이 글에서 고딕체로 쓴 '백' '배' 두 글자 위에는 +표가 있고, 마지막 글자 이탤릭체 이, 리, 로 위에는 ×가 붙어 있다. + 표는 두운[頭韻], × 표는 압운(押韻) 표시이다. 이 글에서는 편의상 이, 리, 로 로 표시하여 아래 선을 그었다.

필기체로 쓴 「육자배기」는 고송무가 다음과 같이 풀이했다.[40]

져 건너 갈미봉 비가 묻어 들어온다.
우장을 허리에 두르고 기심 매러 갈개나.

씨아리(자댄)
배달 [임] 우리나라의 넷 이름. "배"는 새벽[曉] "달"은 빛.[41]

제11호에는 풀어쓰기 글 두 편이 실렸다.
「우리 글」과 「지사의 감회」다. '외빗'라는 필명을 밝힌 「우리 글」에서 이광수는 '모듬'(1) (綴字法)이라는 한자를 썼다. 그리고 풀어쓰기로 단어를 예시했는데 모아쓰면 다음과 같다.

업슨, 업슬, 업스니, 밝은, 밝을, 밝으니,
녹은, 녹을, 녹으니, 다른, 다를, 다르니,
드높흔, 드높흘, 스물, 스즈리 드르를,
들고(擧), 들어, 들어(擧), 글근, 일쿠트스크, 스스럽게, 그러면, 그리다.

이광수는 풀어쓰기로 단어의 철자법을 예시한 다음에 「지사의 감회」를 실었다. 뮬린에서 만났던 이갑이 베를린에 갔을 때에 독일 황제 부부

---

40. 고송무, 앞의 글.
41. 우리 민족의 옛 이름 배달(倍達)을 이광수는 '새벽빛'으로 풀이하였다.

의 초상화를 보고 조국의 독립을 염원했던 내용이다.(풀어쓰기 「지사의 감회」는 최기영의 책, p.197 참고) 그 다음 페이지의 '우리 시' 3편(「나라를 떠나는 설음」, 「망국민의 설음」, 「샹부련」)은 모아쓰기였지만, 「우리 시」와 「우리 글」은 필명 '외비'로 이광수의 글임을 밝혔다.

애국정신의 근본은 국사와 국문

이광수는 우리말과 글이 어휘가 풍부하고 표현력이 정치(精緻)하고 자유로우며 운향(韻響: 시의 운율이 일으키는 운치)이 유려함으로 보거나 세계 어느 나라 말에 못지않다고 평가했다.[42] 그는 일본 유학시절부터 문자운동에 관심이 많았다. "문자는 사상과 지식을 교통하며 고래의 사적(事蹟)을 연역(演繹)함에 있거늘" 한자 위주의 문자생활은 문명의 진보를 가로막는 요소로 보았다.

이광수는 1908년 5월에 발행된 『태극학보』(제22호)에 기고한 「국문과 한문의 과도시대」에서 국어를 '국민의 정수(精粹)'로 규정한다. 국어를 유지 발전하는 일은 국민의 의무라고 주장했다. 우리글이 없던 시기에는 중국의 한자를 빌어다 썼지만 풍습과 언어가 전혀 다른 우리에게는 맞지 않을 뿐 아니라 한자는 복잡하여 일생을 바쳐도 오히려 능통하기 어렵다. 그러자면 어느 세월에 사상과 지식을 어느 여가에 교통하겠느냐고 개탄했다.

오천년 역사가 오늘날 검은 구름에 휩싸인 것은 여러 원인이 있지만, 문자의 영향이 크다. 세종대왕은 이같은 여러 폐단을 간파하여 '우

---

42. 이광수, 「조선어문 예찬」1, 조선일보, 1935.10.29.

미(優美) 편리한' 한글을 창제하였다고 말하고 이의 장점을 열거하였다. 일본 학자의 주장을 인용하여 애국정신의 근본은 국사와 국문에 있다고 소개하면서 한글을 전용하되 한자를 완전히 폐지하자는 뜻이 아니라 한문도 외국어의 하나로 배우도록 하자고 결론지었다. 그러자면 불가피하게 일시적인 곤란이 따르겠지만 문명의 속도를 빨리할 방안이라고 주장했다.

1910년 7월에는 황성신문에 「금일 아한용문(我韓用文)에 대하야」를 기고하여 3회(7.24, 7.26, 7.27) 나누어 게재된 적이 있었다. 이광수는 신문잡지의 문장은 국한문 혼용이라 하나 실은 순한문에 한글로 토를 단 것에 지나지 않으며, 그 용어는 『강희자전(康熙字典)』이라도 펴 놓고 골라내었는지 여러 해 한학을 공부한 사람이라야 겨우 알만한 난삽한 한자쓰기를 경쟁하고 있는 상황이라고 비판했다.

그러므로 신문과 잡지는 극소수의 독자 외에는 읽을 수 없으니 어찌 그 효력이 널리 미치기를 바라겠는가. 따라서 언론의 직무를 다한다 할 수 없다. 이런 현상을 타개하려면 고유명사, 명사, 형용사, 동사 등 국문[한글]으로 쓰지 못할 것만 당분간 한자를 쓰고 그 밖의 것은 모두 한글로 써야 한다고 제안했다. 이렇게 하면 저자[필자]와 독자 모두에게 이익이다.

"넓히 읽히움과, 이해키 쉬운 것과, 국문에 연숙(鍊熟)하야 국문을 애존(愛尊)하게 되는 것이 독자 편의 이익이오, 저작하기 용이함과, 사상의 발표의 자유로움과, 복잡한 사상을 자세히 발표할 수 있음이 저자 편의 이익이며, 따로혀 국문의 세력이 오를지니 국가의 대행(大幸)일지라."

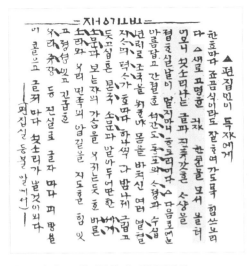

이광수의 정교보 참여를 알리는 편집자의 말.
"새로 고명한 기자 한 분을 모셔올 터이라"고 예고했다.

신문 잡지에 글 쓰는 사람만이 아니라 교육가와 청년학생을 비롯하여 일반 독자들도 한글 쓰기의 실천을 이광수는 바랐다. 그는 언문일치 문장과 평이한 국한문 혼용의 필요성을 일찍 느끼고 있었는데, 치타에서 정교보를 편집할 때에 활자를 구입하기 어려운 실정을 접하고는 한글 전용에서 한걸음 나아가서 풀어쓰기라는 혁신적 방법으로 한글의 기계화에 따르는 비용과 애로를 타개해 보려 시도했던 것이다.

1915년 5월에 발행된 유학생 잡지 『학지광』 제5호에 기고한 「공화국의 멸망」(필명 고주, pp.131~133)은 띄어쓰기 문체였다. 이 무렵 『학지광』에는 전혀 띄어쓰기를 하지 않은 논설과 한문체 글만 실렸는데 거의 완벽한 띄어쓰기를 적용한[43] 이광수의 선구적인 문자 활용 모습이 나타난다.

「무정」은 원래 국한문 소설로 연재될 예정이었다. 매일신보는 1916년 12월 26일부터 29일까지 네 차례 게재한 예고 기사에서 "종래의 소설과 같이 한글전용(純諺文)이 아니라, 국한문 혼용 서한문체를 써서" 교육 있

---

43. 하타노 세츠코, 『일본유학생 작가연구』, 소명출판, 2011, p.63.

는 청년 독자를 대상으로 하는 소설이라고 밝혔다. 이는 "실로 조선문단의 신시험"이라는 것이다.

하지만 1917년 1월 1일부터 시작된 연재소설은 국한문 혼용(諺漢交用) 서한문체 소설이 아니라 3인칭 한글 서사체였다.[44] 신문사의 의도와 달리 이광수는 일반인들이 알기 쉽고 풍부한 표현을 구사할 수 있는 한글 전용 소설을 쓴 것이고, 「무정」에 대한 독자의 반응은 예상을 뛰어넘는 인기였다.

이광수는 초등학교의 교수 용어를 조선어로 하고 중등학교의 조선어 교육시간을 배 이상 늘리라고 촉구했다. 그러지 않으면 조선인은 조선어문에 '반장님 반벙어리'(半盲半啞)를 면치 못할 것이라고 경고했다.[45] 총독부가 조선어 사용을 금지하려던 시기에 이광수는 문자보급운동을 벌이면서 우리말과 글을 지키려는 노력을 기울였다. 뒤에서 살펴보는 「신문기자의 자격」에서도 우리글을 잘 쓰지 못하면 기자가 아니라고 말한다. 동아일보 편집국장 시절에 시작한 '브나로드' 문자보급운동은 그의 국어와 한글에 관한 자부심과 애착이 연관된 것이었다.

---

44. 이광수도 처음에는 「무정」을 국한문 혼용으로 쓰기 시작하였다가 한글전용으로 바꾼 것 같다는 지적도 있다.(하타노 세츠코, 『이광수, 일본을 만나다』, 푸른역사, 2016, pp.6~7)
45. 이광수, 「조선어의 빈궁」, 조선일보, 1933.10.3.

와세다대학 재학 시절(1918년경). 왼쪽부터 이광수, 정노식, 진학문. 정노식은 이광수와 도쿄 유학생 시절 같은 하숙에 있었다.

| 2장 |

매일신보
소설 논문 기행문

와세다대학 유학과 글쓰기

미국행 포기 귀국 국내 체류

이광수는 치타에 오래 머물 처지가 아니었다. 대한인정교보 1914년 6월 1일자 11호가 발행된 후 7월에는 세계 1차 대전이 발발하자 러시아는 한인단체를 해산하고 그 기관지까지 폐간하는 바람에 주필에 임명된 이광수가 잡지 편집을 더 이상 할 수 없는 상황이 되었을 뿐 아니라 유럽을 거쳐 미국으로 가려던 계획도 좌절되었다.

6월 1일자로 발행된 제11호에 실린 「사고」는 "본사 임원은 이러케 개선되엇소"라는 제목 아래 편집인 김엘니싸벳다, 사장 김하일, 총무 박명호, 재무 문윤함(발행인 겸)으로 기재되어 있다. '주필'이라는 직명은 없고, 이광수의 이름도 보이지 않는다.

이광수는 미국행을 포기하고 8월에 치타를 떠나 고국으로 돌아왔다. 치타에서 이극로(李克魯, 1893~1978)도 만났다. 그 후 이극로는 1921

년 6월에 상하이를 떠나 독일로 가서 베를린대학에서 5년 동안 공부하여 박사학위를 받았다.

학위과정을 밟고 있던 시기인 1923년 가을부터 1926년 겨울학기까지 베를린대학 동양언어학부에서 한국어를 가르치면서 이광수의 「허생전」 가운데 일부를 독일어로 번역하여 교재로 사용하였다. 「허생전」은 이광수가 동아일보에 연재(1923.12~1924.3, 111회)를 마친 후 시문사에서 단행본으로 출간하였다.

이극로. 치타에서 만났던 이극로는 후에 이광수의 「허생전」을 독일어로 번역하여 한국어 교재로 사용했다.

이극로는 독일에서 한글 활자를 구할 수 없어 상하이의 김두봉(金枓奉)에게 연락하여 한글 자모를 구해서 한글 원본은 왼쪽, 독일어 번역문은 오른쪽에 배치하여 한·독어 대역 「허생전」을 1927년에 『동양언어학부지』에 게재하였다.[1]

국내로 돌아온 이광수는 최남선의 신문관에서 잡지 『청춘』의 편집을 도우며 해외를 떠돌던 경험을 글로 써서 발표했다.

「상해서」, 제1신, 『청춘』, 제3호,
　　1914년 12월, pp. 101~106, 필명 滬上夢人

1. 신용철, 「독일 유학생 이극로의 조선어 강좌 개설과 이광수의 '허생전'」, 『춘원연구학보』, 제5호, 2012, pp.165~201.

「상해서」, 제2신, 『청춘』, 제4호,

　　　　1915년 1월, pp. 76~79. 필명 滬上夢人

『청춘』 제9호부터 3회 연재된 「어린 벗에게」는 단편소설이지만, 「상해
서」의 속편에 해당하는 기행문 성격도 지니고 있다.

「어린 벗에게」, 제1신, 제2신, 『청춘』, 제9호,

　　　　1915년 1월, pp.96~121. 필명 외배

「어린 벗에게」, 제3신, 『청춘』, 제10호,

　　　　1915년 9월, pp.26~33. 필명 외배

「어린 벗에게」, 제4신, 『청춘』, 제11호,

　　　　1915년 11월, pp.130~147. 필명 외배

이광수는 『청춘』이 실시한 「현상문예」(1915년 5월 제7호부터)의 단편
소설 심사를 맡으면서 '외배', 또는 '춘원'이라는 필명으로 다음 글도 실
었다.

「독서를 권함」, 『청춘』, 제4호,

　　　　1915년 1월 pp.67~71.

수필 「거울과 마조 안자」, 『청춘』, 제7호,

　　　　1915년 5월 pp.79~83.

약 1년 동안 국내에 머물던 이광수는 김성수의 도움을 받아 1915년

『청춘』 창간호. 러시아에서 돌아온 이광수는 최남선의 신문관에서 『청춘』의 편집을 도우며 해외를 떠돌던 경험을 글로 써서 발표했다.

8월 31일 일본으로 다시 건너가 와세다대학 고등예과에 편입학해서 학업을 계속하였다.[2] 김성수의 도움은 최남선의 조선광문회에서 만난 송진우가 다리를 놓아 성사가 되었다.

"이광수군을 처음 안 것은 광문회(光文會) 당시다. 수표정 광문회에 그때 여러 뜻잇든 사람들이 모힐 때에 춘원은 짚세기에 헌 두루마기를 입고 왓섯다. 서로 인사하고 사괴는 사이에 재조잇는 분임을 알엇다. 이군이 그때 날더러 "동경에 더 공부가고 십노라"하엿다. 그 뒤 우리 그룹에서 중앙학교를 맛게 되자 중앙학교 교비생으로 춘원은 동경으로 공부가게 되엇다."[3]

---

2. 이광수, 「문단 고행 30년, 서백리아서 다시 동경으로」2 『조광』 1936.6. p.102; 「이광수씨 무정 등 전 작품을 어(語)하다」, 『삼천리』, 1937. 신년호, p.129. 이광수는 이렇게 말했다. "학비라고 매달 20원씩 중앙학교에서 보내주었는데 내용은 김성수가 보내주었는지 모르겠으나 늘 그때 학감이든 안재홍씨 일흠으로 오더구만—"

3. 송진우, 「교우록」, 『삼천리』, 1935.6. p.55.

장덕수. 와세다대 입학 후 이광수와 함께 비밀결사 성격의 조선학회를 결성했다. 동아일보 창간 주간.

이광수는 1916년 7월 와세다대학 예과를 수료하여 9월에는 같은 대학 문학부 철학과에 입학하였다.[4] 와세다대 입학 직후인 11월 10일 비밀결사 성격의 조선학회를 결성했다. 회원은 이광수, 신익희(申翼熙, 1894~1956), 진학문(秦學文, 1894~1974), 장덕수(張德秀, 1894~1947) 등으로 조선의 당면문제 연구를 목적으로 결성한 모임이었다.[5] 장덕수, 진학문, 이광수는 후에 동아일보에서 활동하는 사람들이다. 당시 조선인 유학생들은 일본 내무성 경보국 보안과의 감시 대상이었다. 1916년 말 재일 조선인 유학생 485명 가운데 391명이 도쿄 거주였다. 1917년 말 경보국(警保局)이 작성한 '배일사상 소유자'는 237명이었는데 이광수는 감시도 높은 갑호(甲号) 83명에 포함되어 있었다.[6]

그런 가운데 이광수는 재동경조선인유학생 학우회의 편집부장에 선출되어 3월 4일에 발행된 회지 『학지광(學之光)』 제8호에 발행인으로 등재되었고, 이광수의 글 여러 편이 게재되었다.[7] 이듬해인 1917년 9월 30일에 열린 유학생학우회에서도 편집부원에 선출되어 『학지광』 편집에 간

---

4. 이광수의 경력과 성향은 1918년 12월 1일자로 평안북도 경무부장이 베이징 주재 외무성 경부(警部) 波多野龜太郎에게 보낸 기록에 의거했다.

5. 김원모, 『자유꽃이 피리라』, 철학과 현실사, 2015, p.167.

6. 하타노 세츠코, 『일본유학생 작가연구』, pp.83~85.

7. 권보드레, 「학지광 제8호, 편집장 이광수와 새 자료」, 『민족문학사연구』, 39권, 2009 참고.

여했다. 『학지광』은 1914년 4월 2일에 창간되었는데, 이광수 이전의 발행인은 신익희(3~4호), 장덕수(5호)였고 이광수 이후의 발행인은 변봉현(10호), 현상윤(11~13호), 최팔용(14~15, 17호)으로 이어졌다. 유학생들은 문화의 전달자이자 민족의 진로를 제시할 젊은 엘리트였으므로 이들이 발행한 잡지는 국내의 개화사상과 독립정신 확립에 영향을 미쳤다. 재동경조선유학생학우회는 1912년 10월 조직되어 도쿄유학생 전원이 자동 가입되도록 했다. 이광수는 1917년, 1918년, 1919년에 발행된 『학지광』에 여러 편의 글을 실었다.

「동경잡신」 기고

이광수는 학우회 편집부장을 맡았던 1916년부터 국내에 하나 밖에 없는 한국어 일간지 매일신보에 활발하게 기고하여 필명을 날리기 시작했다. 9월 22일~23일 이틀 동안 「대구에서」(春園生)를 먼저 게재한 다음에 27일부터는 「동경잡신(雜信)」을 기고하여 11월 9일까지 28회 연재했다.[8] 「대구에서」는 "아침에 선생을 배별(拜別)하고 종일 비를 맞으며 대구에 도착하였나이다"로 시작된다. 여름 방학에 귀국한 이광수가 개학을 앞두고 도쿄로 돌아가는 길에 대구에 들렀을 터인데, 나흘 뒤부터 「동경잡신」을 연재하는 것을 보면 연재 원고 일부를 미리 신문사에 넘겨주고 떠났을 가능성이 크다. 앞서 9월 8일자 매일신보 '현대시단(詩壇)'에 실린 한시 「증 삼소거사(贈三笑居士), 동상도중(東上途中)에셔」(孤舟生)

---

8. 「동경잡신」을 이광수의 일제 말기 친일과 연관 지어 비판적으로 보는 시각도 있다. 정일성, 『일본 군국주의의 괴벨스 도쿠토미 소호』, 지식산업사, 2005, pp.63~83.

아베 미쓰이에(阿部充家). 경성일보-매일신보 사장. 도쿠토미가 창설한 일본 국민신문 부사장이었다가 서울로 와서 4년간 경성일보와 매일신보 사장이었다. 이광수의 능력을 높이 평가했다.

는 도쿄로 가는 도중에 쓴 짧은 4행시인데 매일신보 편집감독 나카무라 겐타로(中村健太郎)를 집으로 찾아가서 만났던 인상을 묘사한 내용이다.[9]

이광수가 경성일보-매일신보 사장 아베 미쓰이에(阿部充家: 사장 재임 1914.8~ 1918.7)를 처음 소개 받은 것은 나카무라를 먼저 만난 뒤였을 것이다.[10] 아베는 경성일보-매일신보 감독(오늘의 회장에 해당) 도쿠토미 소호(德富蘇峰)의 심복 언론인으로 1914년 8월 1일 경성일보 사장(창간 이래 4대 사장)에 취임했다. 도쿠토미가 창설한 일본 국민신문 부사장이었다가 경성일보 사장으로 와서 근 4년간 경성일보와 매일신보를 경영했다.

규슈의 구마모토(熊本縣)에서 태어나 1889년 이전부터 규슈에서 발행되는 『구마모토신문(熊本新聞)』에 관계하면서 도쿠토미와 긴밀한 연관을 맺고 있었다.[11]

도쿠토미가 『국민신문』의 조직을 개편할 때인 1896년 7월 18일 주간에 임명되어 신문제작을 총괄하는 위치에 있었고, 1911년 12월에는 국

---

9. 심원섭, 『아베 미츠이에와 조선』, 소명출판, 2017, pp.244 이하 참고.

10. 김원모·이경훈 역, 「무브츠옹의 추억」, 『춘원 이광수 친일문학, 동포에 고함』, 철학과 현실사, 1997, p.243 이하.

11. 『德富蘇峰民友社 關係資料集』, 民友社 사상문학총서 제1권, 동경, 三一書房, 1968, pp.73~75.

민신문사의 부사장 재직 시에 국민신문은
불매운동을 당하기도 했다. 국민신문은 러
일전쟁을 마무리하는 포츠머스조약의 협상
이 진행되던 1905년에 정부를 옹호하고 강
화조약의 체결을 축하하는 지면을 제작했
다가 사옥이 습격당하는 등으로 한때는 세
력을 크게 잃었으나 도쿠토미는 수상 가쓰
라(桂太郎)를 부추겨 이 신문을 전국의 행정
단위인 시, 정(町), 촌(村)의 관청에 무료 배
포하고, 사회면 중심으로 편집 방침을 바꾸
는 한편으로 다른 신문에 앞서 도쿄 근교에

나카무라 겐타로(中村健太郎). 매일
신보 편집국장. 한국어가 능통했다.
이광수의 「무정」, 「오도답파기행」 등
을 연재하도록 주선했다.

지방판을 발행하여 회복을 꾀했다. 이 덕분에 1907년부터 1912년까지의
발행 부수는 도쿄에서 1~2위를 다툴 정도로 만회했다.[12]

　1912년 12월 가쓰라 내각이 구성되면서 정계가 양파로 나뉘자 신문
의 논조도 둘로 갈라져 논전을 벌이게 되었다. 이듬해 초부터 가쓰라 내
각에 반대하는 '헌정옹호운동'이 일어났을 때 국민신문은 가쓰라 정부를
옹호하는 '헌정촉진기자단'에 가담했기 때문에 반정부 측 시위대가 정부
를 옹호하는 6개 신문사를 습격했다. 2월 10일에는 군중이 국민신문사
에 밀어닥쳐 투석과 폭행의 소동을 일으키면서 건물 일부를 파괴하는 사
건이 일어났다.[13]

12. 山本文雄, 김재홍 역, 『일본 매스커뮤니케이션사』, 커뮤니케이션북스, 2000, pp.108~11쪽.
13. 山本文雄, 『일본 매스커뮤니케이션사』, pp.127~130.

신문사가 급박한 상황에 처하자 아베를 비롯한 사원들이 시위대를 향해 예리한 일본도 4자루를 뽑아들고 휘둘러 부상을 입혔으나, 사태가 더욱 험악해지자 사원 스나가 히데오(須永秀雄)는 권총을 발사하여 시위군중 가운데 한 사람이 즉사하고 두 사람은 부상을 입은 사건이 일어났다. 이 사건으로 부사장 아베를 비롯한 사원 7명이 재판에 회부되었다. 아베외 1명은 살인미수, 스나가 히데오는 살인 및 살인미수 등의 혐의로 아베는 징역 2년에 3년간 집행유예 처분을 받았다.[14]

아베는 이와 같이 도쿠토미가 신임하는 측근이었다. 아베가 경성일보–매일신보 사장에 취임한 후인 1914년 10월 17일 전임 사장 때에 착공했던 사옥이 준공되어 필동에 있던 사옥을 현재의 서울시청 자리로 이전하여 경성일보–매일신보의 사옥으로 사용했다. 그러나 1년 후 1915년 11월 18일에 화재가 일어나 목조 건물 사옥의 태반이 불타버렸다.[15] 화재는 일본 천황의 즉위일을 축하하는 행렬을 거행한 다음날이었는데 새벽에 동쪽 현관 천장 뒤에서 불이 나서 중앙 현관에서 동으로 내청각(來靑閣), 편집국, 영업국, 대리부를 태워버리는 심한 손실을 입었다. 이에 사옥의 재건축을 시작하여 1년 뒤인 1916년 10월 1일에 완공했다. 경성일보와 매일신보의 사옥은 그 후 1923년 말까지 서울 중심 지점에 자리 잡은, 당시로서는 큰 빌딩으로 위용을 과시하고 있었다.[16]

아베는 경성일보 사장 취임 후에 '일선융화'를 내걸고 식민지화에 주

---

14. 『德富蘇峰民友社 關係資料集』, pp. 208~254.

15. 매일신보, 1915.11.20, 사고 「근고 애아보제위(愛我報諸位)」; 『朝鮮及滿洲』, 1924.9, p.43.

16. 정진석, 『언론조선총독부』, 커뮤니케이션북스, 2005, pp.76 이하.

력했다. 하지만 도쿠토미 소호가 경성일보 감독을 사임할 때에 아베도 경성일보 사장에서 물러나서 다시 국민신문 부사장이 되었고[17] 조선중앙협회의 전무이사에 취임했다가 1936년 1월 2일에 사망했다.[18] 아베의 호는 무불(無佛)이었는데 사후에 그를 추모하는 모임 '무불회(無佛會)'가 1936년 6월 1일 반신 흉상을 만들어 경성일보에 안치했다.[19] 이광수도 반신흉상 제작 발기인으로 참여했다. 하지만 태평양전쟁으로 물자부족이 극심한 상황이 되자 1943년 9월 8일 이 흉상도 전쟁물자로 헌납하고 말았다.[20] 아베는 경성일보 사장을 물러나 일본으로 돌아간 후에도 여러 차례 조선을 방문했다. 1918년에 이광수가 허영숙과 함께 베이징으로 갈 때 추천장을 써 주었고, 1927년에는 이광수의 집에 문병을 다녀가기도 했다.

아베에게 이광수를 소개한 사람은 심우섭(沈友燮, 1890~1946)이었다.[21] 이광수는 앞서 잠시 언급했듯이 아베를 만나기 전에 매일신보 편집감독 나카무라 겐타로도 만났다. 나카무라는 한국어를 잘 하는 인물로 매일신보의 편집을 총괄하는 편집국장의 역할을 맡고 있었다.[22] 나카무라는 1899년에 구마모토현이 파견한 조선 유학 제2기생으로 조선에 와서

---

17. 매일신보, 1920.5.9.

18. 매일신보, 1936.1.3 석간.

19. 「無佛翁胸像除幕,1日午後4時來靑閣て」, 경성일보, 1936.5.31.

20. 「敵擊滅の彈丸に 本社の元阿部社長銅像獻納」, 경성일보, 1943.9.9.

21. 이광수, 「無佛翁の憶出」(경성일보, 1939.3·11~3·17), ①私が翁を知った前後のこと ②齋藤總督と靈犀相通じた翁 ③眞に朝鮮同胞を愛した二人 ④物慾に括淡な趣味の運動屋 ⑤その生涯を物語る葬祭場 ⑥その後の蘇峰翁をめぐる感懷. 번역문은 「무부츠 옹의 추억」, 『춘원 이광수 친일문학』, 철학과 현실사, 1997. p.244; 한편 매일신보 편집감독 나카무라 겐타로는 이광수보다 앞서 아베 미쓰이에를 추모하는 글을 경성일보(1936.1.14~17)에 4회 연재했다. 심원섭, 「나카무라 겐타로의 阿部 無佛翁을 추모함」, 『정신문화연구』,제39권 1호, 2010. pp.161~179.

22. 정진석, 『언론조선총독부』, 커뮤니케이션북스, 2005. p.82, p.90 참고.

3년간 지리, 역사, 정치, 경제, 사회일반에 걸쳐서 공부했기 때문에 조선어를 능통하게 구사했다.[23] 유학 후에는 경부철도건설사무소에 근무하다가『한성신보』사 조선문판 주간이 되었다. 러일전쟁 후 같은 고향인 구마모토 출신이었던 마루야마(丸山重俊)가 경무고문에 부임하면서 통감부 경시청의 번역관(또는 통역관)이라는 직책으로 신문 검열을 담당했다가[24] 합방 직후인 1910년 10월 15일 매일신보의 감사로 입사하여[25] 신문제작을 감독했다. 1921년 6월에는 편집국장이 되어 이듬해 8월까지 근무하다가 다시 총독부로 들어가기 위해 퇴사했다.[26]

이광수의 「대구에서」 첫 문장에 나오는 '선생'을 사장 아베로 보는 견해도 있지만, 나카무라였을 것이다. 도쿄에 있는 이광수에게 「오도답파기행」 취재를 요청하는 편지를 보낸 사람도 나카무라였다. 심우섭은 1916년 무렵부터 매일신보에 근무했고, 1918년 12월에는 지방과장이었다가 이듬해에 퇴사했다. 소설가 심훈의 형인데 심천풍(沈天風)이라는 필명으로 매일신보에 소설도 발표했다. 1916년 9월부터 이광수가 집필한 동경잡신은 다음과 같다.

09.27 학교
09.28 유학생의 사상계
10.05 工手학교①

---

23. 中村健太郎, 『朝鮮生活50年』, 日本 熊本, 青潮社, pp.9~15.
24. 中村健太郎, 위의 책, p. 44; 대한매일신보, 1909.3.23., 「검열생병(檢閱生病)」; 매일신보, 1938.5.5. 좌담 기사.
25. 「每日申報の監査」, 京城新報, 1910.10.15.
26. 中村健太郎, 「謹告」, 매일신보, 1922.8.31.

「농촌계발」과 소설 「무정」

「동경잡신」이 끝난 직후 11월 26일부터는 논설 「농촌계발」 연재를 시작하여 1917년 2월 18일까지 11장 44회로 마무리 지었다. 우리가 먹고 살기 위해서는 농업이 발달하여야 한다는 전제 아래 "알아보기도 쉽고 흥미도 있게 하기 위하야 한 농촌을 차차 이상적으로 개량하야 나가는 소설 비슷하게" 풀어나가는 형식의 계몽적인 논설이었다. 그 가운데 「신문회(新聞會)」(제9장, 1917.1.30~2.6)는 6회 분량으로 신문의 중요성을 논하는 내용이다.

신문은 조선 8도와 전 세계의 소식을 알려주고 지식을 넓혀주는 중요한 교육기관이자 하루도 없어서는 안 될 오락기관이라고 강조한다.(「농촌계발」, 「신문회」3, 1916.11.26) 이광수는 신문과 잡지에 일찍부터 글을 발표했지만 신문의 교육적 기능과 계몽적 역할을 깊이 깨닫고 있었다. 후에 동아일보, 조선일보에서 언론인으로 활동하게 되는 시기의 언론관이 드러나는 글이다.

「농촌계발」 연재가 끝나지 않았던 1917년 1월 1일부터는 소설 「무정」을 연재하기 시작하였다. 1면의 연재소설과 함께, 3면에는 계몽적인 논설 「농촌계발」을 2월 18일까지 동시에 집필한 것이다. 장편소설 「무정」은 최초의 현대소설이며 신문학 사상 획기적이라는 평가를 받는 작품이다. 매일신보는 국한문을 혼용한 서한문체 소설로 교육 있는 청년을 독자대상으로 삼을 것이라고 예고하였으나 이광수는 「무정」을 한글전용 소설로

농촌계발(1916.11.26). 가난한 농촌. 먹고 살기 어려운 환경에서 어린 시절을 보낸 이광수는 조선에서 가장 시급한 일은 농촌을 계발하여 먹고 사는 문제를 해결해야 한다고 주장했다.

신문회(1917.1.30). 「신문회(新聞會)」(농촌계발, 제9장, 1917.1.30.~2.6)는 신문의 중요성을 논하는 내용이다. 이광수는 신문과 잡지에 일찍부터 글을 발표하면서 신문의 교육적 기능과 계몽적 역할을 깊이 깨닫고 있었다.

집필했다. 국한문 혼용 소설은 이광수의 사상에 맞지 않았다. 그는 많은 독자들이 어려움 없이 읽을 수 있은 소설을 쓰기로 한 것이다. 한자로 가득한 신문 기사와 논설도 쉽게 써야 한다고 주장했고 한글풀어쓰기까지 시도했던 이광수였으니 소설의 국한문 혼용은 받아들일 수 없었을 것이고, 국한문 혼용으로 '교육 있는 청년계에' 독자를 구하기로 했던 매일신보도 이광수의 주장을 수용하지 않을 수 없었다. 「무정」을 연재하던 무렵 이광수는 경제적으로 쪼들리는 형편이었다.

"그때에 나는 배고파서 정신을 잃은 적도 한두번이 아니었고, 교과서를 못사는 것은 둘째로 당장 수업료를 바치지 못해서 학교에도 못 가던 때가 빈번하였다."고 회상할 정도였다. 그런 가운데 쓴 원고료는 그의 생활을 지탱하는 수입원이었다. 매일신보에서 처음에는 한 달에 5원씩 보내 주던 소설이 인기가 있자 10원씩으로 올려 주었다.[27]

그런 가운데 이광수는 쉬지 않고 단편소설도 집필했다.(괄호 안은 집필일)

소년의 비애. 『청춘』 제8호 1917.6.16(1917.1.10 아침)
방황. 『청춘』 제12호 1918.3.6(1917.1.17)
윤광호. 『청춘』 제13호 1918.4.16(1917.1.11 밤)[28]

이광수는 이처럼 「농촌계발」과 소설 「무정」을 연재 중이던 1917년 1월에 믿기 어려울 정도로 많은 작품을 집필했다. 연재소설과 논문을 연재하는 동시에 불과 1주일 동안 단편 3편을 집필했던 것이다.[29]

「무정」은 6월 14일에 126회로 끝났는데, 이광수는 연재 중이던 5월

---

27. 이광수. 「최초의 저서 무정」. 『삼천리』. 1932.2. p.58.
28. 하타노 세츠코. 『일본유학생 작가연구』. p.119.
29. 이 무렵에 이광수가 쓴 글의 목록은 심원섭. 『아베 미츠이에와 조선』. pp.254~255 참고.

「무정」 예고(1916.12.29.) 종래의 신소설과는 달리 국한문을 혼용한 서한문체 소설로 교육 있는 청년을 독자대상으로 삼을 것이라고 매일신보는 예고하였으나 「무정」은 한글전용 소설이었다. 이광수는 많은 독자들이 어려움 없이 읽을 수 있는 소설을 쓰기로 한 것이다.

하순에 귀국했다.[30] 매일신보 감사 나카무라 겐타로가 오도답파여행기를 쓰라는 편지를 도쿄로 보내왔기 때문이다.[31] 이광수는 글쓰기를 멈추지 않았다. 시 「궁한 선비」와 소설 「소년의 비애」를 『청춘』(제8호, 1917년 6월)에 발표하고 6월 28일부터 매일신보와 일본어 신문 경성일보에 「오도답파여행(五道踏破旅行)」의 연재를 위한 취재에에 나섰다.

---

30. 이광수, 「동경에서 경성까지」, 『청춘』, 제9호, 1917.7, pp.73~80, 제1信~11信으로 실려 있다.
31. 「무부츠 옹의 추억」, 『춘원 이광수 친일문학』, 철학과 현실사, p.245.

매일신보-경성일보 특파기자

「오도답파여행」 두 신문 게재

매일신보와 경성일보가 오도답파여행을 기획한 의도는 총독부 업적의 선전이었다. 식민지 치하의 조선이 발전하는 모습을 필재가 뛰어난 이광수가 직접 돌아보고 널리 알리자는 목적이었다. 매일신보는 르포 기사의 취지를 이렇게 밝혔다.

이전부터 본보는 각 지방을 편력하며 유지를 심방(尋訪)하여 신정(新政) 보급의 정세를 살피고 경제, 산업, 교육, 교통의 발달, 인정풍속의 변천을 관찰하고 아울러 자취를 감춘[隱沒] 명소 구적(舊蹟)을 찾고 명현일사(名賢逸士)의 자취를 탐방하여 널리 알리려는 계획이 있었다.

그래서 먼저 강원, 경상남북, 전라남북의 5도를 도보로 답파(踏破)케 하고자 하는데 그 "특파원으로는 잡지 『청춘』 기고가로서 전도(全道) 학생의 갈앙(渴仰)을 수(受)하며 아사(我社)의 지상에 농촌계발, 조선교육가

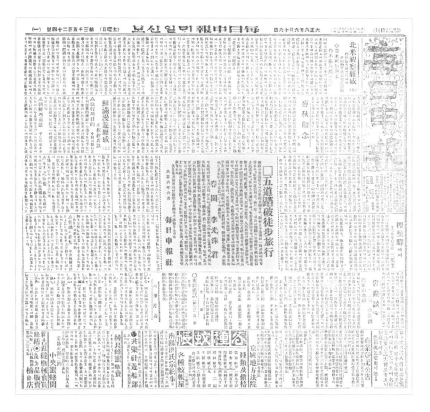

오도답파도보여행 매일신보 사고. 조선 5도를 도보로 답파(踏破)케 하고자 하는데 그 "특파원으로는 잡지 『청춘』 기고가로서 우리 신문에 농촌계발, 조선교육가론, 소설 무정 등을 연재하야 문명(文名)이 천하에 굉진(轟振)한 춘원 이광수 군이 그 임(任)에 당하기로 되얏도다."라고 소개했다.

론, 소설 무정 등을 연재하야 문명(文名)이 천하에 굉진(轟振)한 춘원 이광수 군이 그 임(任)에 당하기로 되얏도다."라고 소개했다.(매일신보 사고, 1917.6.16)

　　매일신보의 모지(母紙)는 총독부 일본어 기관지 경성일보였다. 경일은 매일신보와 공동 「사고」(6월 26일자)에서 '매일신보 기자 이광수를 파견'하

'특파기자 이광수'의 취재를 알리는 경성일보 사고(1917.6.26)

기로 되었다면서 관헌들과 지방유지의 지원을 당부했다. 이광수는 "조선인 기자로는 효시라 하여 회사나 총독부로부터 각지 관헌에 통첩이 가는 등 가는 곳 마다 실로 면목 없을 정도의 성대한 환영을 받으며" 취재를 할 수 있었다. 기사는 매일신보와 경성일보에 동시에 연재되었다. 경성일보는 매회 이광수의 이름 앞에 「五道踏破旅行記者 李光洙」라고 썼다. 매일신보와 경성일보는 이광수가 어디에서 송고했는지 기사의 끝 부분에 보낸 장소와 정확한 시간까지 밝힌 경우가 많았다.(이하 팔호 안은 기사를 보낸 지역과 시간)

1917년 6월

26일 여정에 오르면서 春園生

29일 제1신(차중, 조치원)

30일 제2신(공주) "오늘 충남도 장관[도지사]을 방문하야 植林에 대한 방침을 물었더니 이렇게 깃분 대답을 어덧다."고 썼다. 경성일보는 이 날부터 「湖西より」를 실었다.

1917년 7월

1일   제3신(공주) 上林(敬次郎) "도 장관은 대략 좌기 3항(양반, 산업, 삼림)에 긍(亘)하야 기자의 질문에 답하얏다"라면서 이광수는 자신이 기자 자격으로 도지사를 면담 취재하였다고 밝혔다. 2면에는「백제 舊都에서」를 실었다.

경일 1일「湖西より」(26일 공주에서)

2일「湖西より」(26일 공주에서)

3일「湖西より」(27일 부여에서)

3일 제 4신(공주)

4일 제 5신, 6신(부여-이리역, 2면)

5일 제 7신(평제탑, 백마강 상)

6일 백마강 상에서

경일 6일「湖南より」(7월 3일 오후 4시 전주에서)

7일 군산에서(1회)

경일, 7일「湖南より」(7월 3일 오후 4시 전주에서)

8일~12일 전주에서(4회)

경일 8일「湖西より」(7월 4일 오후 3시 전주에서)

9일「湖西より」(7월 5일 오후 8시 전주에서)

10일「湖西より」(7월 6일 아침 전주에서)

13일~15일 이리에서(3회)

경일 14일「湖南より」(7월 7일 이리에서)

17일~24일 목포에서(2회)

경일 17일「湖南より」(7월 14일 목포에서)

25일「湖南より」(7월 9일 이리에서)

26일 多島海巡り①(7월 23일 順天丸 선상에서)

25일~26일 광주에서(3회)

경일 27일 多島海巡り②(7월 24일 順天丸 선상에서)

경일 28일 多島海巡り③(7월 24일 밤 海神丸 선상에서)

　　 29일 多島海巡り④(7월 24일 밤 삼천포에서)

29일~8월 4일 다도해(4회)

1917년 8월

5일~7일 통영에서(2회)

8일~9일 동래온천에서(2회)

10일 해운대에서

경일 11일 嶺南より(8월 1일 진주에서)

12일~16일 진주에서(4회)

경일 12일 嶺南より(8월 2일 진주에서)

　　 13일 嶺南より(8월 2일 진주에서)

　　 16일 統營より(8월 3일 밤)

　　 17일 統營より(8월 3일 밤)

17일~18일 부산에서(①8월 4일, ②5일 아침)

23일~24일 마산에서(①8월 7일, ②6일)

25일~28일 대구에서(①8월 10일, ②8월 11일, ③은 송고일 없음: 대구에서 경주까지는 자

　　 전거 타고 가다. 일행은 동반이 2인. 경찰관 1명으로 모두 4명. 영천에서 하룻밤 자고

　　 대구로. "백제의 고도를 떠난 지 40일 만에 경주의 古都에 닿았다.")

29일~9월 8일 서라벌에서(京日은 8월 22일부터 9월 7일까지 「新羅の舊都に遊ぶ」라는 제

　　 목 아래 13회로 나누어 연재했다)

22일~①新羅臭き名の'阿火里',金尺陵の傳說,徐羅伐の遺墟慶州に入る(8월 15일 경

　　 주에서)

23일~②英主武烈大王の陵に謁す,百濟人の後裔たろ我感慨深し,眼病を癒やす力あ

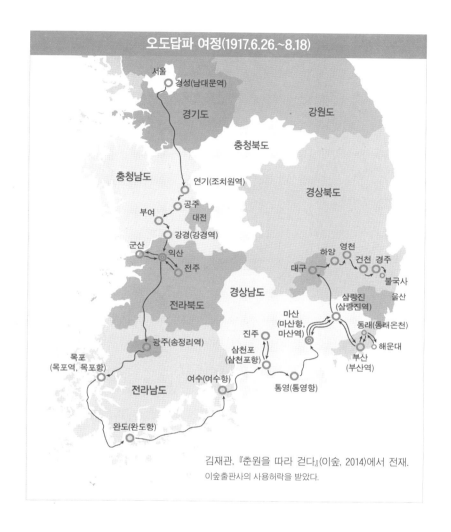

김재관, 『춘원을 따라 걷다』(이숲, 2014)에서 전재.
이숲출판사의 사용허락을 받았다.

　　ろ陵碑(8월 15일 경주에서)

24일　③芬皇寺を觀る黃龍寺の傳說,雁鴨池の懷古,臨海殿の遺墟(8월 15일 경주에서)

25일　④雁鴨池は水族館か,遊子の耳にさえありありと,月城と氷庫

26일　⑤天文臺中最古の'瞻星臺',天下に知らぬ者無き鷄林,三百年長子の'崔富者'

29일 ⑥始祖王朴赫居世の陵に詣ず,五陵の傳説,鮑石亭

30일 ⑦鮑石亭悲劇の一幕,天官寺の由來,新羅八百八十寺(8월 16일 경주에서)

31일 ⑧四天王寺の遺墟,其緣起,佛國寺に着く(8월 16일 밤 불국사에서)

9월 2일 ⑨東海の日の出雄大莊嚴,新羅の全文明を代表せろ石窟庵

9월 3일 ⑩石窟庵石壁の彫像,新羅藝術の結晶,烏居氏の激賞

9월 5일 ⑪金大城の經營せし佛國寺を見ろ,多寶塔と釋迦塔,技術の靈妙に驚く(8월 17

일 불국사에서)

9월 6일 ⑫掛陵に向ふ,不思議なろ南山,完全に殘れる掛陵(8월 17일 경주에서)

9월~7일 ⑬影池の由來と泛影樓,慶州金剛と栢栗寺,掘佛寺の石佛(8월 18일 경주

에서)

이광수는 6월 26일에 서울을 출발하여, 8월 18일 경주에서 보낸 마지막 기사가 경성일보에는 9월 7일자에, 매일신보에는 9월 12일자에 실려 있다. 50일 이상 호남과 영남 일대를 돌면서 53회에 걸쳐 한국어와 일어 기사를 함께 보낸 것이다.

오늘과는 비교가 되지 않을 정도로 불편했던 당시의 교통과 숙박시설을 이용하면서 도중에 이질에 걸려 고생하면서도 매일신보와 경성일보에 한국어와 일본어 기사를 써 보냈을 정도로 이광수는 필력과 취재능력을 갖추고 있었다.[32] 그의 나이 26세였다.

철도, 전차, 자동차, 해운(나룻배, 여객선), 자전거, 인력거를 이용하거

---

32. 이광수는 이 취재여행 때에 경험한 각 지방의 인정풍습. 숙박시설(여관). 음식, 위생상태 등을 「南遊雜感」이라는 제목으로 『청춘』(1918.6. pp.112~118)에 발표했다. 같은 글이 「南道雜感」.『삼천리』(1930. 초하호. pp.64~69)에도 실려 있지만 끝 부분은 편집에서 잘려나가고 없다.

나 때로는 도보로 여행했던 "한국 최초의 근대
장편 기행문"이었다.[33] 같은 해 1월부터 매일신
보에 연재했던 한국 최초의 근대소설 「무정」
에 이어서 신문기자로서 기행문이면서 현지답
사 르포기사의 새로운 경지를 개척한 것이다.
오도답파여행은 "일제 식민 지배의 성과를 찬
양하고 홍보하는 지루한 프로파간다가 아니라
1917년 식민지 조선의 현실을 실감나게 더듬어
볼 수 있는 텍스트"로도 평가받는다.[34]

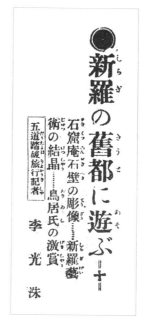

경성일보는 이광수를 '오도답파
여행기자'로 명시했다(1917.9.3).

그런데 이광수가 경성일보에 보낸 기사 가
운데는 매일신보와는 다르게 일본인 독자를
염두에 두고 써 보낸 경우도 있었다. 이광수는
목포에서 이질에 걸려 두 신문의 기사를 쓸 형
편이 아니었기 때문에 목포, 다도해, 경주에서

는 일본어 기사만 보냈는데, 원고를 심우섭이 번역하여 매일신보에 게재
하였다.[35] 따라서 두 신문에 실린 기사 가운데는 이광수가 직접 쓴 것과
이광수의 일본어 원고를 한국어로 번역 게재한 것도 있었다. 하지만 기사
의 원문은 모두 이광수가 쓴 것이다.

---

33. 김재관, 『춘원을 따라 걷다. 이광수의 「오도답파여행」 따라가기』, 이숲, 2014. p.14. 17. 이 책에서 김재관은
이광수가 「오도답파여행」에 이용했던 교통수단과 당시의 상황을 세밀하게 재현해 보고 있다.

34. 김재관, 위의 책, p.5.

35. 최주한, 「두 가지 판본의 오도답파여행기」, 『근대서지』 제9호(근대서지학회, 2014, pp.199~430)에 한·일
양국어 기사 원문과 경성일보 기사 번역문을 고찰했다. 최주한·하타노 세츠코 엮음, 『이광수 초기 문장
집』 I, 소나무, 2015. pp.528 이하에 같은 글이 수록되었다.

도쿄시절의 허영숙. 우리나라 첫 여자 의사. 이광수와 함께 베이징으로 갔다.

이때 이광수는 매일신보 기자 김기전(金起田)과도 인연을 맺었다. 김기전은 1920년경에 매일신보 편집과장이었다가 후에 『개벽』사 편집장으로 근무했다. 이광수가 1921년 상하이에서 돌아와 『개벽』에 「소년에게」와 「민족개조론」을 쓰도록 주선한 사람이 김기전이었다.[36]

매신과 경일 두 신문이 이광수를 특파한 의도와는 달리 이광수는 조선인의 민족적 정체성을 강조하거나 총독부의 시정(施政)에 비판적인 시선도 있었다.[37] 부여와 경주 기행은 민족문화의 긍지를 담고 있다.[38]

지방을 순회하는 동안인 8월 총독부는 성적 우수한 일본 유학생 7명에게 5원씩의 장학금을 지급했는데, 와세다대학 문학부 재학생 이광수도 장학금을 받았다. 이광수는 성적이 가장 우수한 특대생이었다.[39] 이광수는 원고료와 장학금으로 생활이 가능하게 되었다.

이광수는 부산에 도착했던 8월에 경일-매신의 감독이었던 도쿠토미 소호도 처음 만났다.[40] 일본의 거물 언론인이자 국수주의 논객이었던 도

---

36. 이광수, 「문단생활 30년의 회고,3 무정을 쓰던 때와 그후」, 『조광』 1936.6, p.119.

37. 최주한, 위의 글, p.211.

38. 오도답파에 관해서는 심원섭, 『아베 미츠이에와 조선』, pp.260~280에도 상세히 고찰되어 있다.

39. 「유학생 표창」, 매일신보, 1917.8.23.

40. 도쿠토미 소호는 정진석, 『언론조선총독부』, 커뮤니케이션북스, 2005, pp.66 이하; 정일성, 『일본 군국주의의 괴벨스 도쿠토미 소호』, 참고.

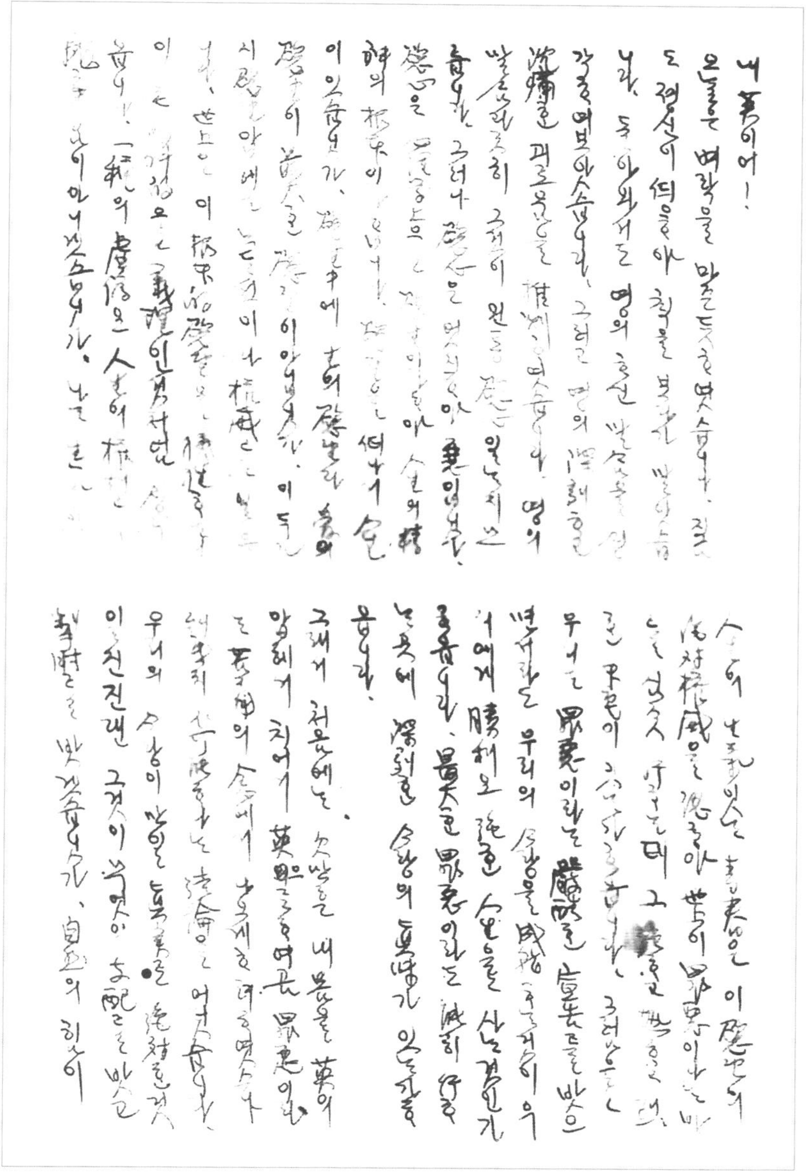

허영숙에게 보낸 편지. 이광수는 열렬한 사랑의 편지를 보냈다.

쿠토미가 조선을 방문할 때에 경성일보–매일신보 사장 아베 미쓰이에가 부산까지 마중 나왔다가 오도답파 여행 중인 이광수를 도쿠토미에게 소개해 주었다.[41]

　조선인 특파원의 기사를 매일신보와 경성일보가 동시에 장기간 게재한 사례는 이광수가 처음이었고 그 이후에도 없었다. 이광수는 이제 문인과 논객을 겸하는 동시에 한국어와 일본어로 기사를 쓰는 언론인의 위상을 확립하였다. 연재가 끝난 직후 이광수는 경성일보에 「잠시 영흥까지 경원선 차 안에서(一寸永興まで, 京元線車中にて)」(9월 14일~28일)를 7회 연재했다. 서울역(남대문역)에서 경원선 기차를 타고 철원을 거쳐 영흥까지의 기행문이다.

「개척자」와 「신생활론」

이광수는 9월 13일 남대문역 출발 급행열차 편으로 도쿄로 향했다.[42] 경원선을 타고 영흥까지 갔다 오는 기행문을 경성일보에 넘긴 후 글이 실리기 하루 전에 서울을 떠난 것이다.

　일본에서는 관광지 닛고(日光)에서 10월 19일에 보낸 짧은 엽서 사연이 24일자 매일신보에 실려 있다. 5일 후인 10월 24일자 매일신보에는 이광수의 두 번째 소설 「개척자」의 연재를 예고하는 「사고」가 실려 있다. 「개척자」(1917.11.10~1918.3.15) 연재 도중인 11월 23일부터 11월 30일까지는 매일신보에 「혼인론」(5회)도 발표했다. 공부와 소설, 논설 집필을

41. 「무부츠 옹의 추억」, 「도쿠토미 소호 선생과 만난 이야기」, 『춘원 이광수 친일문학』, 철학과 현실사, 1997, p.246, pp.281~283.

42. 「이광수씨 동도(東渡)」, 매일신보, 1917.9.15.

동시에 수행하는 정력적인 글쓰기였다. 10월 27일에는 재동경조선인유학생 학우회 주최 강연회에서 5도답파 여행담을 강연했다.[43] 이때 그는 학우회 편집부원이었다.

이광수가 9월 6일부터 10월 19일까지 매일신보에 연재한 「신생활론」은 유림의 불만이 커서 "이광수의 글을 싣지 말라"는 진정서가 총독부와 매일신보사에 날아왔다. 이광수는 이렇게 말했다.

> "이것이 호를 따라 유교의 비판에까지 이르자 중추원 참의(參議)와 경학원제학(經學院提學)들 20여 명이 연서하야 장문의 진정서를 조선총독과 정무총감과 매일신보 사장 加藤[房藏]씨에게 보내엇다.…그 내용은 유교를 이러케 비판함은 필자 리광수란 놈이 산골에서 아비 업시 자라난 상놈이기에 그러하니 그러한 사문난적(斯文亂賊; 성리학에서 교리를 어지럽히고 사상에 어긋나는 언행을 하는 사람을 이르는 말)의 글을 싣지 말라.」함이엇는데…"[44]

경학원에서는 이 문제 때문에 유림들이 모여 비판연설회까지 열었지만 내용에 찬동하여 이광수에게 격려의 편지를 보낸 사람도 많았다. 청년들은 「신생활론」에 호평이었지만 노인들은 비난했다. 매신도 문제가 더욱 확대될 것을 우려해서 사장이 편집국장을 시켜서 이광수에게 집필을 중단하도록 요청해서 중도에 끝내고 말았다.

---

43. 『학지광』, 제14호(1917.12), p.76.
44. 이광수, 「최근 십년간 필화, 설화사(舌禍史), '민족개조론'과 '경륜', 『삼천리』, 1931.4. pp.14~16.

폐병 발병을 안타까워하는 최남선

왕성한 집필활동을 하던 이광수는 1917년에 폐병에 걸린 것으로 추정된다. 최남선은 1918년 4월 발행『청춘』제 13호에 "춘원은 우폐(右肺)에 결핵 조짐이 보엿다 하는 도다!"라면서 안타까움을 표시했다. "춘원의 생애는 낭만적이며 감상적이며 비섭생적(非攝生的)"이었으며 정신적인 고뇌도

서양사람 같은 이광수. 글과 그림 안석주. 이광수는 눈이 노랗고 머리털도 노르스름해서 외관이 서양 사람처럼 생겼다고 안석주는 묘사했다. '명모(明眸)의 양인 가튼'이라는 제목의 '명모'는 밝은 눈동자. 맑고 아름다운 눈동자라는 표현이다. 조선일보 1933년 2월 1일.

최남선 캐리커처.
1932년 1월호 동광에 실린 그림이다.

육체에 영향을 주었다고 최남선은 진단했다. 당시는 폐병이 불치로 인식될 정도로 절망적인 난치병이었다.

"뜨거운 머리와 찬 손으로 북으로 시베리아의 들에 헤매며 남으로 양자강의 언덕에 구을를 때에 부평전봉(浮萍轉蓬. 물 위에 떠 있는 풀과 바람에 굴러가는 쑥 덤불이라는 뜻으로, 정처 없이 떠돌아다니는 신세를 이르는 말) 같은 신세가 가는 곳마다 바를 얻지 못하고 끓는 피 더운 눈물이 잠시도 그에게 떠나지 아니하얏나니 건강의 기분(幾分. 어떤 정도)을 이 중에 잃어버리지 아니하엿을까. 가슴 속에는 선약(仙藥) 같은 심금이 혼자 울고 머리 속에는 일월 같은 영광(靈光)이 답답하게 갇히었는데 스스로 지어낼 방편이 부족하고 남이 알아 줄 기회가 얼른 오지 아니하야…"

최남선은 이광수의 심정을 누구보다 잘 이해하는 사람이었다. 문학적인 표현으로 이광수를 높이 평가하고 안타까운 심정을 쏟아내었다. "꽃이 우거진 곳, 달이 환한 곳에 좋다고 즐겨하는 무리 가운데 그 혼자 하염없는 눈물로 눈시울 적심을 내 보았도다. 그가 우리 모두를 대신하여 입 있는 표를 하려하며 답답한 가슴을 훑어내이려 하며 설은 사정을 그려내려 하며 앓는 소리를 지르려 하며 병 증세를 샷샷치 형용하려 하는 줄을 내 아는도다…"

"정든 벗, 믿는 벗, 기다림 많은 벗이 천애이방에 조심될 병으로 눕겠다하니 놀랍고, 근심스러움이 어찌 다함이 있을까보냐…그와 한가지 하든 책상을 대하야 그와 한가지 하든 벼루를 쓰매 병난 그를 생각하고 걱

정하는 정이 봄비 방울보다 더 많도다."라면서 끝을 맺었다.[45] 그런데 글 마지막에 춘원이 진료상 필요로 금월 초에 잠시 경성에 체류하다가 17일에 도쿄로 돌아갔는데 최남선의 「병우 생각」은 그 전인 3월 19일에 쓴 것으로 되어 있다. 최남선이 글을 쓴 약 2주일 후인 4월 초 이광수는 서울에 왔다가 17일에 일본으로 돌아간 것이다.

한편 하타노는 이광수의 발병 시기를 1917년 초 「무정」을 쓰던 무렵으로 추정한다.[46] 최남선이 「병우 생각」을 쓴 것 보다 1년 먼저이다. 폐병은 감염 사실을 본인도 처음에는 잘 모르는 경우가 많다. 하지만 본인이 인식하지 못하는 사이에 그보다 먼저 감염이 되었다 하더라도 의학적인 판정을 받은 때는 1918년 초가 틀림없을 것이다. 이광수와 가장 가까운 사이였던 최남선이 발병 사실을 처음 들었던 것이 그때였다. 이광수는 최남선의 안타까운 글이 실린 『청춘』 13호에 단편 「윤광호」(pp.68~82)를 발표했다.[47]

이광수가 애인 허영숙에게 보낸 1918년 7월 20일자 편지에는 "건강이 쇠한 모양, 몸이 노곤하고 기침과 담이 나옵니다."라는 말도 보인다. 9월 1일자로 쓴 편지에는 "헤엄도 치고 물장난도 하고, 모래밭에 드러누어 있기도 하니 퍽 기분이 좋았소이다." 라는 구절이 있다. 폐병 치료를 위해 해변에서 정양하고 있었던 것이다.

9월 3일자 편지에는 "지금 바다에서 돌아와 냉수로 몸을 씻고 나서

---

45. 최남선, 「병우(病友) 생각」, 『청춘』 제 13호, 1918.4, pp.5~8.

46. 하타노 세츠코, 『일본유학생 작가연구』, p.100 이하.

47. 국한문 혼용인 단편의 마지막에 '1917.1.11 야(夜)'라고 집필 날짜를 밝히고 있다. 1918년 1월 11일 집필의 착오거나 편집과정의 오류로 짐작된다. 집필 후 1년 이상 발표하지 않고 기다렸을 이유가 없기 때문이다.

약을 달여 놓고 우편물을 찾아왔습니다"라고 썼다.(전집, 18권, p.444, 450, 452)

베이징 순천시보 교섭

이광수는 1916년 말에서 이듬해 초 무렵에 허영숙(許英淑, 1897.8.18~ 1975.9.7)을 처음 만났다.[48] 허영숙은 서울 출생으로 1914년에 경기여자중학교 졸업 후 동경여자의학전문학교[우시고메여의전; 牛込女醫專]에 입학하여 1918년 7월 25일 학업을 마치고 우리나라 첫 여자 의사가 되어 귀국하여 경성부의원에 근무하기 시작했다. 이광수는 허영숙에게 열렬히 구애한 끝에 마침내 두 사람은 결혼에 이르렀다. 고향에서 첫 결혼한 백혜순에게 이광수는 3년간의 생활비를 지급하는 조건으로 법적인 이혼을 마무리 지었다.[49]

이광수는 1918년 10월 2일부터 시작되는 시험을 치른 뒤에 허영숙과 함께 중국으로 떠날 결심을 굳혔다. 세관 관리, 신문기자, 학교 교사 가운데 생계를 이어갈 어떤 자리를 구할 계획이었다.[50] 그 가운데도 적극적으로 원했던 직업은 신문기자였다.

이광수는 경성일보-매일신보 사장이었던 아베 미쓰이에가 펑톈 주재 일본 총영사와 중국 주재 각지 일본 영사에게 써준 소개장을 지니고 10월 16일에 도쿄를 떠났다.[51] 중국에 가는 목적은 학술연구로 위

---

48. 하타노 세츠코, 『일본유학생 작가연구』, p.102.
49. 이광수가 허영숙에게 보낸 편지, 전집, 18권, p.448, 452: 이광수가 허영숙의 어머니에게 보낸 편지 p.464.
50. 이광수가 허영숙에게 보낸 편지, 전집, 18권, p.462.
51. 「要視察朝鮮人ニ關スル件」, 내무성 警保국장 川村가 외무성 정무국장 埴原에 보낸 보고, 1819.2.6.

順天時報

主筆　金崎賢君　　社長　渡邊哲信君

■治革　明治卅四年十月義和團事件の後を受け、支那開發及日支兩國の親善を標榜して創刊せしもの、北京に於ける日刊新聞の嚆矢なり、創刊當初より上野岩太郎氏主さして經營の任に當りしが、中島眞雄氏更替して經營する事さなり經營の發展に努め、北清に於ける漢字新聞界の一大勢力さして異彩を放つに至れり。四十四年四月上野氏更替して漢字新聞界の一大勢力さして異彩を放ち、西村虎太郎氏之に代りしが、大正元年十一月龜井陸職の一時に西村氏社長さなり、同時に良氏社長さなり、西村氏は東京に出張して支局長さして銳意業務發展に努力しつ、袁氏帝政か宣さるや種々の歷史を排して終始一貫民意を博し、四百余州各都市に本紙の信用さ名聲を得るに至れり、民國五年六月輪轉機を購入し設備の完全を圖り、大正六年六月龜井氏辭して後、渡邊哲信氏其後を襲ひ鋭意紙面の改善に細心の注氏、記事の撰擇に及び中日親善の梣子さなり、紙面を活躍せしめつ、ありしも、民國七年五月以來排日風潮の影響を受け幾多經營上の苦辛ありしさ雖も、堅忍不拔、社運の隆盛を圖るに遺漏なきを期し、近く更に十二頁に擴張せんさし、今や設備、紙幅發行部數等に於て北支那に於ける漢字紙中第一位に位せり。

순천시보 사장 면담. 이광수는 베이징에서 발행되는 일어신문 순천시보의 기자가 될 계획이었는지 사장 와타나베(渡邊哲信)도 만났다. 1920년판 일본 『신문총람』에 실린 순천시보 현황.

장했다. 아베는 앞서 살펴본 대로 한 해 전에 이광수가 매일신보에 소설 「무정」을 연재하고 매신-경일 특파원에 임명되어 「오도답파여행기」를 취재할 때에 그 두 신문의 사장이었고 이광수의 능력을 높이 평가하고 신뢰했다.

　　아베는 1918년 6월 말에 도쿠토미 소호가 경성일보 감독을 사임 할 때에 함께 물러나서 일본 국민신문의 부사장에 재직 중이었다.[52] 조선에

서 총독부 기관지 사장을 지냈고, 일본으로 돌아간 후에는 유력 신문의 실권자였으니 중국 주재 일본 외교관들이 결코 무시할 수 없는 존재였다. 이광수는 국민신문 외보부(外報部) 기자 타마오 다케시로(玉生武四郎)의 소개장도 지니고 있었다.

이광수는 10월 16일 도쿄를 떠나 고향에 들렀다가, 30일에 경의선 고읍(古邑)역에서 허영숙과 함께 중국으로 향하는 기차를 탔다. 두 사람은 펑텐(奉天), 따이렌(大連), 잉커우(營口), 텐진(天津), 베이징을 거쳐 난징(南京)을 돌아볼 예정이었다.[53] 이튿날인 11월 1일 펑텐에 도착한 이광수는 경성일보 기자라고 신분을 밝히면서 1주일간 머문 뒤 8일에 베이징을 향해서 떠났다.

같은 날 베이징에 도착한 이광수와 허영숙은 여관에 짐을 푼 다음에 휴대했던 국민신문 외보부 기자 타마오의 소개장을 들고 베이징 주재 국민신문 통신원 마쓰무라 타로(松村太郎)를 찾아가서 대화를 나누었다.[54] 순천시보 사장 와타나베(渡邊哲信)도 만났다. 순천시보(1901년에 창간)는 베이징 첫 일본어 신문으로 중국 대륙에서 윤전기를 처음 설치했다는 것이 자랑이었다.

11월 9일 서울에서 허영숙의 어머니 조(曹) 씨가 35엔을 송금했고, 1918년 1월 5일에는 100엔을 추가로 송금했다. 중국인 가옥에 세를 얻은 것을 보면 베이징의 순천시보에서 근무할 생각이었던 것 같다. 허영

---

53. 「要視察鮮人滯在中ノ行動二關スル件」, 베이징 주재 일본공사관 보고, 1918.12.7.
54. 「要視察鮮人滯在中ノ行動二關スル件」, 베이징 주재 일본공사관 警部 波多野龜太郎가 공사관에 제출한 보고, 1919.1.30.

95

베이징으로 간 이광수. 일본 경찰은 '배일사상이 농후한' 이광수의 움직임을 면밀히 감시하고 있었다. 1918년 10월 16일 도쿄를 떠나 허영숙과 함께 평안북도 정주 고향에 들렀다가 중국 펑텐(奉天), 따이렌(大連), 잉커우(營口), 텐진(天津), 베이징을 거쳐 난징(南京)을 돌아볼 예정이었다.

이광수의 신상기록. 평안북도 경무부장이 베이징 주재 외무성 경부(警部)에게 1918년 12월 1일자로 보낸 이광수의 경력과 배일 성향 등 신상기록.

숙은 베이징의 마쓰모토의원(山本醫院)에 통근하기 시작했다.[55] 이광수가 허영숙과 함께 베이징에 간 목적은 사랑의 도피로만 볼 수 없다는 견해도 있다. 밀정의 감시망을 피해 여운형, 장덕수 등이 포함된 신한청년당 회의에서 파리강화회의 대표 파견을 논의했다는 일본 경찰의 기록을 근거로 제시한다.[56]

---

55. 앞의 문서.

56. 심원섭, 『아베 미츠이에와 조선』, 소명출판, 2017, pp.327 이하.

2·8독립선언문 기초

도쿄 유학생들의 독립운동

이광수가 베이징에 머무는 동안 1918년 11월 11일 세계 제1차 대전이 끝나고, 그보다 앞서 미국 대통령 윌슨(Wilson, T.W.)이 종전을 앞두고 1월에 발표한 교서(敎書) 14개항에서 민족자결주의를 제창했다는 소식이 들려왔다. 이광수는 급히 서울로 돌아왔다가 12월에 일본으로 건너가서 유학생들과 함께 독립선언을 준비했다. 이 선언은 도쿄 유학생들이 주도하여 3·1운동 발단에 직접적인 영향을 미쳤기 때문에 독립운동사에 획기적인 상징성을 지닌다.

유학생들은 미국 대통령 윌슨이 발표한 민족자결주의와 11월에 성립된 휴전조약으로 이어지는 국제정세의 변화에 자극을 받아 독립문제에 큰 관심을 가지기 시작하였다. 이광수는 와세다대학 복학을 구실로 1918년 12월 말에 베이징을 떠나[57] 일단 서울로 와서 중앙학교 교사 현상윤(玄相允, 1893~6.25. 납북)을 만나 독립운동을 일으킬 계획을 말했다. 현상윤은 이광수와 개인적으로도 각별한 인연이 있었고,[58] 보성학교 교장 최린(崔麟, 1878~1958)과는 사제지간이었다. 이광수는 최린을 통해서 손병희를 움직이고 천도교를 주체로 독립운동을 일으키자는 생각이었다.[59] 그리고는 도쿄로 건너가서 와세다대학 제 2학기 시험을 치렀다. 시험이 끝난 뒤에 최팔용(崔八鏞, 1891~1922)과 상의하여 이광수가 2·8독립선언문 작성하는 역할을 맡았다.

이광수는 현상윤, 정노식(鄭魯湜)과 함께 파리강화회의 대표 파견 문제도 논의했다. 유학생을 비롯하여 해외 각지의 독립운동가를 망라하기로 하고 베이징은 이광수, 상하이는 장덕수, 러시아 방면은 양기탁(梁起鐸, 전 대한매일신보 총무, 동아일보 창간 편집고문)을 파견한다는 계획이었다. 조선총독부 경무총장이 1918년 12월 18일에 보낸 이 비밀첩보는 이광수가 도쿄로 가던 무렵에 작성되었을 것으로 보인다.[60]

1918년 12월 28일 유학생들은 웅변대회(또는 망년회) 개최를 구실로 도쿄 간다구(神田區) 조선기독교청년회에 모였다. 웅변대회를 가장한 한국독립운동의 첫 단계가 시작된 것이다. 참석 학생 500여 명 가운데 한 사람이 단상에서 '자치론'을 주장하다가 청중의 일대 공격을 받았다. 이튿

---

57. 이광수는 베이징을 떠난 때를 12월 말이었다고 회상했으나 일본의 비밀기록은 1월 10일로 되어 있다.

58. 현상윤은 와세다대학 출신으로 광복 후에 고려대학교 총장 재임, 6·25전쟁 납북되었다. 이광수와 현상윤의 인연은 김원모, 『자유꽃이 피리라』, p.170~175에 상세하다.

59. 이광수, 「기미년과 나」, 전집, 우신사, 7권, pp.251 이하.

60. 在 支那 特命全權公使 小幡西吉가 외무대신 內田康哉에게 보낸 1919년 2월 18일자(기밀 제82호) 문서에 포함되어 있다. 「講和會議二朝鮮人代表者派遣二關スル件」, 베이징 주재 일본공사관 보고, 1918.12.7.

파리강화회의에 대표 파견계획. 이광수를 비롯하여 도쿄 유학생들은 윌슨의 민족자결주의 선언에 고무되어 독립을 호소하기 위해 파리강화회의에 대표를 파견할 계획을 논의했다.

날인 12월 29일 오후 6시에 웅변대회를 속개하고 서 춘, 최근우, 이종근 등이 독립운동을 전개하자는 연설을 하자 청중도 크게 호응했다. 이어서 실행전권위원 10명을 선출했다.

崔八鏞 金度演 金喜壽 宋繼白 田榮澤
尹昌錫 李宗根 徐 椿 崔謹愚 白寬洙[61]

회의는 30일 새벽 3시에 끝이 났다. 이튿날도 500여 명의 유학생이

---

61. 『한국독립운동사』 1; 독립신문 1919.8.26. 명단의 순서는 독립신문 보도에 따랐다.

모여 토의를 시작하려 했으나 일본 경찰 40여 명이 들이닥쳐 강제로 집회를 해산하고 12명을 포박한 상태로 경시청으로 구인하여 하룻밤을 지낸 뒤에 석방했다. 실행위원들은 선언서와 결의문을 기초하면서 이를 발표할 준비를 진행했다. 1919년 1월 6일 학생들은 기독교청년회관에서 다시 모여 "오늘의 정세는 우리 조선민족의 독립운동에 가장 적당한 시기이며, 해외의 동포들도 이미 실행운동에 착수하고 있으므로 우리도 마땅히 구체적 운동을 개시하여야 한다"고 결의했다. 1월 7일에는 기독교청년회관에 200여 명이 모여 이와 같은 결의사항을 보고하고 만장일치로 동의를 얻었다. 독립선언서 기초위원으로 이광수를 비롯하여 백관수, 김도연 등이 선출되었는데 문안 작성은 이광수가 전담하였다.[62] 이광수는 독립선언서를 기초하여 등사판에 인쇄하던 때를 이렇게 회상했다.

> "나에게 맡기운 책임은 ─를 짓는 것과 그것을 영문으로 번역하는 것이라 나는 내 정성과 내 재조를 다 기우리어 밤잠을 못 자가면서 ─를 짓고 그리고 내 손으로 영문으로 번역하여 놓았다. 그것이 1919년 2월 초하룻날 잔설은 아직 간다꾸(神田區)의 조선기독교청년회관 뜰 앞을 가리운 채로 무서운 관동아라시[嵐; 폭풍, 광풍]가 시가의 거리거리를 훑고 지나갔던 밤 일이다. 바람소리에 유리창이 덜넝거릴 때 패검(佩劍) 소리 아닌가고 내 붓은 몃 번 멈추었고, 등사판을 찍던 여러 동무의 가슴도 얼마나 조리었던고."[63]

---

62. 이광수, 『나의 고백』, 이광수전집 7권, 우신사, 1979, pp.251 이하.

63. 이광수, 「나의 해외 망명시대/ 상해의 2년간」, 『삼천리』, 1932.1, 여기서 "─를 짓는"이라는 표현은 '독립선언문'이라는 용어를 사용할 수 없는 상황이었기 때문이다.

이광수는 자신이 기초한 선언서를 영어로 번역하여 메이지학원 선생인 랜디스 박사에게 교열을 부탁하였다. 랜디스는 이광수가 메이지학원에서 공부할 때의 스승이었다.[64]

도쿄에서 상하이로 탈출

이광수는 영문으로 번역한 독립선언서를 숨겨가지고 상하이로 갔다. 도쿄 유학생들의 독립운동을 국제적으로 널리 알리려는 임무였다. 도쿄에서 고베로 가는 중간에 일본 경찰의 검문에 걸렸다. 앞으로 두 달 후에는 대학을 마치는데 어째서 이렇게 급히 출국하느냐는 추궁에 도쿄 『국민신문』 기자의 소개서를 가지고 북경의 일본인 경영 신문 『순천시보』에서 영어 잘 하는 기자를 채용한다기에 거기 응모하러 간다고 둘러대었다.[65]

고베에서는 1월 31일에 출발하는 소창환(小倉丸)을 탔고, 상하이에 도착한 이광수는 현지 영국인 발행 영어신문 『노스 차이나 데일리 뉴스』를 찾아가서 기사화를 부탁하여 Young Korean's Ambition이라는 제목으로 보도되었고, 이어서 미국인이 발행하는 『차이나 프레스』도 2·8독립운동을 기사화하였다.[66] 이광수가 말하는 기사는 2월 13일자 『노스 차이나 데일리 뉴스』에 실린 「한국인의 독립(Koreans for Independence)」

---

64. 이광수가 영어로 번역하여 랜디스 박사가 교열하였다는 영문 「2·8독립선언문」은 최종고 편, 『나의 일생, 춘원 자서전』, 푸른사상, 2014, pp.618~623.

65. 이광수, 「나의 해외 망명시대, 상해의 2년간」, 『삼천리』, 1932 신년호, pp.28~31. 『國民新聞』 기자의 소개서를 가지고 북경의 일본인 경영 『順天時報』에 취업차 간다는 말은 앞의 「要視察朝鮮人二關スル件」, 내무성 警保국장 川村가 외무성 정무국장 埴原에 보낸 보고(1819.2.6)도 동일하게 기록되어 있다.

66. 이광수, 『나의 고백』, 전집, pp.108~109.

요시찰 조선인 이광수. 이광수는 경성일보-매일신보 사장이었던 아베 미쓰이에가 펑텐 주재 일본 총영사와 중국 주재 각지 일본 영사에게 써준 소개장을 가지고 베이징으로 갔다.

과 2월 14일자 「한국의 미래」(Korea's Future)로 짐작된다.[67] 2·8독립선언과 관련하여 도쿄의 최팔용 등 8명은 검거 되어 출판법 위반으로 기소되었으나 상하이에 머물고 있던 이광수는 3월 24일자로 불기소 처분되었다.[68]

이광수는 상하이에서 등사판을 차려놓고 동지들과 함께 3·1운동 정보를 상하이에서 발행되던 영어신문과 중국어신문에 배포하면서 『차이나 프레스(대륙보; 大陸報)』와 교섭하여 나타니얼 페퍼(Nathaniel Peffer) 기자

67. 김원모, 『자유 꽃이 피리라』,상, 철학과 현실사, 2015, pp.241~243.
68. 「要視察朝鮮人 이광수 行動二關スル件」, 내무성 警保국장 川村가 외무성 정무국장 埴原에게 보낸 보고, 1919.3.24.

를 3·1운동 직후 한국에 특파하도록 주선하였다.[69]

> "그럴 때에 본국에 단녀온 김 철(金澈, 1886~1934)이 돈 만원을 가지
> 고 왔다. 우리는 불조계(佛租界)에 위선 셋방을 하나 얻고 「타이푸라이
> 타―」한 대를 사다놓고 영어는 그 중에도 내가 낫다하여 ──를 영어로
> 여러 장 박어서 파리 있는 웰손[70]이고, 크레만소[71]고, 로이도 쪼―지[72]
> 고 하는 분들에게 전보를 쳤다. 그때 상해에는 락위인(諾威人; 노르웨이
> 인)이 경영하는 만국전신국이 있었는데 내가 그 전문(電文)을 가지고
> 가니 국원(局員)들은 깜짝 놀래다가 조금도 서슴지 않고 곧 전보를
> 쳐 주었다. 그 전보비만 720원!"

나타니얼 페퍼의『한국독립운동의 진상』은 김여제 번역으로 독립신문
1920년 1월 8일(35호)부터 3월 18일(55호)까지 16회 연재된 뒤에 독립신문
사에서 단행본으로 출판하였고, 1994년에 국가보훈처에서 원본의 영인
과 함께 새로 조판하여 발행하였다. 이광수는 상하이에서 영문으로 저서
를 집필하기 시작했다고 허영숙에게 보낸 편지에 썼다. 먼저 어떤 잡지에
실은 후 단행본으로 낼 계획이었다.[73] 정력적인 활동을 벌였지만 이광수
의 상하이 생활은 어려웠다.[74] 여러 차례 연설을 하고 다니면서 쌓인 피

69. 위의『나의 고백』.
70. Woodrow Wilson(1856~1924), 미국 제27대 대통령.
71. Georges Clemenceau(1841~1929) 프랑스 총리 겸 육군장관, 파리강화회의 프랑스 전권대표.
72. David Lloyd George(1863~1945) 영국 총리, 파리강화회의 영국 전권대표.
73. 전집,18, 삼중당, p.466. 하지만 영문으로 집필 중이던 원고는 빛을 보지 못한 것 같다.
74. 이광수,「나의 해외 망명시대, 상해의 2년간」,『삼천리』, 1932.신년호, pp.28~31.

로와 생활환경의 불안정으로 병이 나기도 했다.

국내의 지하신문들

국내의 민족진영은 1919년 3월 1일 독립 만세운동을 일으키면서 신문을 발간할 필요성이 절실했다. 『독립신문』이라는 제호의 지하신문들이 서울과 각 지방을 비롯하여 해외에서도 비슷한 시기에 여러 종류가 나오기 시작하였는데, 독립운동 소식을 널리 알리고 더 많은 참여를 유도하려는 목적이었다.

제일 먼저 나온 신문은 3월 1일에 창간된 『조선독립신문』이다. 신문발간의 주동 인물은 이종일(李鍾一), 이종린(李鍾麟), 박인호(朴寅浩), 윤익선(尹益善), 김홍규(金弘奎) 등이었다. 이종일은 1898년 8월에 데국신문을 창간하여 오랫동안 운영해 왔던 한말 언론의 주요 인물이었고, 3·1운동 당시는 천도교가 경영하는 보성사(普成社)와 『천도교회월보(天道敎會月報)』의 사장으로 33인 가운데 한 사람이었다.[75]

조선독립신문은 이종일 이종린 등의 주도 하에 3월 1일에 윤익선을 사장으로 첫 호를 발간했는데 33인의 민족대표가 독립선언서를 발표하여 이 운동이 전국적으로 전개될 것임을 알렸다.[76] 그러나 첫 호를 발간한 후 이종일과 사장 윤익선이 체포되자, 이종린과 장종건(張倧健)이 2호부

---

75. 정진석, 『역사와 언론인』, 커뮤니케이션북스, 2001, pp.87~115.

76. 윤병석, 「조선독립신문의 습유(拾遺)」, 『중앙사론』 제 1집, 중앙대 사학연구회, 1972, pp.77~95: 윤병석, 「1910년대 일제의 언론정책과 『독립신문』류」, 『한국 근대언론과 민족운동』, 위암장지연기념사업회 편, 커뮤니케이션북스 발행, 2001, pp.136~157: 최 준, 「삼일운동과 언론의 투쟁」, 『삼일운동 50주년 기념논집』, 동아일보사, 1978. pp.325~337.

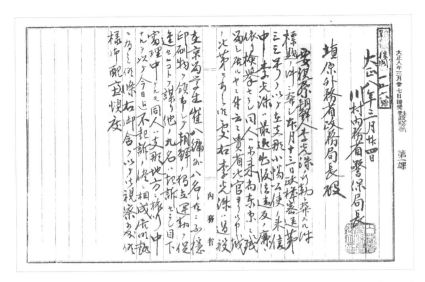

이광수 불기소 처분. 2·8독립선언 관련자 최팔용 등 8명은 도쿄에서 검거 되어 출판법 위반으로 기소되었으나 상하이로 탈출한 이광수는 3월 24일자로 불기소 처분되었다.

터 4호까지를 프린트판으로 발행하다 체포되었고, 그 후 여러 사람의 또 다른 후계자들이 비밀리에 발행을 계속하여 이해 6월 22일까지 36호가 나왔고, 8월 29일에는 국치기념호가 발행되기도 했다.[77] 처음 이 신문을 발행했던 윤익선은 보성법률상업학교 교장이었다. 그는 출판법 위반협의로 기소되어[78] 1년 6개월 뒤인 1920년 9월 2일에 출옥했다.[79]

---

77. 『조선독립신문』의 내용은 국사편찬위원회 편, 『한국독립운동사』 자료 5, 3·1운동 I, 탐구당, 1975, 1~10 쪽.

78. 「출판보안법 위반범의 예심종결 결정서, 윤익선 이하 7명」, 매일신보, 1919.9.16; 『독립』, 1919.10.2. 「윤 독립사장의 공판」, 정광현, 「3·1운동 피검자에 대한 적용법령」, 『3·1운동 50주년 기념논집』, 동아일보사, 1978, pp.467~470.

79. 「9월 2일 만기 출옥될 독립신문사장 윤익선」, 매일신보, 1920.8.23.; 「독립신문 사건의 윤익선씨 출옥」, 동아일보, 1920.9.3.

『독립자유민보(獨立自由民報)』라는 지하신문도 있었다. 이를 발간하던 유연화(柳然化), 최석인(崔碩寅), 백광필(白光弼)은 출판법 위반 혐의로 체포되어 징역 1년 반을 선고받고 복역하다가 1921년 2월 28일에 석방되었다.[80] 3·1운동을 계기로 발간되기 시작한 지하신문은 이 밖에도 전국 각지와 해외에서까지 여러 종류가 발간되었다. 대부분 실물은 남아 있지 않지만 현재 그 제호나마 알 수 있는 것을 국내에서 발행된 것이 29종, 서북간도 등 만주에서 발행된 것 13종, 러시아 연해주(露領沿海) 5종, 상하이를 비롯한 중국 7종, 미국과 프랑스의 파리 5종 등이다.[81] 이러한 상황에서 상하이에는 독립운동가들이 모여들기 시작하여 임시정부가 수립되면서 항일운동의 본거지가 되었다.

80. 「독립자유민보 사건 3씨 출옥」, 동아일보, 1921.3.1.
81. 윤병석, 앞의 「1910년대 일제의 언론정책과 『독립신문』류」, pp.153~155.

한일관계 사료집 편찬 위원들. 이광수는 편찬주임이 되어 독립운동의 실상을 열강에게 이해시킬 목적으로 7월 2일부터 편찬작업을 진행하여 9월 22일 네 권의 사료집 1백질을 프린트 인쇄하였다. 위원 8명과 조역 23명이 편찬에 참여하였다. 앞줄 중앙이 이광수, 그 오른쪽이 김두봉, 오른쪽 끝이 신성모(초대 참모총장), 뒷줄 중앙이 안창호, 그 오른쪽이 김여제.

| 3장 |

상하이 독립신문
사장

독립운동 선전 활동

상하이 임시정부 수립

상하이 대한민국 임시정부는 3·1운동 후 국내외에 선포된 여러 개의 임시정부가 통합하여 성립되었다.

상하이 임시정부에 앞서 블라디보스토크의 대한민국 의회정부가 제일 먼저 성립되었고, 국내에서도 서울의 한성 임시정부 그리고 상하이의 임시정부 등이 있었다.

상하이에서는 이광수와 손정도(孫貞道)의 제의에 따라 1919년 4월 10일과 11일 제1회 임시 의정원 회의를 열고 이동녕을 의장으로 하여 국호를 대한민국으로 정하고 연호(年號), 관제(官制), 그리고 임시 헌장(憲章) 10개조와 헌장 선포문 등을 채택하였다.

국무총리에 이승만을 선출하고 6부의 총장과 차장, 국무원 비서장을 뽑고, 13일에는 이를 내외에 공포하여 대한민국 임시정부를 수립하

였다.[1]

상하이 임시정부를 주축으로 9월 11일에는 블라디보스토크와 서울 등 여러 갈래의 임시정부를 통합하여 9월 11일 상하이의 대한민국 임시정부가 새로이 출범하였다. 임시정부는 독립운동에 있어 신문과 선전의 중요성을 일찍부터 잘 알고 있었다. 1919년 5월 12일 임시정부 국무위원 조완구(趙琬九)는 국무원에서 결의한 시정방침 연설 가운데 정치 고문과 신문 고문 각 1명을 두어야 한다고 말했고,[2] 임정의 중심인물 안창호는

주요한. 독립신문 출판부장으로 참여했다. 이광수와 흥사단 운동을 같이한 동지였고, 동아일보와 조선일보 편집국장을 지내는 등으로 이광수와 평생 긴밀한 사이였다.

선전사업에 가장 열성을 기울여 추진했다.[3] 8월 29일에 개정한 대한민국 임시정부 임시헌법에는 대한민국의 인민은 법률의 범위 안에서 "언론 저작 출판 집회, 결사의 자유"를 향유할 수 있도록 하였다. (제8조 3항)

독립신문이 창간되기 전에 상하이에 모인 한국인들은 신한청년단(新韓靑年團)과 거류민단을 조직했는데 신한청년단은『우리소식』이라는 등사판 통신을 주간으로 발행하기 시작했다. 정확한 창간일자는 알 수 없지만 같은 해 5월 하순 주요한이 상하이로 갔을 때에 이미 발행이 되고 있

1. 박은식,『한국독립운동지혈사』상권, 서문문고 191, 1975, pp.225~228; 이강훈,『대한민국 임시정부사』, 서문문고 184, 1975, pp.11~53; 이현희,『대한민국 임시정부사』, 집문당, 1983, pp.47~83.

2. 金正明,『朝鮮獨立運動 II, 民族主義運動篇』, 동경; 原書房, 1967, p.196.

3. 주요한 편,『안도산전서』, 샘터사, 1979, pp.621~787, 안창호의 일기에는 그가 선전사업에 힘 쓴 사실들이 많이 기록되어 있다.

『독립신문』 창간호. 1919년 8월 21일 『독립』이라는 제호로 창간되었으나 10월 25일(제22호)부터 『독립신문』으로 제호를 바꾸었다.

었다는 것으로 보아 3월 또는 4월경에 창간되었을 것이다. 주요한은 5월 25일 상하이에 도착한 안창호의 연설을 취재하여 등사판 신문에 실었다는데[4] 이 등사판 신문이 『우리소식』이었던 것 같다.

한편 4월 11일부터는 『독립신보』라는 신문도 잠시 상하이에서 발행되었는데 발행한 사람은 알 수 없다.[5] 그런데 상하이에서 신문발간의 분위기가 고조되던 때에 국외에서 인쇄시설을 갖추어 제일 먼저 발행한 신문은 친일지였다. 1919년 7월 21일 선우일(鮮于日)이 만주 펑톈에서 창간한 『만주일보』다. 일본당국의 지원을 받은 친일지로 3·1운동 후 해외에서 우리말로 발행된 첫 일간신문이었다.[6]

한일관계사료집 편찬

독립신문 창간은 안창호의 주도로 추진되었다. 안창호(島山 安昌浩, 1878~1938)는 장차 이광수가 가장 존경하는 인물로 그의 사상과 활동에 큰 영향을 미쳤다. 안창호가 1919년 5월 25일 미국에서 상하이로 와서 먼저 착수한 사업은 『한일관계 사료집』 편찬이었다. 그는 6월 17일 임시 사료편찬회 총재가 되어 이광수를 편찬회 주임으로 임명하고 편찬사업을 추진했다. 7월 2일부터는 위원 8명과 조역 23명이 편찬작업을 진행한 끝에 9월 22일에는 네 권의 사료집 1백 질을 프린트 판으로 인쇄하였다. 편찬위원은 다음과 같다.

---

4. 주요한, 「기자생활의 추억」, 『신동아』, 1934.5, p.124; 주요한, 『도산 안창호전』, 마당문고사, 1983, p.125 참조.

5. 국사편찬위원회, 『한국독립운동사』, pp.24~39에 독립신보의 기사가 들어 있다.

6. 해외 발행 우리말 신문은 이보다 먼저 나온 것도 많았지만 주간 또는 월간이었고 일간지는 『滿洲日報』가 처음이다. 정진석, 『언론과 한국현대사』, 커뮤니케이션북스, 2001, p.334 이하.

총재 안창호(安昌浩), 주임 이광수(李光洙), 간사 김홍서(金弘敍),

위원 김병조(金秉祚), 이원익(李元益), 장붕(張鵬), 김한(金翰)

김두봉(金枓奉), 박현환(朴賢煥), 김여제(金輿濟), 이영근(李永根)

이들이 편찬한 사료집은 원래 국제연맹에 제출할 안건의 참고자료용이었다.[7] 사료집은 편찬 기간이 짧고 자료 수집에서부터 편집 적임자의 부족 등 여러 가지 어려움이 많았지만 어려운 여건 속에서도 국제연맹회의 제출을 목적으로 사료집 4책을 펴낸 것은 한민족의 강렬한 독립 의지의 한 표현이었다. 또한 한일 관계사인 동시에 3·1운동 때까지의 가능한 항일 독립운동사 자료를 모두 수집, 정리한 자료집으로서도 큰 의의를 가진다. 3·1독립운동사 연구에 기본 문헌이 되고 있다.(『한국민족문화대백과』, 한국학중앙연구원)

이 사료집을 이용하여 집필한 책으로는 박은식의 『대한독립운동지혈사(韓國獨立運動之血史)』와 김병조의 『대한독립운동사략(韓國獨立運動史略)』이 있다.[8] 김병조는 33인의 하나였고 이 사료 편찬에 힘썼던 편찬위원이었다.

신문발간의 준비는 사료를 편찬하는 과정에서 진행되어 사료집 인쇄가 끝나기 한 달 전인 8월 21일에 『독립신문』이 창간되었다. 임시정부 수립 20일 전이었다. 창간 당시의 제호는 『독립』이었는데 제 1차 정간을 당한

---

7. 「사료편찬 종료」, 『독립』(19), 1919.9.29; 박은식, 앞의 책, p.227; 이광수, 『도산 안창호』, 이광수전집 7, 삼중당, 1971, p.147, 261.

8. 사료집은 국사편찬위원회, 『한국독립운동사』 자료 4, 임정편 IV, 탐구당, 1974에 수록되어 있고, 김병조의 『한국독립운동사략』은 아세아문화사에서 영인본(1977년)을 발간했다.

114 언론인 춘원 이광수

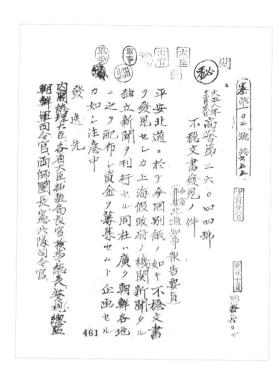

국내와 미국에도 배포. 독립신문은 상하이를 중심으로 중국 각지와 만주지방, 미주 등 해외 동포들에게 보내졌고 국내에도 비밀리에 상당한 부수가 반입되었다. 평안북도에서 배포된 신문을 단속한다는 일본 경찰의 비밀기록. 1919년 12월 22일.

후인 10월 25일 제22호부터 『독립신문』으로 바꾸었다. 발행 장소는 상하이 프랑스 조계 늑로 동익리(勒路同益里) 5호, 격일간으로 매주 화, 목, 토 3회 발행이었다.

이광수가 쓴 창간사는 이 신문의 사명을 다섯 가지로 천명했다. 첫째 독립사상 고취와 민심통일, 둘째 독립사업과 사상을 우리의 신문으로 하여금 전파하고, 셋째 유력한 여론을 환기하고 정부를 독려하여 국민의 사상과 행동의 방향을 제시하고, 넷째 문명 국민에게 불가결한 신 학술과 신 사상을 소개하며, 다섯째 국사와 국민성을 고취하고 개조 혹은 부활한 민족으로서 신 국민을 이끄는 데 노력한다고 밝혔다.

1919년 11월 1일(24호)자 「본보의 주의」라는 글에 의하면 독립신문이 너무 개방적이고 사실보고 위주라고 우려하는 사람도 있었다. 개방적인 사실보도로 인해서 적에게 비밀이 누설될 수 있다고 걱정한다는 것이다.

상하이의 3·1절 경축. 1920년 3월 1일 상하이 정안사로(靜安寺路) 올림픽 대극장. 약 400여명의 동포들이 모였다. 앞 줄 중앙에 이광수가 수첩 같은 걸 들고 앉아 있다. 독립신문 1920년 3월 16일자 (54호)에 이 사진이 실렸다.

이광수는 답했다.

"그러나 적의 눈을 가리우기 위하야 동포의 눈을 가리우는 어리석음을 배우지(學) 아니하리라. 또 동포를 격려할 필요를 아노라. 그러나 사실을 과장하거나 한갓 허장성세의 논(論)으로 동포를 속이는[欺罔] 죄를 짓지 아니하리라."고 말했다. "본보는 어디까지든지 참되리라 온건하리라, 허위나 과장이나 논(論)을 위한 논, 문(文)을 위한 문은 아등(我等)의 결코 취하지 아니할 바라" 진실을 말하는 언론, 공정하면서 공론(空論)을 배격하겠다는 편집방침을 밝혔다.

이광수와 주요한

독립신문은 사장 이광수, 영업부장 이영렬(李英烈), 기자 조동호(趙東祜, 1892~1954), 출판부장 주요한 등의 진용으로 출발하였다. 주요한(朱耀翰, 1900~1979)은 1912년부터 1919년 5월까지 나이로는 12세에서 19세까지 약 7년 정도 동경에 유학하여 메이지학원 보통학부에 입학했다. 그는 서광시사(曙光詩社)라는 동인시사의 특별사우(社友)로 참가하고, 메이지학원 교지 『백금학보(白金學報)』의 편집이사가 되어 시인의 길을 걷기 시작했다. 1919년 5월 상하이로 망명하기 전까지 22편의 시, 단평, 비평을 발표하였다.[9] 1918년 9월에는 한국인으로는 처음으로 제1고등학교 불법과(佛法科)에 입학했다. 제1고등학교는 현재의 도쿄대학 교양학부이다. 같은 해 이광수, 김동인, 전영택(田榮澤), 김억 등과 함께 창간한 우리나라 최초의 문예지 『창조』의 동인이었다. 그는 3·1운동 후 1919년 5월 상하이로 건너가 잠시 『우리소식』의 편집을 맡았다가 독립신문 출판부장으로 신문제작에 참여했다.[10]

이광수는 처음에는 조동호와 신문을 시작하였으나 그가 그만두자 주요한이 참여하게 되었다고 말했다. 한글 자모도 조동호의 고심으로 만들었다는 것이다.[11] 그러나 주요한은 처음부터 자신이 신문제작에 참여했다고 주장한다. 주요한은 신문을 창간하던 때의 정황을 1934년 5월호 『신동아』와 1969년 7월호 『아세아』에 다음과 같이 구체적으로 기록하고 있다.

---

9. 양동국, 「동경과 상해 시절 주요한의 알려지지 않은 행적」, 『문학사상』, 2000.4, pp.249~271.

10. 주요한, 「상해판 독립신문과 나」, 『아세아』 1969.7.8, 150~154.

11. 이광수, 『나의 고백』 전집 7, p.261; 이광수, 『도산 안창호』, 전집 7, p.146.

도움을 호소하는 독립신문 사고. 신문 대금 4만여 원이 들어오지 않고 있다. 경영난 해소를 위해서는 애국동포 여러분의 도움이 필요하다. 사장 이광수, 영업부장 이영열, 출판부장 주요한 명의다. 독립신문은 1920년 5월 11일 제57호부터 발행회수를 주 2회로 축소할 수밖에 없었다. 화, 목, 토 3회 발행이었지만 목요일은 발행하지 않고 화. 토요일만 발행하게 되었다. 오른 쪽에는 독립신문이 출판한 『한국독립운동의 진상』(나타니엘 페퍼, 김여제 역)과 샌프란시스코에서 발행되는 신한민보를 독립신문사에서 판매한다는 광고가 실려 있다.

활자를 가지고 신문을 발간하자는 의론이 생기고 돈이 변통되었다. 우리는 조선문 성경에서 활자를 골라서 상무인서관(商務印書館)에 주어서 자모(字母)를 만들라고 하였다. 수동주조기 1대와 중국인 주조공 1인을 마련하였다.

인쇄시설은 중국인 인쇄소를 빌리기로 했으나 한글 자모를 구할 길이 막연했다. 일본에서 들여오자면 위험이 뒤따르고 국내에서 가져온다는 것도 불가능했다. 생각 끝에 한글성경의 활자를 한 자, 한 자씩 떼 내어서 중

신채호와 신규식. 신채호는 1919년 10월 28일 『신대한』을 창간했다. 주 2회 발행으로 임시정부의 정책을 비판하면서 독립신문과는 논조를 달리하였다. 신규식은 이광수를 미국의 신한민보 주필로 가도록 추천했던 독립운동가였다.

국인 기술자를 시켜 사진동판을 떠서 자모를 만들어 4호 활자를 주조했다. 이를 다시 확대 축소하여 호수별 활자를 완성했다.[12] 그러나 활자 케이스의 배열을 아는 사람이 없었다. 주요한은 한국어 책을 가지고 한글 사용 통계를 만들었다. '이'자가 가장 많이 쓰이고 그 다음에는 '의', '한', '하', '고' 등의 사용빈도가 높았다. 그래서 오른 쪽부터 시작하여 가, 나, 다, 라 순으로 각 활자의 위치를 정하고 많이 쓰이는 글자는 케이스의 칸을 넓게 하여 많이 비치하도록 만들었다. 그리고는 문선 조판공을 지원하는 몇 사람과 함께 문선연습을 개시하였다.

　"아지 못거라 지금도 상해에서는 이 주식(朱式) 문선출장(文選出場)이 그대로 사용이 되는지 혹은 그 뒤에 정식 문선직공이 가서 고쳐 노았

---

12. 주요한, 「상해판 독립신문과 나」

"그리던 조상 나라 다시 살리라. 그리던 자유꽃이 다시 피리라" 서울 동작동 국립현충원 대한독립군 무명용사 위령탑에 새겨진 「독립군가」.

「독립군가」(이광수 작사)가 게재된 독립신문 1920년 2월 17일자(47호), 3월 1일자(49호)에도 실려 있다.

는지 한문 문선은 물론 중국인이 한다. 그 다음에 식자(植字)는 중국인이 하게 되는데 언문글자는 잘 모르니까 짐작으로 눈에 익지 않은 것은 자수를 세어 가지고 차례로 한자와 석거 나간다."[13]

이런 방법으로 신문을 조판하다보니 한글의 '사'자를 한자의 '作'자로 잘못 보거나 '츠'를 '立'으로 잘못 보는 경우도 흔히 있었다. 인쇄 조판공들이 중국인이었으므로 이들의 신년 휴가로 인해서 음력 정월 초하루를 전후하여 신문은 휴간하지 않을 수 없는 경우도 있었다.[14]

일본 경무국이 작성한 비밀자료는 1919년 6월 현재 독립신문 사원을 다음과 같이 정리했다.[15]

李光洙 李英烈 趙東祜 玉觀彬 朱耀翰 朴賢煥 崔謹愚 高辰昊
車觀鎬 白性郁 金得亨 金次龍 柳炳基 羅在文 張萬鎬

조동호 차이석 박현환 김여제

조동호는 1914년 23세 때에 중국에 망명하여 상하이의 금릉(金陵)대학 중문과에서 공부한 후 1917년부터 황자오(黃覺)라는 중국인이 경영하는 『구국일보(救國日報)』와 『중화신보(中華新報)』 기자로 근무한 경력이 있었다. 독립신문에 참가했다가 1923년 12월에 귀국하여 이듬해부터 동아일보 논

---

13. 주요한, 「기자생활의 추억」, 『신동아』, 1934.4. p.124.

14. 독립신문, 「휴간」, 1920.2.17.

15. 「上海在住不逞鮮人ノ行動」警務局, 1920.6.

설기자가 되었다. 1925년에는 조선공산당 결성에 참여하였고, 다시 상하이로 망명하였다가 1928년 2월 상하이 주재 일본영사관 경찰에 체포되어 국내로 압송되었다.[16]

차이석(車利錫), 박현환, 김여제는 동시에, 또는 시차를 두고 독립신문에 참여했다. 차이석은 처음부터 참여했던 것 같다. 1920년 5월 10일 안창호는 이영렬에게 차이석을 다른 곳에 쓰고자 하는데 신문제작에 지장이 없겠는가고 물어본 뒤에 이튿날 차이석을 선전부 이사로 데려갔다.[17] 박현환이 독립신문에 참여했던 증거로는 1920년 2월 5일자에 독립신문 사원 일동의 명의로 "본 사원 박현환씨의 부친상을 당하심에 대하야 제위의 간절하신 위문과 부의를 감사하나이다"라는 광고가 실려 있다. 그는 사료 편찬위원이었고 안창호와는 흥사단 운동의 측근이었다. 그도 1920년 7월 12일부터 안창호의 선전부에 근무하였다.[18]

김여제는 이광수가 정주 오산학교에서 가르친 제자였다. 그는 1913년 1월 1일 최남선이 창간한 어린이 신문 『붉은져고리』의 편집인이 되었다가[19] 일본 와세다대학 영문과 졸업 후 황해도 재령(載嶺)의 명신학교(明信學校)에서 일어와 영어를 가르쳤다. 3·1운동 후 상하이로 가서 다시 이광수를 만나 객원자격으로 신문제작을 도왔다. 이때 그는 임시정부의 외무부 선전부장 국무원 비서장 대리 등을 겸하고 있었다. 그는 또 미국인 기자 페퍼(Nathaniel Peffer)가 『차이나 프레스』에 게재했던 「The Truth about

---

16. 이현희, 『조동호 항일투쟁사−급진적 항일투쟁가의 일생』, 청아출판사, 1992.

17. 안창호 일기, 1920.5.10 ; 5.11, 『안도산전서』, p.702, 704.

18. 안창호 일기, 1920.2.16 ; 7.12, 『안도산전서』, p.652, 755.

19. 조용만, 『육당 최남선』, 삼중당, 1964, p.228.

Korea」를 『한국 독립운동의 진상』이라 번역하여 독립신문에 16회에 걸쳐 연재(1920.1.8~3.18)한 다음에 독립신문사 총서 첫 번째 책으로 출간했다.[20] 이 책은 1992년 12월 러시아의 페테르부르크 공립 도서관에 소장되어 있던 한 부가 발견되어 1994년 3월 국가보훈처에서 영인본을 발행하였다. 김여제는 1921년 8월에 상하이를 떠나 미국으로 건너갔다. 안창호의 일기에는 오익은(吳翼殷)과 신국권(申國權)도 신문 제작에 참여했던 인물로 볼 수 있는 부분이 발견된다.[21]

---

20. 독립신문, 1920.4.8. 광고 참조.
21. 안창호 일기, 1920.1.19 ; 1.23. 『안도산전서』, p.628, 633.

경영난, 과로, 영양부족

사장 겸 주필로 논설 집필

독립신문은 독립운동사에 기념비적인 중요성을 지닌다. 임시정부의 공식 기관지는 아니었지만 실질적으로 기관지의 역할을 맡았다. 이광수는 사장과 주필을 겸한 위치에서 본격적인 언론활동을 시작하였다.

독립신문은 이광수 개인의 입장에서는 하나의 신문을 직접 경영하면서 동시에 항일 논설을 마음껏 집필할 지면을 확보했다는 의미가 있었다. 앞으로 동아일보와 조선일보에서 언론인으로 활동하는 기초를 닦은 것이다.

독립운동을 국내외에 널리 알리고 역사적인 기록으로 남겼다. 임시정부의 활동과 국내외의 독립운동 연구에 이 신문은 대단히 중요한 자료가 된다. 이승만을 비롯한 독립운동가의 활동도 이 신문에 담겨 있다.

이광수는 매호 항일 독립정신을 고취하는 논설과 시를 발표했다. 창간호부터 이광수가 상하이에서 국내로 돌아오던 1921년 2월 중순까지 독립신문 사설에 해당하는 논설은 거의 이광수가 집필했다.[22] 그 가운데도 다음 세 편의 연속논설은 이광수 집필이다. 창간호부터 실린 「선전, 개조」는 이광수의 필명인 장백산인으로 되어 있고, 필명 '천재'와 '송아지'로 되어 있는 두 논설도 이광수 집필이 확실하다. 1920년 2월 17일자 논설 「독립군 승첩」의 필자도 '천재'로 되어 있다.

- 선전/개조, 장백산인, 1919.8.21~10.28(18회) 1922년 5월호 『개벽』에 발표할 「민족개조론」과 이론적으로 상통하는 논설이다. 이 논설은 18회에서 '미완'으로 끝이 났다.
- 아라사 혁명기, 천재 역술, 1920.1.10~2.26(11회)[23]
- 부인 해방문제에 관하야, 송아지, 1920.3.11~4.15(13회)

독립신문 1920년 6월 10일(83호)자에는 『춘원 이광수 저 독립신문 논설집』의 사고가 실려 있다. "작년 8월 이래로 독립신문에 게재하였던 논설 중에서 35편"을 선정하여 하나의 책으로 묶었으며 7월 1일에 출간할 예정이라고 소개했다.

논설은 다음과 같이 4편으로 분류되어 있다.(광고에는 제목만 실려 있는데, 제3편까지는 유재천이 「언론인으로서의 춘원 이광수」에 게재일자를 조사하였고, 제4편 「잡찬」은 필자가 조사했다)

---

22. 유재천, 「언론인으로서의 춘원 이광수」, 『문학과 지성』, 1975.가을.
23. 이광수는 '천재'라는 필명도 썼던 것으로 알려져 있다.

대통령 이승만 환영회. 이승만은 1920년 12월 5일 상하이에 도착했다. 교민들이 베푼 환영회가 12월 28일에 열렸다. 왼쪽부터 손정도, 이동녕, 이시영, 이동휘, 이승만(목에 화환을 걸었다), 안창호, 박은식, 신규식.

제1편 건국의 심성(心誠)

(1) 건국의 심성(1919.10.4; 17호)

(2) 삼기론(三氣論; 의기 근기 용기, 1920.3.13; 53호)

(3) 국민개병(國民皆兵, 1920.2.14; 46호)

(4) 애국자여(1919.9.27; 14호)

(5) 신생(1920.2.25; 48호)

(6) 세계적 사명을 수(受)한 아족(我族)의 전도는 광명이니라(1920.2.12; 45호)

제2편 독립완성의 시기

(1) 독립완성 시기(1919.11.1; 24호)

---

24. 이 글은 끝 부분 (耀)라는 이니셜로 보아 주요한 집필일 가능성도 있다.

여기 실린 마지막 논설은 1920년 5월 8일(74호)자 「최후의 정죄」였다. 논설집은 7월 1일에 출간될 예정이었지만 어떤 이유로 출간되지는 않았던 것으로 보인다. 그러나 독립운동의 본거지 상하이에서 이광수가 집필한 중요한 글을 일부나마 확인할 수 있는 자료의 가치를 지닌다. 논설집에 들어 있지 않은 이광수의 시가, 논평 등도 많이 찾아낼 수 있다.[25]

죽여야 할 친일파들

특히 그가 쓴 「칠가살」(七可殺, 1920.7.5)은 1940년의 '동우회 사건' 판결문에도 첫 머리에 지적되었을 정도였다. "독립을 방해하는 일곱 가지의 인물을 살해하고 소기의 목적을 달성하지 않으면 안 된다는 취지의 논문을 게재하고 그 독립신문 약 2천 부를 중국·조선·만주·연해주·미국 등에 배포함으로써 정치의 변혁을 목적으로 하여 다수 공동으로 안녕 질서를 방해하고."로 기록되어 있다.[26] 이광수는 처형할 인간 일곱 유형을 구체적으로 나열했다. 현대문으로 바꾸면 다음과 같다.

"우리의 적은 누구 누구뇨. 전시의 적에게는 사형이 있을 뿐이니라. 과거 1년간 우리는 그들에게 회개의 기회를 주었으나 1년의 기간은 그들에게 과분의 은전이니라. 이미 은전의 기간이 다하였도다. 동포여, 용감한 애국자여 주저할 것 없이 죽일 자는 죽이고 불태울(焚)자는 불태울지어다. 그들은 양심이 없는 짐승이니 짐승의 흉악한 자에게는 죽음 밖에 줄

---

25. 김사엽 편, 『춘원 이광수 애국의 글. 상해 임시정부 기관지 「독립」에 무기명으로 쓴 항일 논설 모음집』 (문학생활사, 1988)은 이광수가 쓴 것으로 판단되는 글을 모은 책이다.

26. 『독립운동사자료집 12. 문화투쟁사자료집』. 독립운동사 편찬위원회, 1977. p.1287.

春園李光洙著
獨立新聞論説集（獨立新聞叢書第二）

第一篇　建國의心誠
（一）建國의心誠　（二）統一　（三）國民皆兵　（四）自由와犧牲　（五）國民皆… （七）愛國者의心誠　（八）信賴하라　（九）新生

第二篇　獨立戰爭
（一）獨立戰爭의機　（二）臨時政府와國民　（五）美日戰爭　（七）韓族의獨立軍의勝捷　（九）大韓人아　（十）…

第三篇　韓國과日本
（一）韓國民의覺悟　（四）日本人의現勢　（五）同胞여敵의虛言에속지말…

第四篇　雜纂
（一）雜感　（二）國恥第九回를哭함　（三）三一節…

（四）大韓의文化的價値
（五）安泰國先生을哭함　（六）政治的罪工…
（七）最後의完婚…

七月一日出刊豫定
全卷菊板二百餘頁
一冊定價大洋半元
獨立新聞社發行

독립신문 논설집(1920.6.10). 이광수가 집필한 독립신문 논설 35편을 선정하여 하나의 책으로 묶었으며 1920년 7월 1일에 출간할 예정이라고 광고했지만 출간되지 않은 것 같다.

것이 없나니라. 생명을 죽임이 어찌 본 뜻이리오. 저 짐승 같은 한 목숨으로 하야 국가가 큰 해를 입는다 할진대 아니 죽이고 어찌하리오."

① 적괴(賊魁). 총독과 정무총감, 한국의 독립을 반대하는 일본의 유력한 인물을 비롯하여 독립운동을 비방하는 정치가, 학자, 기자, 종교인, 우리 동포를 학대한 헌병, 경관 등.
② 매국적. 이완용, 송병준, 선우순, 유일선과 독립을 반대하고 적의 깃발 아래 있기를 주장하는 민원식, 협성구락부 등.

대통령 환영. 임시정부 초대 대통령 이승만의 상하이 도착을 환영하는 독립신문 특집호. 1921년 1월 1일. 이광수는 「원단 3곡」을 실었다.

③ 창귀(伥鬼. 먹을 것이 있는 곳으로 범을 인도한다는 나쁜 귀신). 고등경찰, 형사 등 독립지사를 밀고하는 자들을 징계. 어디에 가도 죽음의 저주를 피하지 못하도록 함이 애국자의 의무이다.

④ 친일 부호. 적과 통하여 자기 재산의 안전을 도모하고 독립운동에 헌금하기를 거부하는 자들.

⑤ 적의 관리가 된 자들. 독립운동가들이 세 차례 이상 퇴직 권유에도 물러나지 않는 자들.

⑥ 불량배들. 유언비어로 독립운동을 해하고 민심을 현혹케 하는 자, 독립운동자를 사칭하면서 동포의 애국 의연금을 횡령한 자 등.

⑦ 반역자들. 독립운동에 목숨 바치겠다고 맹서하고는 배신한 자들.

「칠가살」은 '죽여야 할 일곱 친일파 무리'를 일컫는다. 이광수가 국내로 들어와서 1920년대 이후에 주장하는 독립운동의 방안과는 크게 다르다. 친일파 처단이라는 폭력적 투쟁을 선동하는 내용이다. 이광수의 폭력적인 투쟁방안은 2년 6개월 후인 1923년 1월에 신채호의 「조선독립선언서」에도 나타나는 내용이다. 신채호는 의열단(義烈團)의 독립운동 이념과 방략을 이론화 하여 「조선독립선언서」를 만든 것이다.

미주 교포와 독지가의 성금

신문발간에 소요되는 자금과 인쇄시설은 어떻게 조달하였을까. 몇 가지 사실들을 종합해 보면 독립신문은 많은 사람들의 성금과 노력으로 발간되었음을 알 수 있다.

이광수는 신문발행의 자금은 미주의 대한인국민회가 송금하여 조달

되었다고 썼다.[27] 그런데 주요한과 김여제는 안창호의 발의와 김석황(金錫璜, 1894~1950) 등의 노력으로 이루어졌다고 술회했다.[28] 10월 7일자(제18호)에는 김석황이 독립신문사에 500원, 『우리소식』에 100원을 의연했다는 알림이 실려 있다.[29]

독립신문은 상하이를 중심으로 중국 각지와 만주지방, 미주 등 해외 동포들에게 송부되었을뿐 아니라 국내에도 비밀리에 상당한 부수가 반입되었다. 신문의 국내 배포를 위해서는 비밀리에 신문을 반입하고 배포할 조직망이 필요하였다. 따라서 독립신문의 배포는 주로 임시정부의 교통국(交通局)과 연통제(聯通制) 조직망을 이용하였다. 교통국은 임정 교통부 산하 조직이었고, 연통제는 내무부 소관이었다. 전자는 통신기관으로서 정보의 수집, 검토, 교환, 연락, 기밀문서의 교환 등 통신업무에 치중하는 한편 독립운동 자금의 수집 업무도 겸했고, 후자는 국내외를 연결하는 지방행정 기관으로서 임정 군자금의 수합 및 통신업무를 동시에 관장하였다.[30]

독립신문이 봉착한 여러 문제 가운데 가장 큰 애로는 자금사정이었다. 1920년 1월 14일 이광수는 안창호를 찾아가 독립신문이 인원도 부족하고 경비가 곤란하여 종이를 구입하기조차 어려워 정간할 형편이라고 말했다.[31] 안창호는 임시정부에서 독립신문에 보조금을 지급하도록 주선

27. 이광수, 『도산 안창호』, 이광수전집 7, p.146.
28. 주요한, 『도산 안창호전』, 마당문고사, 1983, p.137; 김여제, 「독립신문 시절」, 『신동아』, 1967.7, p.166.
29. 「感荷捐補」, 독립신문, 1919.10.7.(제18호). 2면.
30. 이강훈, 앞의 책, pp.55~63; 이광수, 『도산 안창호』 전집 7, pp.149~150; 이현희, 『대한민국 임시정부사』, 1983, 집문당, pp.88~107.
31. 안창호 일기, 1920.1.14; 1.16, 『전서』, p.622, 623.

하여 위급한 경우를 벗어나게 해 주었다. 안창호의 1월 14일과 16일자 일기는 다음과 같다.

> "삼시반(三時半)에 이광수씨가 내방하야 독립신문사에 공인부족(工人不足)과 동(同)히 경제곤난으로 지물(紙物)까지 구입할 수 없어 정간할 경우라 함으로 정부에서 임시보조금을 지발(支發)하야 위선간행(爲先刊行)을 계속하고 영구유지책을 특별방법을 정하기로 하다"
>
> "독립신문 간행비를 보조케 하라고 윤현진(尹顯振)씨 다려 비서장 김립(金立) 씨의게 말하야 응낙하다."
>
> "비서장 김립군의게 독립신문 보조금 청구서를 독촉하야 유상규(劉相圭) 군으로 하여금 이영렬(李永烈) 군의게 송(送)하다."

며칠 뒤 1월 30일 영업부장 이영렬도 안창호를 찾아가 신문사를 유지할 방법이 없다고 도움을 청하자 안창호는 도와줄 것을 약속했다.[32] 경비부족을 한탄하는 글도 실었다.

> "애국자야, 돈을 내며 돈을 모으라. 애국전쟁의 성부(成否)는 오직 돈에 달리었나니 국민아 돈이 있으면 자유민이 되고 돈이 없으면 노예를 면치 못하리라. 자유를 원하느냐. 돈을 내어라. 생명을 내기 전에 먼저 돈을 내어라."[33]

---

32. 「일기」, 1920.1.30. 『전서』, p.623.
33. 「돈! 돈!」, 독립신문. 1920.2.7. 필자의 이름이 '春'으로 되어 있는 짧은 글인데 이광수의 글이 확실하다.

1920년 3월 말에 작성한 일본 경무국의 비밀문서에도 임시정부가 재정적으로 매우 어려운 처지라는 사실이 기록되어 있다. 상하이 거주 조선인은 남녀노소를 합쳐서 약 700명 내외인데 직업으로는 상점원, 전기회사원, 독립된 상업 종사자와 그 가족을 합쳐서 약 300여 명이고, 나머지 400여 명은 임시정부에 관련되거나 무직으로 떠도는 독립운동가들로 분류했다. 임시정부도 임대료, 전기료, 선전비용과 같은 최소한의 경비가 소요되었으므로 어려움이 많았다.

　　비밀문서는 특히 독립신문은 이미 수만의 부채를 안게 되어 경영난에 빠져 있다고 기록했다.[34] 신문의 자금문제와 독립신문 운영문제, 국내외 배포 등은 나의 책『언론과 한국현대사』(커뮤니케이션북스, 2001)「상해판 독립신문과 임시정부의 독립운동」(pp.278~333)에 상세히 살펴보았다.

　　1919년 10월 이광수는 안창호의 흥사단 운동에 동조하여 이듬해 4월 29일에 정식 가입하였다. 그 후로도 흥사단-수양동우회-동우회로 이어지는 단체에서 활동하였다. 잡지『동광』을 발행한 것도 흥사단의 이념을 전파하기 위한 노력이었다. 1937년에 이광수가 동우회 사건으로 구속된 후에 1940년 8월에 열린 2심 판결문은 이렇게 기록하고 있다.

　　"무실(務實)·역행(力行)·충의(忠義)·용감(勇敢)의 4대 정신 아래 지·덕·체의 3대 육을 수련하여 건전한 인격을 함양하는 신성한 단결의 조성을 표방하면서 조선독립운동의 투사를 양성하고 궁극에 있어서 조선의 독립을 도모할 것을 목적으로 조직된 흥사단에 가입할 것을 권유받고 동단이 조선의 독립을 목적으로 하는 결사라는 것을 잘 알면서도 이에 가

34.『上海在住不逞鮮人ノ行動』, 警務局, 1920.6.「제5 假政府ノ窮狀」

입한 후 대정 10년 3월 조선에 돌아올 때까지 동단 약법 소정의 의무를 이행하고 동지들과 함께 그 목적 달성을 위한 여러가지 일을 협의함으로써 정치의 변혁을 목적으로 다수 공동으로 안녕질서를 방해하려 하였고…"[35]

---

35. 『독립운동사자료집 12. 문화투쟁사자료집』, 독립운동사 편찬위원회, 1977, p.1287.

좌절, 귀국

네 차례 정간과 『신대한』 출현

자금난과 함께 또 다른 애로는 강제정간이었다. 독립신문은 이광수 사장 재임기간 일본 측이 프랑스 조계에 압력을 가해서 세 차례 정간을 당했다.

1차 정간

1919.10.16.(21호) 프랑스 조계의 정간 명령.

1919.10.25.(22호) 제호 『독립』을 『독립신문』으로 개제 속간

2차 정간

1919.12.2.(31호) 프랑스 당국의 정간 명령.

1919.12.25.(32호) 3주일 휴간 후 속간

3차 정간

1920.6.24.(86호) 프랑스 당국의 명령으로 정간

1920.12.18.(87호) 약 6개월 만에 속간. 주간 발행

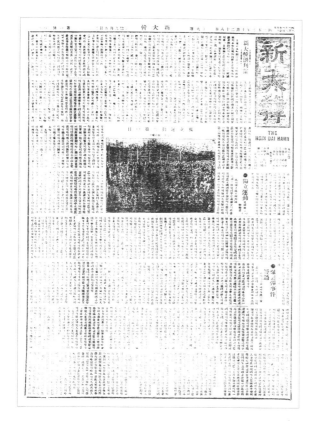

신대한 창간호(1919.10.
28). 주필 신채호. 편집장
김두봉.

신문발간에 있
어 또 하나 어려웠
던 문제는 독립운
동 내부의 의견
불일치였다. 이를
반영하여 독립신
문과 논조를 달리
하는 신문이 나타
나서 독립신문의
입지를 약화시키
기도 하였다. 1919
년 10월 28일 독립신문 23호를 발행했을 때에 신채호는 주 2회 발행『신
대한』을 창간했다.

신채호는 임시정부 수립에 참여하여 평정관에 이어 의정원 의원에 피
선되었으나 한성임시정부의 법통에 따를 것을 주장하고 최고 지도자 이
승만 추대를 반대했다. 이유는 이승만이 국제연맹의 한국에 대한 신탁통
치(mandatory)를 청원했기 때문이라는 것이다.

그러나 이승만이 대통령에 추대되고 독립신문이 이승만을 지지하자
신채호는『신대한』을 창간하여 이승만을 공격하였고 이승만을 대통령으

로 추대한 임시정부까지 공격하기에 이르렀다.[36]

신대한이 창간되기 전에 이광수는 신채호를 독립신문 주필로 초빙하려 하였으나 신채호는 거절하였다.[37] 신대한의 주필은 신채호, 편집장은 김두봉(金枓奉, 1889~1958)이었다. 독립신문도 처음에는 신대한의 출현을 환영하는 기사를 실었다.

신대한 출간. 오래 갈망하던 한자(韓字)신문 『신대한』보(報)는 10월 28일에 창간호를 모(某) 지방에서 발간하다. 지면의 광대(廣大)와 언론의 장쾌함이 동지(同紙)의 특색인 듯하다.[38]

신대한이 이승만을 공격하자 자연히 독립신문과 논쟁이 붙어 양 신문이 불화가 있다는 인상을 주었다. 이에 국무총리 이동휘는 1920년 1월 4일 일품향(一品香)이라는 음식점에 독립신문과 신대한의 기자들을 초청하여 화해를 시도했다. 참석자는 이동휘를 비롯하여 각 총장, 차장 전원(학무, 외무 양 차장 불참), 임시정부 직원들과 신대한 측에서 편집국장 김두봉 외 9인, 독립신문에서는 사장 이광수를 필두로 7명으로 합하면 30여 명이었다.

총리 이동휘는 양 신문이 상호협조 하여 독립운동 사업에 대하여는 동일한 보조를 취하며 장래에도 더욱 힘쓰기 바란다고 말했다. 이에 이

---

36. 주요한, 『도산 안창호전』, p.155; 김영호, 「단재의 생애와 활동」, 『나라사랑』 제 3집, 1971, p.80.

37. 이광수, 「탈출도중의 단재 인상」, 『조광』, 1936.4, p.211.

38. 「신대한 출간」, 독립신문, 1919.11.1.

광수와 김두봉은 양 신문이 더욱 협조하여 독립운동에 도움이 되도록 하겠다고 화답했다.

세간에서 양 신문 사이에 불화가 있는 듯이 오해하고 있으므로 더욱 화합하여 독립운동의 지도자가 되겠다고 다짐했다.[39] 그러나 신대한이 계속해서 임정을 비판하자 김구(金九)와 옥관빈(玉觀彬) 등은 안창호를 찾아가서 신대한을 금지시켜야 한다고 주장하였다.[40] 1월 27일에는 신대한을 성토하는 모임까지 열렸다.[41]

김두봉. 『신대한』 편집장. 이광수의 「한일관계사료집」 편찬에도 참여했다.

『신대한』은 현재 남아 있는 지면이 5호밖에 없다. 서울 은평구 진관사가 소장한 제1호에서 3호까지와 『단재 신채호전집』(제5권, 독립기념관, 2006)에 화보로 수록되어 있는 17호(1920.1.20), 18호(1920.1.23) 두 호가 있다. 신대한은 1920년 2월 이후에는 발행되지 않은 것 같다.

개인적 고뇌

이광수는 개인적으로도 어려운 처지에 있었다. 열악한 환경과 과로로 건강이 많이 상했다. 1920년 1월 8일 안창호가 이광수를 찾아가니 방안이

---

39. 「이 국무총리의 양 신문 기자 초대」, 독립신문, 1920.1.8.

40. 주요한, 앞의 책, p.154; 주요한 편, 『안도산전서』, p.621 이하 「일기」 참조.

41. 안창호 일기, 1920.1.27, 『안도산전서』, p.636.

추워서 선시공사(先施公司)에서 요양케 하여주고 경비를 부담하였다.[42] 그러나 이광수는 과로, 고독감, 영양부족, 기후불순 등으로 인해 1920년 4월부터는 한 달 넘게 병석에 누어 신문제작 업무를 수행할 수가 없었다.[43] 일주일 동안 세 번이나 연설을 한 뒤로 목에 염증이 왔다고 허영숙에게 3월 14일자로 보낸 편지에 썼다.[44] 독립신문이 경영난을 호소하고 성금을 요청하는 사고(社告)를 싣는 한편으로 주식모금을 시작했던 시기는 이광수가 병석에 누웠을 무렵이거나 그 직전이었을 3월 25일부터였다.

성금이 조금씩 들어오기는 했지만 그것으로 근본적인 유지책이 강구될 정도는 아니었다. 독립신문은 5월 11일자 제57호부터 발행회수를 주 2회로 축소하지 않을 수 없었다. 원래는 화, 목, 토 3회 발행이었는데 목요일은 발행하지 않고 화, 토요일만 발행하게 되었다.[45] 그러나 또 다시 일본의 방해로 인해 신문발행이 6개월 동안이나 중단되는 사태가 왔다. 6월 24일자 제86호를 발행하고 나자 프랑스 조계 관헌이 세 번째로 독립신문의 정간을 명한 후 신문사를 봉쇄했기 때문이다.[46]

안창호가 여운형(呂運亨, 1886~1947)과 함께 프랑스 영사를 찾아가서 이유를 묻자 독립신문은 작년에 이미 폐쇄했는데도 불구하고 왜 속간 시켰느냐는 일본 영사의 항의가 있었기 때문이라는 대답을 들었다.[47] 하는 수 없이 프랑스 조계 아닌 다른 곳으로 발행 장소를 바꾸고 인쇄시설을

42. 일기, 1920.1.18. 『전서』, p.742.
43. 이광수, 「친지동지에게」, 독립신문, 1920.5.6.
44. 『이광수전집』 9, p.300.
45. 독립신문, 1920.5.11. 「사고」
46. 『高等警察關係年表』, 조선총독부 경무국, 1930, p.29.
47. 안창호 일기, 1920.6.24. 『안도산전서』, p.742.

옮겨 발행할 생각도 해 보다가 안창호의 권유로 인쇄기의 소유주를 외국인 명의로 이전하는 방안을 강구하기로 했다.[48] 이리하여 12월 18일까지 6개월간 장기간에 걸친 휴간에 들어갔다. 더 빨리 속간을 할 수 없었던 이유는 명의를 빌려줄 적당한 외국인을 물색하지 못했거나 자금사정이 여의치 못했기 때문일 것이다.

신문이 정간 중인 1920년 여름 무렵에 이광수는 신문에서 손을 떼려는 생각을 가지게 되었다. 신문을 계속하기에는 여건도 허락하지를 않았지만 계속할 수 있다하더라도 다른 사람에게 맡기려고 생각했다.[49] 독립운동의 장래에 관해서도 번민하게 되었고, 자신이 장차 무엇을 할 것인가라는 문제도 고민이었다.[50]

공부를 더 해볼 생각도 가졌으나 학비가 없었다. 정간 중인 9월에 주요한은 신문에서 손을 떼고 후장대학(滬江大學) 공업화학과에 입학했다.[51] 이 무렵 임정은 이광수를 제네바 주재 대표로 선발하였지만 여비조차 마련하지 못해서 떠날 수가 없었다. 이광수는 마음을 정하지 못한 채 번민했다. 그를 가장 괴롭힌 것은 경제문제였다. 그는 경제문제를 해결할 영구한 직업을 얻기 위해 이름과 신분을 감추고 구직 광고를 내기까지 했다.[52]

"돈은 떨어지고 생활은 할 길 없어 나는 하루는 생각다 못하여 어떤

---

48. 위의 일기, 1920.6·25, p.742.

49. 『이광수전집』 9, p.308.

50. 『이광수전집』 7, p.261.

51. 주요한의 후장대학 입학 이후에 관해서는 양동국, 앞의 글 p.254 이하 참고.

52. 이광수, 「나의 해외 망명시대, 상해의 2년간」, 『삼천리』, 1932.신년호, pp.28~31; 『전집』 9, pp.310~311.

영국인이 경영하는 큰 상관(商館)으로 관장을 찾아갔다. 그래서 '영어와 일어를 할 줄 아니 나를 무엇에나 써주시오' 하고 부탁하였더니 그는 나를 한참 보다가 '칼라—나 새것을 끼고 와서 이야기하라'고 핀잔을 준다. 아닌게 아니라 내 목에 둘린 칼라는 동경서부터 치든 것으로 배에 부대끼고 차에 뒹구는 사이에 때가 까맣게 묻었고 양복은 바지 주름이라고 있을 까닭이 없는 마치 보리자루 모양이었다. 염결(廉潔)과 예의를 제 하래비 위패 지키듯 하는 영인(英人)이 나를 보고 눈쌀을 찌푸린 것은 당연하다 할까.

'칼라와 옷은 내가 먼 곳에서 온 뒤 돈이 없어 빨지 못하여 이렇지만 나를 써주면 당신에게 많은 부조되는 일을 하겟소이다.' 하고 또 다시 한번 청하엿더니 '내 몸도 잘 거두지 못하는 분이 어떻게 남의 몸을 보아주겠소!' 듣고 보니 그네 일류의 논리가 그럴 듯도 하다. 나는 고소하면서 구직을 단념하고 돌아나왔다."

이광수의 이 글은 상하이 생활 2년 어느 기간에 해당하는지 애매하다. 아마도 1919년 2월 상하이 도착 직후의 궁핍했던 상황 묘사일 수 있다. 때문에 그가 국내로 돌아오던 시기의 생활난을 말한 것은 아닐 가능성이 있다. 하지만 이광수가 상하이에서 경제적으로 쪼들렸던 모습은 짐작할 수 있다.

통치거부, 평화적 전쟁

허영숙이 서울에서 상하이로 건너간 날은 1921년 2월 16일이었다. 이광수는 한때 허영숙에게 상하이에서 개업하여 살자고 제안했지만, 허영숙이 상하이에 온 직후 두 사람은 국내로 돌아오기로 했다. 안창호는 이광수의 귀국을 극구 만류했다. 지금 압록강을 건너는 것은 적에게 항복서를 바치는 행위라고 말했다. 이광수 개인의 앞길에도 큰 화를 부르는 일이라고 충고했다.[53] 하지만 이광수는 허영숙을 먼저 서울로 돌려보낸 뒤 2월 말에 상하이를 떠나 압록강을 건너 3월 말, 아니면 4월 초에 신의주에 도착했다.[54]

이광수가 독립신문에서 손을 뗀 정확한 날자는 확실하지 않지만 1921년 2월 17일자(94호)에 「광복 기도회서」라는 춘원(春園)의 시가 실려 있다. 이광수의 이름으로 된 마지막 글이다. 그런데 이광수는 「국민개업(國民皆業), 국민개학(國民皆學), 국민개병(國民皆兵)」이라는 긴 글 한편을 지어 독립신문에 실린 후에 손을 떼었다고 말했다.[55]

「국민개업」은 독립신문 1921년 4월 2일자(101호)에 '천재'라는 이름으로 실려 있다. 이광수는 천재라는 필명도 썼다하므로[56] 이 글을 그가 쓴 마지막 논설로 볼 수도 있겠다. 「국민개병」은 1920년 2월 14일자에 「대한인(大韓人)아 군적(軍籍)에 입(入)하라」는 부제로 게재되었다.

이광수가 「국민개업, 개학, 개병」이라는 긴 글을 실었다고 말한 것은 약간의 기억착오였다. 그가 쓴 '긴 글'은 송아지라는 필명으로 쓴 「적수공권(赤手空拳), 독립운동 진행방침」(1920.6.5~24. 4회 연재)도 있다. 빈손 밖

---

53. 『전집』7. pp.264~265: 안창호 일기, 1921.2.18. p.783.

54. 4월 3일자 조선일보에 귀국했다는 기사가 실려 있는 것으로 보아 3월 말이나 4월 1일경 귀국으로 볼 수 있다. 한편 독립신문 4월 1일자(103호)에는 이광수가 수월 전에 사임하였다는 사고가 실려 있다.

55. 『전집』 7. p.264.

56. 김종욱, 「변절 이전에 쓴 춘원의 항일 논설들」, 『월간 광장』, 1986.12. p.223.

에 없는 한국민이 일제와 싸울 수 있는 방법은 이른바 '평화적 전쟁'으로 그 최후 목표는 절대적인 통치거절이요, 그 수단은 단순한 시위운동에서 진일보한 반항적 행동과 폭행이라는 논리였다.

독립을 성취하려면 한국인 관리는 퇴직하고, 납세를 거절하여야 한다는 구체적인 실천 방법론을 제시한 것이다. 간디의 항영(抗英)운동과 유사한 독립운동 방법론이었다.[57] 이 방법론은 후에 쓴 그의 「민족개조론」과 「민족적 경륜」으로 이어지는 논리로 안창호의 독립운동 노선과도 상통한다.

이광수가 상하이를 떠난 뒤에 독립신문은 영업부장 이영렬(李英烈)이 주필을 맡았다가 김희산(金希山, 본명 金承學), 박은식으로 이어지면서 1926년 11월 30일까지 198호가 발행되었다. 하지만 이광수 이후에는 주간으로 또는 발행이 일정하지 않거나 한 달 이상의 간격으로 발행된 경우도 많았다.[58]

이광수는 톈진과 펑톈을 경유하여 밤차를 타고 압록강을 건넜다. 신의주 경찰은 이광수를 하루 동안 붙들어 두었다가 풀어주어서 서울로 돌아왔다. 이광수가 무사히 석방된 것은 총독부 고등경찰과장 야마구치(山口安憲)의 지시 때문이었다. 이광수가 서울로 돌아오자 국내외에서는 변절자라 하여 공격을 퍼부었다.[59]

조선일보는 이광수가 '귀순증'을 휴대하고 신의주에 들어왔지만 도쿄

---

57. 정진석, 『언론과 한국 현대사』, 커뮤니케이션북스, 2001, pp.278~333.

58. 이광수가 독립신문에 쓴 글은 다음 책 참고, 김사엽 편, 『춘원 이광수 애국의 글/ 상해 임시정부 기관지 「독립」에 무기명으로 쓴 항일 논설 모음집』, 문학생활사, 1988.

59. 『전집』7, p.265.

의 2·8독립선언 관계로 궐석재판에서 9개월 금고의 유죄가 확정된 상태이기 때문에 구속되었다고 보도했다.[60] 이광수는 독립운동을 배반한 인물로 매도당하는 처지가 되었다.

귀국 후 이광수는 총독 사이토 마코토(齋藤 實, 1858~1936)를 만나 2건의 「건의서」를 제출했다는 연구도 있다. 이광수는 경기도 경찰부장 시라카미 유키츠(白上裕吉)의 안내로 사이토를 만나 단 둘이서 대화를 나누었다.[61] 아마도 이 면담 때에 이광수는 2건의 「건의서」를 제출했을 것이다.

첫 번째는 중국과 시베리아를 유랑하는 많은 지식인들을 방치하지 말도록 건의했다. 구제책으로 길림이나 봉천에 토지를 구입하여 기숙사가 딸린 학교를 짓고 청년 500명을 모아 농업과 산업기술을 익히도록 구체적으로 제안했다. 두 번째 건의는 간도와 서간도에 살고 있는 조선인들에 관한 것이었다. 그들을 방치하는 것은 위험하기 때문에 선도 계발해야 한다는 요지였다.[62]

일본의 식민지가 되어 있는 조선의 현실에서 승산 없는 투쟁에 앞서우선 급한 문제를 어떻게 해결할 것인가를 고민한 결과로 평가할 수도 있다. 친일과 항일의 극단적인 시각에서만 판단할 문제는 아니라고 볼 수 있다. 당연히 비판의 요소는 있다. 하지만 이광수는 해외에 유랑하는 많은 동포의 생활 개선을 위해 나름대로 일본 통치를 역이용하겠다는 생각을 개진한 것으로 해석 할 수 있다. 식민치하의 각박한 현실타개를 위해

---

60. 「귀순증 휴대하고 의주에 착한 이광수/ 비록 귀순은 하나 전일 결석판결 당한 것으로 필경 체포」, 조선일보, 1921.4.3.
61. 김원모·이경훈 역, 「무브츠옹의 추억」, 『춘원 이광수 친일문학, 동포에 고함』, 철학과 현실사, 1997. p.249.
62. 하타노 세츠코(최주한 역), 「사이토 문서와 이광수의 건의서」, 『근대서지』, 2013 하반기, pp.381~403.

서는 총독부의 시책을 활용하는 현실적인 방법을 활용할 수 있다고 생각했던 것이다.

이광수가 귀국 직후에 총독을 만나 중국과 시베리아에 떠도는 조선인들의 선도사업을 건의했다는 내용은 후에 수양동우회가 재단법인 설립 허가를 받아 함경도와 강원도의 미개척 토지를 물색하여 이를 근거로 농촌계몽과 식산운동을 실천하려 했던 계획에서 구체화 되고 있었다.(『이광수,『나의 고백』, 전집,13, 삼중당, pp.253~254)

「흙」을 연재하던 무렵(1932년). 왼쪽 이광수, 오른쪽은 김동환(시인, 월간 『삼천리』 사장) 뒷줄 오른 쪽부터 최정희(소설가), 모윤숙(시인), 이선희(소설가).

| 4장 |

논객
소설가

아니 쓰지 못하는 심정

「소년에게」와 「민족개조론」

이광수는 귀국 후 한동안 경성학교에서 영어를 가르치고 불교학원, 보성전문, 종학원에서 철학 심리학 등을 강의하면서 생활했다. 그는 스스로 3년 칩거를 작정했다. 하지만 그는 글을 쓰지 않고는 못 배길 정도로 하고 싶은 말이 많았다. 일본에서 배운 지식, 중국, 상하이, 만주, 러시아를 떠돌면서 많은 독립운동가를 만나고 상하이 임시정부의 구성에 참여하고 독립신문을 발행하며 경험한 일들을 마음에 담아두고 있을 수는 없었다. 이광수는 국내의 어떤 사람보다도 많은 견문을 쌓은 지식인이자 이론가였다.

『개벽』 잡지 1921년 7월호에 「중추계급과 사회」를 먼저 발표한 다음에 11월호부터 「소년에게」라는 논문 연재를 시작했다. 개벽은 천도교를 배경으로 발행되던 1920년대를 대표하는 종합잡지였다. 동아일보 조선일보에

버금가는 언론기관의 위상을 지니고 있었다. '신문지법'의 허가를 받았기 때문에 시사문제를 다룰 수 있는 잡지였다. 총독부가 1920년에 문화정치를 표방하면서 1922년 9월 22일에 허가해준 신문지법 잡지는 『개벽』, 『신생활』, 『신천지』, 『조선지광』 네 개밖에 없었다. 그리고 최남선의 시사주간지 『동명』을 허가했을 정도였다. 신문지법 잡지는 '출판법'에 의한 잡지와는 달리 시사문제를 다룰 수 있고, 원고검열이 없다는 이점이 있었다.

「소년에게」는 편지형식 경어체 문장으로 1922년 3월까지 5회에 걸쳐 연재되었다. 2백자 원고지로 계산하면 약 220매의 긴 논문이었다.

"여러분—나의 이 편지는 진실로 아니 쓰지 못하야 쓰는 것입니다. 내가 이 편지 속에 고하려 하는 말슴은 진실로 우리의 죽고 사는 데 관한 긴급한 말슴입니다."라는 서두로 시작했다. 조선민족은 경제적 파산, 도덕적 파산, 지식적 파산에 처해 있다고 분석했다.[1] 이 논설은 곧 이어 발표할 「민족개조론」의 연장선상에 있는 논리의 글이었다. 「소년에게」 첫 회가 나간 후인 11월 12일 오후 종로경찰서 형사가 이광수를 연행한 일이 있는데[2] 「소년에게」가 문제였지만 별다른 처벌을 받지는 않았다.

「소년에게」 연재가 끝난 지 한 달 후 『개벽』 5월호에 발표한 글이 「민족개조론」이다. 이 글은 200자 원고지 300매에 달하는 분량으로 「소년에게」와는 달리 연재가 아니라 54쪽에 걸쳐 한 번에 전문을 실었다. 분량만으로도 당시로서는 보기 드문 대 논문이었다. 시작 부분에 "신유(辛酉) 11월 11일 태평양회의가 열리는 날에 춘원"이라 쓰고 마지막에는 "신유 11

---

1. 魯啞子, 「소년에게」, 『개벽』, 1921.11~1922.3. 이광수는 '노아자'라는 필명을 사용했다.

2. 「이광수씨 돌연히 검속, 동경사건 관계인가」, 동아일보, 1921.11.13. "오늘 오후 한시에 종로경찰서 형사 한 명이 와서 출판법 위반으로 구인장의 왓다하고…"

민간지 초기의 언론인들과(1922년). 왼쪽부터 진학문(동아일보 창간 논설위원 겸 정치부장), 심우섭(매일신보 기자, 지방과장, 소설가 심훈의 형), 이광수, 맨 오른 쪽은 이상협(매일신보 연파주임, 동아일보 창간 편집국장)

월 22일 야(夜)"라 하여 아직 「소년에게」가 연재 중인 시기의 열하루 만에 이 대 논문의 집필을 마친 것으로 되어 있다. 오래 전부터 지니고 있던 사상을 글로 옮겨 쓴 것인데 논리적이면서 대단한 속필이었음을 증명한다. 논문은 이렇게 시작한다.

"나는 만흔 희망과 끌는 정성으로, 이 글을 조선민족의 장래가 어떠할가, 어찌하면 이 민족을 현재의 쇠퇴에서 건져 행복과 번영의 장래에 인도할가, 하는 것을 생각하는 형제와 자매에게 들입니다."

민족개조 사상은 상하이에서 만난 안창호의 영향을 받았다. 그는 일본의 식민통치에서 벗어날 수 있는 방법은 민족개조를 이룩하여 민족의 역량을 배양하는 길밖에 없다는 확신을 가지게 되었다. 민족의 흥망성쇠는 그 민족성에 달려 있다. "민족적 성격의 개조, 이것이 민족이 살아나 갈 유일의 길이다"라는 것이 암울한 현실을 타개할 수 있는 방략이었다.

이광수는 희랍의 소크라테스와 플라톤으로 이어지는 철학자에서 시작하여 일본의 메이지 유신, 한말의 갑신정변, 독립협회와 같은 동서고금의 사례에서 민족개조운동을 역사적으로 고찰하였다. 그는 이 같은 사례를 들어 민족성이 개조되는 경로를 밝히면서 바람직한 민족개조주의의 내용이 무엇인가도 구체적으로 지적하였다.

민족개조론은 상, 중, 하 3장으로 되어 있다. 첫째는 민족개조의 의의를 밝히고(상), 둘째, 개조의 내용(중), 끝으로 개조의 방법(하)이었다. 민족개조란 무엇인가. 그것은 민족성의 개조를 의미한다. 우리 국민의 성격을 개조하자는 것이다. 우리 민족이 왜 이렇게 쇠약해졌는가. 타락된 민족성 때문이다. 그러므로 낡은 성격의 낡은 사람을 새 성격의 새 사람으로 만들어야 한다.

민족개조론은 식민통치의 극복을 위해서는 철저한 자기반성이 선행되어야 한다는 논리에서 출발하였다. 이광수는 먼저 논문 「소년에게」에서 조선민족은 경제적, 도덕적, 지식적 3대 파산상태에 처했기 때문에 민족적 생활 능력을 거의 상실한 상황이라고 진단하였다. 민족개조는 공허한 구호나 이론으로 이루어지는 것이 아니라 장구한 시간에 걸쳐서 계획성 있게 추진하는 체계적인 과정을 거쳐야 하는데 이를 위해서는 개조를 위한 '단체'를 결성하여야 한다고 주장하였다.

앞서 개벽에 발표한 「소년에게」에서는 '동맹'으로 표현하였지만 조직을 통한 운동이라야 한다는 점에서는 '단체'와 같은 개념이었다. 개조운동을 단체(또는 동맹)를 통해 추진해야 하는 이유는 개인의 수양만으로는 개조

민족개조론. 1922년 5월호 『개벽』에 실린 이광수의 글은 큰 논란을 불러일으켰다.

운동이 영속성을 띨 수 없기 때문이다.

　우리나라는 독립협회가 단체를 통한 개조운동을 벌인 최초의 모임이었지만 회원 간의 단결이 공고하지 못하였고 정치적 색채를 띠고 있었으며 협회를 이끌 인격과 학식을 갖춘 인물이 부족하였기 때문에 실패하였다는 것이 이광수의 평가였다.

허명의 해외 독립운동가 비판

민족개조는 세월이 흐르더라도 무너지지 않을 공고한 결속력을 가진 단체를 구성하여 영속적인 사업으로 운동을 펼쳐야 하는데 이를 위해서는 그 구성원이 되는 사람들이 있어야 한다. 구성원은 '소수의 선인(善人)'의 자각과 결심으로부터 확산되어야 한다. "이 민족은 개조해야 한다"라는 생각을 가진 사람이 먼저 자기를 힘써 개조하고 다음에 개조하자는 뜻이 같은 사람을 많이 모으기로 동맹을 하여 차차 3인 4인씩 늘어 수천만의 민족 중에서 수백인 내지 수천인을 모집하여 한 덩어리, 한 사회, 한 개조동맹의 단체를 이룩하게 된다는 것이다. '소수의 선인'이란 '도덕

동아일보 사주 김성수. 사업가, 교육자. 동아일보 사주로 이광수를 오랜 기간 여러모로 도와주었다.

성과 실천력을 지닌 선각자와 같은 개념으로 민족개조운동의 씨앗이 되는 사람들이다.

이광수는 민족개조운동의 구체적인 방법을 제시하였지만 최종의 목표로 삼은 가장 중요한 요체는 도덕성의 회복이었다. 그는 조선이 쇠퇴한 직접적인 원인은 '악정(maladministration)', 즉 위정자와 정치의 잘못에 있지만 더 근본적으로는 민족 전체에 책임이 돌아간다고 보았다. 악정을 용인한 것도 결국 민족 전체의 잘못이다. 조선이 쇠퇴한 원인을 "타락된 민족성"으로 규정했다.

민족개조를 이룩하여 생활력이 없는 현재의 조선에 생활력 있는 민족을 조출(造出)하여야 한다고 외쳤다. 그러나 이와 같이 철저한 자기비판은 조선 민족을 비하하는 것 같은 인상을 주었고, 독립운동가들에 대해서도 냉소적인 시각을 가진 것으로 비쳤다. 다음과 같은 구절이 그런 예였다.

이광수 동아일보 입사. 사주 김성수와 사장 송진우의 권유로 이광수는 동아일보에 입사했다. "그들은 매장된 나를 무덤 속에서 끌어내었다"면서 이광수는 고마워했다. 왼쪽부터 김성수, 최두선, 송진우, 현상윤. 1922년 3월 18일 중앙고보 제1회 졸업식에서.

"우리는 수십 인의 명망 높은 애국자들을 가졌거니와 그네의 명망의 기초가 무엇인지를 찾아보는 것은 참으로 허무합니다. 다 그렇다고 하는 것은 아니나, 대부분은 허명(虛名)이외다. 그네의 명망의 유일한 기초는 떠드는 것과 감옥에 들어갔다가 나오는 것과 해외에 표박(漂迫)하는 것인 듯합니다."

그는 공론(空論)과 공상이 조선 명사들의 특징이라고 비판하였다. 일제에 저항하다가 형무소에 들어가거나 해외에 망명하여 떠도는 것으로

독립은 달성되지는 않는다. 3·1운동이 일어
난 지 2년 뒤의 시점이었다. 일제를 이 땅에
서 몰아내야 한다는 열망이 불타오르던 때
에 이광수는 일제의 노예가 된 원인이 민족
자신에게 있고 이를 극복하기 위한 방안으
로 적어도 50년에서 100년의 세월이 소요
되는 개조운동을 논하였으니 당시의 정서
로서는 이를 받아들이기 어려웠다. 더구나
이 땅을 강점한 일제를 비난하기보다는 일

진학문. 동아일보 창간 논설위원
겸 정치부장.

제의 노예가 된 것은 우리의 탓이라는 논조로도 해석되었으므로 크게 비
난받지 않을 수 없었다.

그래서 사회주의 성향의 잡지『신생활』은 이광수를 강하게 비난하였
다.「춘원의 민족개조론을 독하고 그 일단을 논함」(申相雨, 1922.6, 제6호),
「춘원의 민족개조론을 평함」(辛日鎔, 1922.7, 제7호)을 연달아 실었다. 반면
에 동아일보는 조심스러운 반응을 보였다. 동경 유학생 최원순(崔元淳)의
기고를 실으면서 "이론에 대한 비판은 이론으로써 하며 학설에 대한 토
론은 학설로써 하되 결코 감정론으로써 하거나 혹은 폭력으로써 또는 여
론을 빙자하야 개인에게 사회적 압박"을 가하지 말아야 한다고 당부했다.

이광수는 후에 당시를 회상하는 글에서「민족개조론」이 발표되자 신
문 잡지의 총공격은 물론이고 사회 인사들로부터 많은 비난을 받았다고
말하였다. 밤중에 여섯 사람이 항의의 뜻으로 이광수의 집으로 쳐들어갔
고, 천도교 안에 있던 개벽사의 사무실을 때려 부수기도 하였다.

또 손병희 이후 천도교 지도자였던 최린(崔麟)의 집에 달려가서 "천도

교 종학원(宗學院) 교수로 왜 그 나쁜 이광수를 쓰느냐."면서 강력하게 항의했다.[3]

개혁 커뮤니케이션 이론

민족개조론에 대한 찬반의 평가와는 별개로 이광수가 제시한 민족개조의 방법론은 신기하게도 현대의 매스컴 이론과 부합된다는 사실을 보면 이광수의 천재성에 놀라게 된다. 민족개조론은 이광수의 뛰어난 문장력과 설득력도 인상적이지만, 그보다는 민족개조의 방법론이 그로부터 40년의 세월이 지난 후 미국의 학자가 연구하여 출간한 책의 이론과 일치되는 부분이 발견된다.

1950년대 후반 경부터 신생국들이 근대국가로 발전해 나가기 위해서는 언론의 역할이 중요하다는 사실에 주목하는 연구가 각광을 받기 시작했다. 미국의 로저스(Everett M. Rogers)와 슈메이커(F. Floyd Shoemaker)는 1962년에 『개혁의 확산(*Diffusion of Innovations*)』이라는 책을 내놓았다가 그 이론을 보완하여 1971년에 『개혁 커뮤니케이션론(*Communication of Innovations*)』을 출판하였다. 이 책은 국내에도 번역되어 대학의 언론학 교재로도 사용되었다.[4] 로저스는 1962년 이후로도 자신의 이론을 발전시키면서 대략 10년 간격으로 보완하여 1983년, 1995년까지 모두 네 차례 출간했다.[5]

---

3. 이광수, 「민족개조론과 경륜, 최근 10년간 필화사」, 『삼천리』, 1931. 5월호, pp.14~16.
4. 서정우·최선열 공역, 『개혁커뮤니케이션론』, 박영사, 1976.
5. 김영석 외 3인 공역, 『개혁의 확산』, 커뮤니케이션북스, 2005.

이 책이 소개되었던 1970년대는 새마을 운동이 전개되면서 언론학계는 이른바 '발전 커뮤니케이션' 이론을 근거로 저개발 국가의 발전에 매스미디어가 어떤 역할을 수행할 수 있는가라는 연구가 진행되는 상황이었다. 한국언론학회가 1978년에 발행된『신문학보』를 「커뮤니케이션과 발전」이라는 특집을 꾸몄던 것이 바로 그러한 학문적 배경과 시대상황의 반영이었다.

이상협. 신문제작의 '귀재'로 불렸던 인물이다. 동아일보 초대 편집국장, 조선일보 편집고문, 중외일보 발행인, 매일신보 부사장 역임.

로저스의 '개혁'과 이광수의 '개조'는 개념상 차이가 있다. 전자는 새로운 아이디어가 확산됨으로써 사회체제가 어떻게 변화하는가를 면밀히 연구하였고, 후자는 조선 민족의 개조를 목적으로 집필한 논문이다. 그러나 양자가 사회의 발전적인 변화를 주제로 하였다는 점에서는 공통점을 지닌다. 흥미로운 것은 이광수가 상정한 민족성 개조를 위한 개인의 성격 개조 단계가 로저스의 개혁 채택과 매우 비슷한 과정을 거친다는 가설이다.

이광수는 각 개인의 성격개조 과정을 네 단계로 구분하였다. ① 성격을 개조하겠다는 자각, ② 사상습득, ③ 실행, ④ 습관조성의 네 단계이다. 한편 로저스는 개혁의 결정과정이란 "한 개인이 개혁을 처음 알게 된 뒤부터 그것의 채택여부를 결정짓고 또 그 결정을 확인하는 데까지의 정신적인 과정"이라고 말하면서 '인식, 흥미, 평가, 소규모 시험, 채택 여부의 결정'이라는 기존 학자들의 다섯 단계 과정을 네 단계로 축소한 이론을 제시하였다. 그는 ① 지식(knowledge), ② 설득(persuasion), ③ 결정(decision),

압수된 『개벽』 광고. 창간 이래 거의 매호 압수의 수난을 겪던 개벽은 1925년 8월호가 정간 당했다. 해외 망명 독립운동가 12명 특집으로 편집하였다가 검열에 걸렸다. 독립운동가들을 '국사(國士)', '지사'와 같은 극존칭으로 불렀다. 총독부는 8월호 개벽의 광고가 실린 동아일보 8월 1일자까지 압수처분을 내리는 철저한 탄압을 가했다. 이광수는 「도산 안창호 선생에게」를 쓰면서 자신이 척추카리에스 진단을 받았다고 밝혔다.

④ 확인(confirmation) 단계의 틀로 개념화하였다. 40년의 시간차를 뛰어넘어 이광수와 미국의 로저스는 신기하게도 동일한 이론을 내놓은 것이다. 차이점이 있다면 이광수는 독창적이었던 반면에 로저스는 기존의 여러 연구를 통합했다는 점이다.

이광수는 민족개조가 체계적으로 추진되어 성공하기 위해서는 '소수의 선인(善人, 또는 개조의 필요를 자각한 개인)'이 있어야 하고, 그 제1인이 제2인의 동지를 얻어서, 제1인과 제2인이 제3인의 동료를 얻고 이 3인이 개조의 목적으로 단결하는 방식으로 동지를 증가하는 동시에 이 개조단체의 사상이 일반 민중에게 선전되는 방식으로 확산되어야 한다고 가정하였다. 확산을 촉진시키기 위해서는 여론을 대표하는 중심인물이 나와서 그 사상으로 민중의 생활을 지도하는 단계를 거치면서 마침내는 민족성의 개조에 이르게 된다는 것이다. 이 단계에서는 매스컴을 통한 선전이 필연적이고 긴요하다.

로저스와 이광수의 공통점은 무엇인가. 먼저 로저스는 개혁을 채택하는 사람을 시간차에 따라 ① 개혁자, ② 조기 채택자, ③ 조기 대다수, ④ 후기 대다수, 그리고 ⑤ 비개혁자로 분류하였다. 이광수는 개조를 자각한 ① 소수의 선인, ② 첫 번 째 동지, ③ 두 번 째 동지를 얻는 방식으로, ④ 단체를 결성하여, ⑤ 전체 민족에게 확산되는 방식을 제시하였다.

로저스는 개혁을 선도하는 '여론 선도자'와 이를 따르는 '추종자'의 두 단계로 단순화하기도 한다.

이광수의 수술을 맡은 백인제. 경성의과전문학교를 수석 졸업하고, 1928년 경성의전의 외과 주임교수가 되었다. 조선 최고의 외과의사라는 평가를 받은 그는 백인제외과의원을 개원했다.

"춘원 일생일대의 역작"

이광수와 로저스는 민족개조(로저스는 사회변화)는 우연한 현상이 아니라 개조를 추진하는 계획된 운동의 결과라고 말했다는 공통점이 있다. 로저스는 사회변화의 설계를 맡은 사람을 '변화 주도체'로 부른다. 그들은 개혁을 추진하는 기관에서 바라는 대로 대상자들의 개혁결정에 영향을 주는 일을 맡아 개혁운동의 일선에서 일하는 전문가라는 것이다. 이광수는 이들을 '중추계급'으로 규정하였다. 개혁을 위해서는 매스 미디어가 절대적인 역할을 한다는 점에서도 이광수와 로저스는 의견을 같이한다. 이광수는 「소년에게」에서 이렇게 말한다.

"사상의 전파의 방법은 언론과 출판이니, 그러므로 어떤 사회에 신사상을 전파하려 할 때에 언론과 출판의 자유가 중요한 조건이 되는 것

투옥된 송진우. 1926년 3월 동아일보가 정간 당하고 주필 송진우는 징역 6개월(보안법 위반)의 실형을 선고받았다. 고등법원 확정판결이 내려진 후 11월 중순에 서대문형무소에 수감되었다. 1927년 2월 출옥.

이외다. 만일 그 사회의 주권자(정권을 잡은 자)가 현재의 사회의 포회한 사상을 변동케 하기를 원치 아니하는 때, 또는 모종의 신사상이 그 사회에 침윤되기를 원치 아니하는 때에는 언론과 출판의 자유를 구속하는 것이 그의 최후의 방법이외다."

이광수의 민족개조론에 관심을 가졌던 미국의 학자는 『일제하 문화적 민족주의(*Cultural Nationalism in Korea*, 1920~1925)』을 쓴 마이클 로빈슨(Michael Edson Robinson) 교수이다. 이 책은 특히 3·1운동 후 일제가 이른바 문화정치를 표방하면서 1920년에 창간된 민간지 조선일보와 동아일보의 역할에 관해 고찰하고 『개벽』(문화적 민족주의)과 사회주의 계열의 잡지 『신생활』(급진주의)을 비교하면서 민족운동의 전개과정에서 민족개조론이 발표된 배경과 민족운동에 미친 영향을 소개하였다. 이 책은 흥미 있는 서술방법과 깊이 있는 분석 등으로 일제하 민족운동을 이해하는 데 국내인의 연구저술에 비해서 더욱 신선한 시각으로 바라본 수준 높은 역작이었다.

이광수 방문기. 단종애사 연재를 앞두고 부인기자 최의순이 아직 완전히 회복되지 않은 이광수를 방문했다. 동아일보 1928년 12월 15일자.

　　로빈슨은 이 논문이 식민지 사회의 한계 안에서 행동할 것을 대담하게 주장하였다는 점에서 독보적인 기여를 한 것이라고 평가한다.[6] 민족개조론은 "춘원 논문의 최고봉을 이루는 역작"이라는 격찬도 있다. "이 논문은 대 논객인 춘원의 일생일대의 역작일 뿐만 아니라 과거 백년 동안에 쓰인 우리나라의 논문 중에서 그 내용의 독특성과 그 사상의 깊이와 그 영향의 크기로 보아서 가장 뛰어난 글"이라는 평가다.[7]

　　최남선은 1922년 9월 3일 시사주간지 『동명』을 창간했다. 발간을 준비

6. Michael Edson Robinson, *Cultural Nationalism in Korea, 1920~1925*, University of Washington Press, 1988, pp. 64~77; 김민환 역, 『일제하 문화적 민족주의』, 나남, 1990 참고.
7. 안병욱, 「작품해설」, 앞의 글, p.371.

아들 봉근을 안고 있는 이광수 부부. 왼쪽은 미국인 크롤리 (H.S.Crolly) 세브란스 의전 강사. 1929년.

할 무렵에 최남선은 이광수에게 편집 책임을 맡기겠다고 약속했다. 하지만 이광수를 참여시키지 않은 채『동명』은 창간되었다.『개벽』 5월호「민족개조론」 때문에 이광수를 비난하는 소리가 높았던 탓이다.『동명』은 최남선을 중심으로 진학문, 염상섭(廉尙燮), 현진건(玄鎭健), 권상로(權相老), 김종배(金宗培), 이유근(李有根), 박태봉(朴泰鳳), 안주영(安胄永)이 편집진이었다.[8] 이광수는 섭섭한 마음을 후에 이렇게 토로했다.

"그때 육당의 인기는 실로 충천의 세(勢)이었기 때문에, 나와같이 비난 많은 인물도 옹호할 수 있는가 하고 고맙게 생각하였다. 그러나, 세

8.『동명』, 제18호. 1923.1.1. p.22.

김성수(오른쪽)와 송진우. 동아일보를 이끈 두 인물은 이광수의 도쿄 유학 경비를 지원했고, 동아일보 입사를 권유했다. 1925년 경 도쿄에서.

상의 내게 대한 비난이 육당의 용기를 꺾은 듯하여, 마침내 내게는 아무 말도 없이 동명이 나왔다. 나는 이에 대하여서는 좀 분개하였으나, 역시 당연히 받을 죄인가 하였다."[9]

---

9. 이광수, 「문단생활 30년의 회고.3 무정을 쓰던 때와 그 후」, 『조광』 1936.6. p.120.

동아일보 논설기자의 필화

편집국장 두 차례

1923년 3월 27일부터 이광수는 안창호를 모델로 그린 「선도자」를 동아일보에 연재하기 시작했다.

곧 이어 5월 16일에는 '촉탁기자'로 발령받아 동아일보에 정식으로 입사했다. 그때까지 「선도자」는 50회가 연재되고 있는 중이었다. 한 해 전에 발표한 「민족개조론」에 대한 비난으로 이광수는 문필 권에서 축출 당한 상태였다.

이같은 상황에서 동아일보 입사는 사주 김성수와 사장 송진우의 권유로 이루어졌다.

"하루는 인촌 김성수씨와 함께 고하가 내 집을 찾아서 입사를 권하게 되었다. 나도 오직 감격으로 이에 응하였다. 그들은 매장된 나를 무덤

경성방직 설립 당시(1919)의 김성수.

속에서 끌어내는 것이요. 그 밖에 아
무 요구도 없는 것이었다."[10]

　김성수와 송진우는 학비가 없어
도쿄 유학을 떠나지 못하고 있던 이
광수를 후원하여 학업을 계속할 수
있도록 했던 각별한 인연이 있었다.
두 사람의 요청으로 1923년 5월 동
아일보 촉탁기자로 입사한 이광수는
6개월 후인 12월 1일에는 정식 '기자'로 임명되었다. 입사 초부터 맡은 업
무는 논설과 소설 집필이었다. 취재나 신문 제작에 종사하는 일선기자는
아니고 논설기자였다. 이광수의 경력과 문인으로서의 위상으로 보아 주
필급 논설기자라 할 수 있다.

　동아일보는 20대 청년들이 주축을 이룬 '청년 신문'이었다. 창간 당
시의 임원은 사장 박영효(朴泳孝), 편집감독 유근(柳瑾)과 양기탁, 주간
장덕수, 편집국장 이상협(李相協), 영업국장 이운(李雲)의 진용으로 출발
하였다. 사장 박영효와 편집감독 유근은 동갑인 59세였고, 양기탁은

10. 이광수. 위의 글. pp.120~121.

1931년 동아일보 편집국장 시기.

49세였으나 실질적인 제작진 대부분은 20대였다.

발기인 대표 김성수는 29세, 주간 장덕수가 25세, 편집국장 이상협 27세, 논설위원겸 정치부장 진학문 26세 등이었다. 논설기자도 장덕준(28), 김명식(29)이 20대 후반이었다. 평기자 가운데는 김정진(32) 한 사람만 30세를 넘었고, 그밖에는 김동성(30), 남상일(24), 염상섭(23), 한기악(22), 유광렬(21), 이서구(21), 김형원(20) 등으로 20대 초반이 많았다. 일제치하 대부분의 기간 동아일보의 경영을 맡는 송진우가 1921년 9월 사장에 취임했던 때는 32세였다.

동아일보를 실질적으로 이끌어간 간부진은 김성수를 중심으로 도쿄 유학 경력자들이 주류를 형성했다. 주간 장덕수는 와세다 후배였고 이광수도 와세다 출신이다. 송진우도 와세다에 잠시 적을 두었으나 메이지대학을 졸업했는데 김성수와는 어려서부터 같이 공부한 죽마고우였다. 장덕수, 장덕준, 진학문, 김명식은 도쿄 유학시절 이광수와 잘 아는 사이였다. 이들은 1920년부터 1922년까지 대두하였던 점진적인 문화적 민족주의 계보로 연계될 수 있었다.[11]

동아일보에 입사하면서 이광수는 안정된 수입이 보장된 직장을 갖게 되었다. 동아일보 입사 후에 퇴사와 휴직으로 잠시 떠났던 기간도 있지

---

11. Michael E. Robinson. op..cit..p.64 이하 참조.

제1회 수양동우회 모임(1931년). 앞 줄 오른쪽에서 세 번째가 이광수, 그 옆 중앙은 김동원(소설가 김동인의 형), 셋째 줄 왼쪽 첫 번째는 주요한, 여섯 번째 장리욱.

만 대략 10년 재직 기간에 두 차례 편집국장(①1926년 11월 8일~1927년 9월, ②1929년 12월~1933년 8월)을 맡았다. 그러는 동안 13편의 소설을 연재했고 동아일보의 사가(社歌)도 지었다. 그의 아내이자 조선 최초의 여의사 허영숙은 동아일보 학예부장으로 1년 3개월간(1925년 12월~1927년 3월) 근무하였다.

「민족적 경륜」 필화

이광수가 동아일보 입사 전에 연재를 시작하여 촉탁기자가 된 뒤에도 계속 중이던 소설 「선도자」는 7월 17일 111회까지 1면에 실렸는데, 갑자기 중단되었다.

민족적 경륜. 이광수가 집필한 이 연속논설(1924.1.2.~6. 5회 연재)은 큰 파장을 불러일으켰다. 동아일보 임원진이 사임했고 이광수도 일시 신문사를 떠나게 되었다.

　　동아일보는 7월 18일자에 "소설 선도자는 쓰는 이의 사정에 의지하야 작일 중편 종결로써 아직 중지하고 다시 후일 적당한 시긔를 기다려 하편을 게재하겟삽."이라는 짧은 알림을 1면에 실었다. 소설의 중편을 끝낸 시점에서 총독부의 간섭으로 갑자기 중단한 것이다.

　　논설기자로 논설과 소설을 집필하던 이광수는 11개월 여 만에 동아일보를 떠날 수밖에 없는 사건이 일어났다. 1924년 1월 2일부터 6일까지 5회 연재된 논설 「민족적 경륜(民族的 經綸)」이 문제였다.

　　이광수의 논설은 그보다 4년 전에 자신이 사장으로 상하이에서 발행한 독립신문에 주장하였던 조선독립의 방책과 『개벽』의 「민족개조론」으로 이어지는 그의 소신이었다.

　　독립신문을 떠나기 직전에 쓴 「적수공권, 독립운동 진행방침」(필명 송아지, 1920.6.5~24. 4회 연재)과 2년 뒤의 「민족개조론」(1922년 5월호)에 이은 문제의 논설 「민족적 경륜」을 게재한 것이다. 당시 조선사회의 분위기를 이광수는 이렇게 표현하였다.

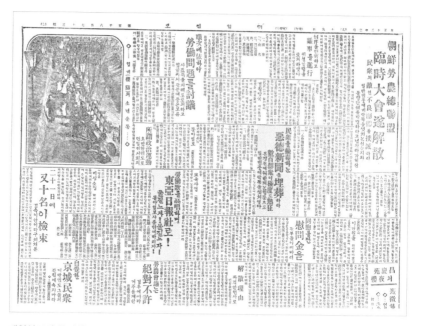

매일신보의 동아일보 규탄 선동. 총독부 기관지 매일신보는 시위군중이 "동아일보를 불 지르자"고 외치면서 가두행진을 벌였다고 자극적으로 비난하는 기사를 실었다.(1924.4.22)

"우리는 이러고 있을 수 없는 절박한 시기를 당하였다. 시급히 무슨 운동을 해야겠다는 전율할 만한 내적 요구가 치열함을 자각한다. 진실로 이대로 갈 수는 없다. 우리는 전 정력을 경주하여 차제에 민족 백년의 대계를 확립하고 그것이 확립되는 날부터 그 계획의 실현을 위하여 전 민족적 대 분발을 계획하여야 할 것이다."[12]

민족적 경륜 집필은 아무와도 상의한 적이 없고, 이 원리에 대하여

---

12. 「민족적 경륜①. 민족 백년대계의 요(要)」, 동아일보, 1924.1.2.

신문삽화를 그린 화가들. 앞줄 왼쪽부터 이상범, 노수현(중앙), 이승만, 뒷줄 왼쪽 안석주, 오른쪽 시인 김동환(월간 『삼천리』 발행인). 동아일보 전속화가 이상범은 이광수의 소설 삽화와 충무공 영정을 그렸다. 안석주는 1933년 2월 1일자 조선일보에 '만문만화' 이광수편을 게재했다.

누구와 토의를 거듭하지도 않았다고 이광수는 말한다.[13] 다만 이 논설을 쓴 뒤에 다른 일로 중국에 갔던 길에 북경에 있는 안창호를 만났다는 것이다.

앞서 『개벽』에 게재한 「민족개조론」은 "이 글의 내용인 민족개조의 사상과 계획은 재외 동포 중에서 발생한 것으로서 내 것과 일치"하다면서, "이 귀한 사상을 선각한 위대한 두뇌와 공명한 여러 선배 동지"가 있었다고 밝히고 있다. 이 귀한 '사상을 선각한 위대한 두뇌'는 안창호였다.

---

13. 이광수, 「민족개조론과 경륜」, 『삼천리』, 1931.4. pp.14~16.

그러므로 이보다 2년 반 후에 동아일보에 실린 경륜은 안창호와 쓰기 전에 상의는 없었다 하더라도 그 논리전개와 독립운동의 방안은 안창호의 영향을 받아 자신의 생각을 담았다고 볼 수 있다.

이광수는 일본이 조선과 엄청난 차이가 나는 국력과 군사력을 지녔다는 엄연한 현실을 인정하지 않을 수 없기 때문에 인도 독립운동의 전술과 업적을 교훈으로 삼아 식민 통치의 한계 안에서 점진적인 방법으로 독립운동을 벌이는 것이 가장 확실한 방안이라고 확신했다.[14]

논설의 배경에는 1923년 하반기부터 동아일보 중심의 보수파 민족진영 인사들이 모색한 독립운동의 방안을 이론적으로 구체화한 측면도 있었다. 일본을 적대국으로 보는 입장에서의 비밀결사, 극한투쟁의 독립운동을 지양하고, 합법적이고 타협적인 자치운동으로 민족운동의 전환을 모색하는 움직임이었다. 이같은 방향전환은 1923년 가을부터 김성수, 송진우, 박승빈(朴勝彬), 허헌(許憲), 장두현(張斗鉉), 최린(崔麟), 신석우(申錫雨) 등 주로 동아일보 계열이 중심이 되어 일제와 대항하기 위해 유력한 민족단체를 조직할 것을 구상하고 그 명칭을 연정회(研政會)로 정하면서 구체화 되었다.

자치론을 표방한 본격적인 타협공작의 추진체로서 총독부가 연정희를 뒷받침하였을 것으로 보는 시각도 있다.[15] 이들은 3·1운동 후 하나로 뭉쳐진 민족진영의 조직이 없고, 범국민적 민족운동의 방향이 설정되지 않은 채 무모한 극한투쟁으로 별다른 성과를 거두지 못하고 있다고 판단

---

14. Michael E. Robinson, op., cit., p.64 이하 참조.
15. 강동진, 『일제의 한국침략 정책사』, 한길사, 1980, pp.414~416.

하고 "조선의 현 제도 범위 이내에서" 모종의 정치운동을 전개하기로 방향을 정하였다는 것이다.[16)]

총독부 입장에서는 노동운동이나 사회주의 사상이 확산되면 민족운동도 좌경화 되어 간다는 상황에 대처해서 민족주의자와의 본격적인 타협을 노린 일종의 민족분열정책이라는 의혹이다.

합법적 타협적 민족운동

「민족적 경륜」이 합법적, 타협적 운동으로 노선을 전환하기 위한 예고였는지 단언할 수는 없다. 이광수 개인의 소신으로도 단체를 통한 준비론을 주장하고 있었기 때문이다.

조선민족의 장래에 대한 계획이 무엇이냐고 누가 우리에게 물을 때 무엇이라고 대답할 것이냐 라는 문제제기로 서두를 시작하여 국가의 백년대계를 위한 방책으로 세 가지 결사운동을 제시하였다. 정치적인 결사, 산업적 결사, 교육적 결사의 삼위일체였다.

이광수는 앞으로 "우리는 조선 내에서 허하는 범위 내에서 일대 정치적 결사를 조직하여야 한다"고 주장하였다. 첫째 우리 당면의 민족적 권리와 이익을 옹호하기 위하여, 둘째 조선인을 정치적으로 훈련하고 단결하여 민족의 정치적 중심세력을 형성하여 장래 구원한 정치운동의 기초를 이루기 위함이다. 일본을 적대시하는 비밀결사 방식으로 추진하던 독립운동을 지양하고, 일본의 주권 아래 법률이 허용하는 범위 안에서 모

---

16. 「소위 정치운동, 오만한 태도로 연일해서 희의」, 매일신보, 1924.4.22; 「반동단체와 방해자는 박멸하고 매장하기로 결의」, 조선일보 4월 22일자 사회면도 참고.

든 문제를 해결해야 한다는 논리였다. 합법
적, 타협적 민족운동, 곧 자치운동으로의 전
환을 제시한 것이다.

이광수는 조선의 산업을 발달시켜서 조
선인이 먹고사는 문제를 해결하고 조선의 경
제가 부흥하여야만 독립을 쟁취할 수 있다고
보고 이를 달성하려면 물산장려운동을 벌일
필요가 있다는 2단계의 방안을 제시하였다.

현진건. 소설가, 동아일보 사회부장

첫째 소극적으로는 보호 관세의 애용효
력을 얻기 위하여 조선 산품 사용 동맹자를 얻을 것. 둘째 적극적인 방
법으로 일대 산업적 결사의 조직이 필요하다. 조선인의 일용품과 조선에
서 제조 가능한 산업기관을 일으킬 자금의 출자자를 얻기 위함이다. 조
선의 산업은 이처럼 대승적 대 결사의 힘이 아니고는 결단코 일어나지 못
할 것이다. 이는 비록 완만하더라도 유일한 길이므로 그것을 취할 수밖
에 없다는 결론이었다.

「민족적 경륜」은 큰 파장을 불러일으켰다. 강경파 민족주의자와 사회
주의 성향의 청년 학생 등은 맹렬한 반감을 나타냈다. 이들은 양자 합세
로 동아일보 비매동맹(非買同盟)을 형성하고 각지에 성토문을 내는 등 동
아일보를 격렬히 공격했다.

특히 "조선 내에서 허하는 범위에서"라는 부분에 대해서는 "우리는
3·1운동 이래 무엇 때문에 와신상담(臥薪嘗膽)하고 있느냐"는 부르짖음도
일어났다. 조선일보와 천도교 구파에서도 이 논설에 반대하여 "일본 국
체(國體)의 테두리 안에서의 어떠한 형태의 자치론도 반대한다."고 비판했

다.[17] 상하이 독립신문까지 정면으로 비난하고 나서서 당시의 격앙된 분위기를 짐작케 한다.[18]

가장 강력하게 반발하고 나선 단체는 4월 20일에 창립총회를 가진 노농총동맹이었다. 이날 아침부터 정오까지 창립총회를 마친 노농총동맹은 오후 2시부터 제1차 임시총회를 열고 친일 연합체인 각파유지연맹(各派有志聯盟)과 동아일보 문제에 대한 토론을 벌였다. 총회는 우선 "각파유지연맹이라는 단체는 그 강령이나 행동을 볼 때 조금이라도 양심 있는 사람이면 도저히 용서할 수가 없는 일인즉, 그들을 박멸할 일을 잠시라도 지체할 수가 없다."고 결의한 후 동아일보에 대해서도 규탄하기로 했다.

동아일보는 민원식(閔元植)이 경영하는 『시사신문』과 조금도 다르지 않으니 동아일보를 박멸키 위하여 현재 그 신문의 주요 간부와 그의 옹호파를 이 사회에서 매장하고 불매동맹을 여행(勵行)할 일과 오는 4월 28일에 조선 안 각지에서 성토 강연을 일제히 여는 동시에 전기 각파연맹도 성토하자고 결의하였다.[19]

총독부 기관지 매일신보는 급진적인 노동운동자들의 동아일보를 향한 비난을 기민하게 이용했다. 매신은 노농총동맹에 참가했던 군중이 "동아일보사로! 불지르자! 불지르자! 동아일보사를 태워 버리자!"고 외치며 동아일보로 달려가다 경찰의 제지로 해산 당했다는 사실을 선동적으로

---

17. 『고등경찰요사』, 민족운동사자료 I , 영인본, 고려대학교 민족문화연구소, 1969. p. 45. 이 자료의 번역본은 『국역 고등경찰요사』, 안동독립운동기념관 자료총서 3, pp.102~105; 『조선일보 50년사』, 조선일보사, 1970. pp.284~286.

18. 「동아일보에 고함」, 독립신문, 1924.4.26.

19. 「악덕신문을 매장하라」, 매일신보, 1924.4.22.

보도했다. 동아일보는 민중의 지탄을 받는 '악덕신문'이라는 것이다.[20] 경찰은 동아일보로 몰려가던 시위대 가운데 주동자 20여 명을 체포하였는데 그 가운데는 시대일보와 조선일보 지국장 등 신문사 관계자도 4명이 있었다. 사회주의 계열과 급진파 민족주의자들이 동아일보를 배척한 사실에 대해서 매신은 이렇게 비난했다.

"동아일보가 민중을 현혹하게 된 것은… 우리 조선 민족에게도 반면의 책임이 있는 것을 기억치 아니치 못할 것이다. 조선 사회에서 처음에 동아일보의 요언(妖言)을 혹신(酷信)하여 그들(彼等)에게 부당한 후한 대우(優遇)를 허용한 까닭이다."

매일신보의 동아일보 비난은 이어졌다. 동아일보가 존재하는 것은 오늘까지도 일부 조선인들은 배일사상을 가지고 반항을 끊지 아니한다면 결국은 독립 회복이 될 때가 있으리라는 잘못된 망상을 품고 있는 사람이 있기 때문이라고 주장했다.[21] 민족진영과 일반 조선인의 배일사상이 결국 허망하다는 논리였다.

이광수의 논설로 인한 논란이 계속되는 가운데 동아일보는 또 다른 시련에 직면했다. 친일파들이 김성수와 송진우를 권총으로 협박 폭행하는 사건이 일어났고, 신문사의 내분까지 겹치자 안팎으로 어려운 처지가 되었다.

---

20. 매일신보. 위의 기사.

21. 「동아일보의 죄과를 수(數)함」 매일신보 사설. 1924.4.19. 동아일보를 비난 할 목적으로 집필된 이 사설은 4월 17일부터 3회에 걸쳐 연재되었다.

친일파 11개 단체는 '각파유지연맹'이라는 연합체를 3월 25일에 결성하였는데 동아일보는 두 차례 논설(3.30, 4.2)을 통해서 이를 '관민(官民) 야합의 어리운동(漁利運動)'으로 규정하고 "세인(世人)의 이목을 기만하여 일선(日鮮) 융화를 일종의 직업으로 삼아 자신들의 배를 채우려는 짓"이라고 비난했다.

두 번째 논설이 나간 4월 2일 박춘금(상애회), 이희간(동광회), 김명준(국민협회), 채기두(소작인상조회)가 송진우와 김성수를 식도원으로 불러내어 권총으로 위협하면서 사과를 요구하고, 동아일보가 모금한 재외동포 위문금을 내 놓으라고 협박했다. 송진우는 위기를 모면하기 위해 짧은 단문의 「사담(私談)」이라는 메모를 건네 주었다.

사태가 악화되자 동아일보는 사건수습을 위한 조치를 취하지 않을 수 없었다. 1924년 4월 25일 임시 중역회의를 열고 간부진의 총사퇴를 결의했다. 사장 송진우, 전무 신구범, 상무 겸 편집국장 이상협, 취체역 김성수, 장두현이 물러났다. 다음날인 4월 26일 이광수도 동아일보를 떠났다. 이광수는 후에 이렇게 회상했다.

"나는 최근 10년 내외 간에 내가 쓴 글 때문에 사회인사의 격노와 비난을 산 일이 한 두번만 아니엇다. 아모에게도 아첨할 줄 모르는 내 붓끝이 이것이 진리다! 이것이 옳다 하고 양심이 명하는 대로 기록하여 놓으면 그때마다 필화 사단이 따라오고야 마는 것을 바라볼 때 내 붓 끝에는 그야말로 '살'이 있어 이러함이든가."[22]

---

22. 이광수, 「민족개조론과 경륜, 최근 10년간 필화사」, 『삼천리』, 1931.4. pp.14~16.

사건이 알려지자 민족진영 각계 지도자 40여명은 동아일보 사장 폭행에 대한 경찰당국의 태도를 규탄하고 각파유지연맹의 응징을 요구하는 결의문을 채택했다. 동아일보도 「민중의 반역자에게」라는 논설로 친일파를 비판했고 매일신보는 동아일보를 향해서 비난의 화살을 쏘기 시작했다. 총독부 기관지의 공격이 계속되는 와중에 동아일보 내부에서는 편집국장 이상협을 중심으로 사장 송진우를 배척하는 움직임이 일어났다. 이 분규로 이상협은 여러 중견 사원들을 이끌고 조선일보로 옮겨가서 이른바 '혁신 조선일보'를 만들었다.(정진석, 『한국언론사』, 나남, 1990, pp.481~514)

병고와 탄압 속에서

동아일보 퇴사―편집국장 복귀

동아일보를 퇴사한 이광수는 언더우드가 설립한 장로교 미션 스쿨 경신학교에서 영어를 가르치면서 연재소설 집필은 계속했다. 동아에서 물러나던 무렵인 1924년 4월에는 베이징으로 가서 정안문(正安門)부근 중앙호텔에 투숙 중인 안창호를 만나 8일간 동숙하며 국내의 흥사단 운동과 여러 현안문제를 논의하고 지시를 받았다.[23] 안창호와 이광수는 민족주의자 최린·김성수·송진우·장덕수 등 대인물을 수양동맹회에 가입하

---

23. 이광수가 베이징에 간 연도가 1924년이었음은 이광수의 「도산 안창호선생에게」(『개벽』 1925.8)에도 나타난다. "작년 북경서 뵈올 때에"(p.27), "작년에 선생께서 저와 이러한 회화가 잇섯습니다."(p.32)라고 말한 것을 보면 1924년에 베이징에 갔던 것이 확실하다. 그런데 동우회사건 판결문에는 대정 12년[1923년] 2월 방문으로 기록되어 있다. 판결문에 1923년으로 기록된 것은 1924년의 착오로 보인다. 『독립운동사자료집 12. 문화투쟁사자료집』. 독립운동사 편찬위원회, 1977, p.1287.

게 하여 동맹회의 확대강화를 도모함과 동시에 통속교육보급회(通俗敎育普及會)를 조직하고 민중에게 접근하여 이들에게 민족주의 사상을 고취시키기로 했다.

4월에 베이징에서 돌아온 이광수는 안창호와 합의한 내용을 실천에 옮겨 대동단결에 관한 활동을 시작했다. 1925년 11월에 동우구락부를 해산하여 그 부원을 수양동맹회에 가입케 하고 이광수는 의사부장(議事部長)에 선출되었다. 1926년 1월 7일경에는 자택에서 의사부원회를 개최하고 그 명칭을 수양동우회라 개칭하였다가 1929년 9월 5일경 다시 동우회(同友會)로 개명하였다는 것으로 1940년의 동우회사건 판결문에 나타난다.

1925년 1월 23일부터는 북경에서 도산 안창호를 만나 기록해온 어록을 동아일보에 게재하였다. 「국내 동포에게 드림, 동아일보를 통하야」라는 제목이었다. 필자는 '도산 안창호'로 되어 있지만 이광수의 집필이었다. 그러나 1월 25일자 3회까지 게재한 후에 26일자 4회분은 총독부의 검열에 걸려 전문이 삭제되고 그 이후 연재는 중단되었다. 동아일보는 삭제된 지면 끝 부분에 "이 논문은 사정에 의하야 계속치 못하나이다"라고 독자들에게 양해를 구했다.

두 달 뒤인 3월 이광수는 경신학교에서 영어를 가르치고 돌아오는 길에 과로로 발병하여 인력거로 집으로 돌아와서 병석에 누웠다. 퇴사 신분이었지만 동아일보와의 인연이 끊어지지는 않은 상태였다. 1923년 12월 1일부터 연재 중이던 「허생전」(장백산인)은 퇴사 후에도 계속하다가 1924년 3월 21일 111회로 끝을 내고 다음날인 3월 22일부터 「금십자가」(장백산인) 연재를 시작하여 49회까지 이어나가던 도중인 5월 11일에는 앞에 말

동아일보 경남지국장대회. 1933년 4월 11, 12일 양일간 마산에서 열린 지국장대회에 참석 후 기념촬영. 앞줄 왼쪽에서 세 번째가 이광수, 두 사람 건너 오른쪽 네 번째는 송진우 사장. 대회 참석 후에 이광수는 기행문 「합포 풍광」을 3회 연재했다.(4월 15, 16, 19일)

한 신병으로 중단하고 말았다. 이광수가 총독부의 간섭과 건강상의 문제로 연재를 중단한 경우를 정리하면 다음과 같다.

① 소설 「선도자」(1923년 3월 27일부터 7월 17일 111회까지 연재). 안창호를 모델로 쓴 이 소설은 총독부의 간섭으로 중단. 1947년에 출간한 「도산 안창호」는 미완 상태로 중단한 「선도자」의 완결판으로 평가된다.

② 논설 「민족적 경륜」1924년 1월 2일부터 6일까지 5회 연재. 이 논설이 문제되어 4월 26일 동아일보 퇴사. 1925년 8월 1일 1년 4개

월 만에 복직.

③ 「금십자가」 1924년 3월 22일부터 5월 11일까지 49회 연재 중 발병으로 중단.

④ 「국내 동포에게 드림, 동아일보를 통하야」(안창호) 1925년 1월 23일부터 1월 25일(3회)까지 연재하였으나 제4회(26일)는 총독부의 검열로 전문 삭제 이후 연재 중단.

⑤ 「재생」 1924년 11월 9일부터 연재 시작. "나는 선도자를 중편까지만 쓰다가 경무국의 불인가로 중지하고 금십자가를 쓰다가 사정으로 중지하엿다. 금십자가를 계속하려 하였으나 재생을 쓰기로 하였다. 그것이 쓰고 싶기 때문이다."(동아일보. 1924.11.8) "내 눈 앞에는 벌거벗은 조선의 강산이 보이고 그 속에서 울고 웃는 조선사람들이 보이고 그중에 조선의 운명을 맡았다는 젊은 남녀가 보인다. 그들은 혹은 사랑의 혹은 황금의 혹은 명예의 혹은 이상의 불길 속에서 웃고 눈물을 흘리고 통곡하고 미워하고 시기하고 죽이고 죽고 한다. 이러한 속에서 새조선의 새 생명이 아프게 쓰리게 그러나 쉬음 업시 돌아 오른다." 하지만 재생도 1925년 3월 척추카리에스 판정을 받아 3월 12일자 120회에서 일단 중단. 13일자에 "소설은 작자의 사정으로 휴재"라는 짧은 알림을 실었다. 백인제병원에서 수술. 7월 1일에 「재생」 연재 재개.[24] 9월 28일 218회로 완결.

---

24. 소설 재생 7월 1일부터 연재. ◇만텬하 독자 제씨의 백열적 환영을 바더오든 소설 재생은 그동안 집필자 리광수씨의 신병으로 인하야 부득이 중지하지 아니치 못하게 되야 한동안 독자 제씨의 긔대를 저바리엿스나 ◇어데까지 독자의 뜻을 충실히 밧드려는 본사의 강청으로 다소 건강의 장래[애?]가 잇슴을 불구하고 필자는 계속 집필을 쾌락하야 오는 칠월 일일부 본지로부터 계속 게재하게 되얏습니다.

⑥ 동아일보 1925년 8월 1일 1년 4개월 만에 복직. 11월 8일 편집국
  장 취임. 허영숙은 동아일보 학예부장으로 1년 3개월간(1925년 12
  월~1927년 3월) 근무.

⑦ 「유랑」1927년 1월 16일 연재 시작. 31일 16회로 중단. 28일 폐병 재
  발로 많은 피를 토하여 시력이 떨어지고 혼수상태에 빠지기도 하
  다. 편집국장 취임 10개월 만인 1927년 9월 10일 편집고문으로 전
  임하여 황해도 연등사, 신천온천에서 요양.

⑧ 「단종애사」는 발병으로 두 차례나 중단하였다가 완결했다. 1928년
  11월 24일자 '소설예고'는 이렇다. "조선 보배의 하나인 춘원은 그동
  안 병들어 일시에는 위독하다는 소문까지 전하얏스나 하늘이 아
  즉도 그의 천재를 아까워 하심이엇든지 그는 건강을 회복하고 우
  리 독자를 위하야 다시 붓을 들게 되엇습니다." 1928년 11월 30일
  에 연재 시작. 1929년 3월 신장결핵 발병. 3월 7일과 8일자에 "소
  설은 필자의 병세로 휴재함"이라는 알림을 실은 후 20일간 중단.
  3월 27일자(90회)부터 연재. 그러나 5월 11일(128회)까지 연재했을
  때에 수술을 받아야 할 처지가 되자 약 3주간 중단할 예정이라고
  예고하였으나 3개월여(5.12~8.19) 동안 중단하였다가 8월 20일(129
  회. 충의편) 다시 붓을 잡아 12월 11일 217회로 완결.

이광수는 1925년 3월 경에 집필한 「도산 안창호 선생에게」에서 이렇
게 말했다.

"제가 마츰 선생께 편지를 드리려 하면서도 병후의 몸이 항상 피곤하

야 오늘내일하고 천연(遷延)하던 차에 마침 개벽사에서 저더러 선생을 생각하는 글을 써 달라고 청하옵기로 우편으로 드리는 대신 이 편지를 쓰기로 하였습니다.

선생께서 제 병을 근심하시고 건강에 주의하라고 하셨습니다. 그러나 선생님! 저는 선생께 슬픈 소식을 드리지 아니치 못하게 되었습니다. 그것은 작일 의사에게 척추카리에스라는 진단을 받은 것입니다.

안석주 가족. 조선일보 학예부장으로 이광수의 캐리커처를 그렸다.(이 책 90쪽 그림)

의서를 보면 이 병은 소아는 쾌유하는 희망이 있으나 성인된 사람은 거의 쾌유할 희망이 없다고 합니다. 속하면 1, 2년 오래 끌면 혹 십수년 더 살 수가 잇다고 하는데 넉넉 잡고 한 3년 더 살 것으로 작정하는 것이 합당할 듯 하옵니다.

그러나 선생님! 저는 죽는 것을 두려워하지는 아니합니다. 1년이나 2년이나 3년이나 목숨이 붙어 있는 동안에는 선생의 뜻을 위하야 전력을 다하려 하옵니다. 또 의사의 말이 한 1개년 동안 잘 교양을 하면 생명을 붙잡을 수도 있다고 하니 아마 병자를 위로하는 말일 것입니다마는 선생의 뜻이오 우리의 이상인 것을 실현하기 위하야 할 수 있는 대로 생명을 붙들어 보랴고 합니다."

이광수 가족. 왼쪽부터 장남 진근, 차남 봉근, 삼남 영근을 안고 있는 허영숙. 1929년 무렵.

1925년 8월호 『개벽』에 실린 이 글은 척추카리에스 판정을 받은 직후인 3월 초, 또는 중순 경에 썼을 것이다. 살 수 있는 날이 1년 아니면 2년, 길어야 3년 밖에 남지 않았다는 엄중한 상황에서 세상에서 가장 존경하는 인물 안창호에게 보내는 처연한 심정이 담긴 글이었다. 심한 통증, 척추의 경직, 자세 이상 등을 나타내고 심하면 꼽추가 되는 병이다. 백인제의원에서 한 쪽 갈빗대를 도려내는 큰 수술을 받고 100여 일 입원하는 바람에 소설 연재를 중단하지 않을 수 없었다.

척추 수술, 신장 수술, 각혈

수술 후 황해도 신천으로 정양을 떠나 7월 1일부터 정신력으로 병을 이기고 수술 받은 몸으로 「재생」 집필을 계속하여 9월 28일 218회로 끝맺었다. 「재생」 연재가 끝나기 전인 1925년 8월 1일 동아일보에 복직하고 9월부터는 「대춘향」 연재를 시작하였다.

병고와 싸우면서도 작품 집필을 계속하였던 이유는 병원 치료비와 생활비를 충당해야할 사정도 있었다. 동아일보는 이광수의 아내 허영숙을 학예부장에 임명하여 1년 3개월간(1925년 12월~1927년 3월) 근무토록 하였다. 허영숙은 국내 첫 의학전문기자였다. 학예부장 재직 중에 자신의 전문분야를 살려 의학 관련 기사를 많이 썼다. 1926년 3월 1~6일까지 6회에 걸쳐 연재한 「가정위생」을 비롯하여 「어린아이 울 때 어머니 주의」부터 「아이를 못 낳는 부인과 남편」, 「해산과 위험」 등을 썼다. 대수술을 받은 몸으로 1926년 6월 1일 이광수는 경성제국대학 법문학부 문학과에 입학하여 학업을 계속하려는 의지를 보였다. 와세다대학 학력을 인정받아 선과생(選科生)으로 입학하여 나이가 많으므로 재학번호 1번을 부여받았는데 몇 주 수강 후 신병으로 학업을 중단할 수밖에 없었기 때문에 4년 후 1930년 1월 23일부로 학칙 제25조에 따라 제적처리 되었다.[25] 1926년 11월 8일 이광수는 편집국장에 임명되어 병마에 시달리면서도 편집국장직을 수행하면서 소설 집필을 병행했다. 하지만 불과 3개월이 지난 후인 이듬해 1월 폐병이 재발하여 생명이 위태로운 고비를 세 차례나 겪었다. 폐병은 당시로서는 불치에 가까운 난치병이었다. 1월 28일, 9월 4일, 11월에도 다량의 피를 토하여 시력이 떨어지고 혼수상태에 빠지는 때도 있었다.

"나는 작년 1월 발병 이래로 3차 위기를 통과하얏다. 제1차는 6월 1일의 각혈이오 제2차는 9월, 제3차는 11월의 각혈이다. 그 중에 가장 위험하얏던 것은 제2차의 각혈이다. 그때에는 1주야간에 6백 그람 가량의 피를 토하야 시력이 쇠하야 모든 물상이 분명치 아니하고 형상이 괴이하게 보이어 마치 희미한 몽중(夢中)에 있는 것과 같고 1일의 대부분을 혼수상태에 있어서 1주일 동안은 어떻게 지나갔는지 기억에 남지 아니한다. 말하자면 내 일생의 시간 중에서 일주간은 내가 모르는 동안에 경과하야 버린 것이다. 그리고도 3주일이 넘도록 기억력이 퇴하야 친우의 성명도 생각이 나지 않는 일이 흔히 있어서 내 일생의 과거가 갑자기 몽롱하야짐을 깨달을 때에 나는 혼자 웃지 아니할 수 없었다. 내가 사(死)를 각오한 것은 물론이어니와 주위에 사람들은 나보다도 더 내 생명에 대하야 절망하얏든 모양이다.[26]

25. 최종고 편, 『나의 일생, 춘원 자서전』, 푸른사상, 2014, p.427, 각주 246.
26. 춘원, 「병창어 7, 死」, 동아일보, 1928.10.12.

건강 악화로 이광수는 편집국장 취임 10개월 만인 1927년 9월 10일에 국장직을 사임하고 편집고문으로 전임하여 황해도 안악의 연등사와 신천온천으로 요양을 떠났다. 후임 국장은 김준연(1927.10~1928.5), 주요한(1929.11~12)으로 이어졌다. 이광수는 12월에 서울로 돌아와 경성의전병원에 입원치료를 받다가 이듬해 1월 29일 퇴원했다.

자신이 앓았던 질병에 대해서 이광수는 "내가 폐병을 앓는 중에 신장염도 앓았고 한때는 척퇴골에 병이 나서 조곰만 늦게 서둘었드면 '곱새'가 될 번 하였습니다 만은 지금에 '곱새'가 안 되었음은 아내[허영숙]가 속히 발견해 준 것과 백[백인제]씨가 치료를 잘 해 준 덕택이라고 할 것이외다."[27]

흥사단 잡지 『동광』

이광수는 동아일보 재직 중에 두 개 잡지를 주관했다. 1924년 10월에 창간된 『조선문단』과 1926년 5월 20일 창간한 종합잡지 『동광』이다. 순문예지 『조선문단』은 이광수가 1호부터 4호까지 주재한 다음에 사재를 출연한 방인근 편집으로 발행되었다.

『동광』은 흥사단의 이념을 구현하려는 잡지였다. 상하이 독립신문 시절부터 이광수와 신문을 함께 만들던 주요한이 발행 겸 편집인이고, 창간호 발행소는 서울 서대문정(西大門町) 1정목 9번지 이광수 자택이었다. 수양동우회 주례 집회가 열린 곳이기도 하였다. 창간사 없이 발행된 첫호 「독자와 기자」난은 "우리 잡지의 기사는 네 가지 표준을 가지고 쓰기

---

27. 이광수, 「폐병 사생 15년」, 『삼천리』, 1932.2, p.59.

를 힘씁니다"라고 밝히면서 글 쓰는 사람들에게 특별히 다음 사항을 유의하도록 당부했다.

1. 부허하지 않고 실속 있게 이론보다도 실제적으로
2. 사실과 언론이 정미(精微)롭게
3. 글은 간단하고 깨끗하게
4. 누구나 알아 볼 수 있도록 쉽고 평범하게

『동광』이 흥사단과 수양동우회의 정신을 구현하려는 의도를 지니고 있다는 사실은 창간호 사설 「무엇보다도」에서 명백히 드러난다. "무엇보다도 우리는 남보다 도덕적으로 큰 결함이 있는 것을 깨달아야 한다"고 전제하고 다음 여섯 항목을 열거했다.

① 참되어 거짓됨과 속임이 없는 것, ② 제가 할 일을 곧 하는 것, ③ 개인에게 대하여서나 단체에 대하여서 한번 하기로 허락한 의리이면 괴롭거나 좋거나 싫거나 꼭 지키되 건성례로 말고 전심력을 다하여 할 것, ④ 나의 의무라고 알고 의리라고 알 때에는 단연히 행하기를 시작하되 아무러한 위험이나 논란이 오더라도 참고 이기고 견디어 생명으로써 끝을 보고야 마는 것, ⑤ 사보다도 공을 위하여는 사를 희생하는 봉공의 정신, ⑥ 동포에게 대하여 동지에게 대하여 자기가 속한 모든 단체에 대하여 사랑과 용서와 서로 돕고 격려하는 정신.

이광수는 동아일보 편집국장 취임에 앞서 5월에 『동광』을 창간하였으니 잡지 발행도 주관하면서 신문 제작 실무 최고 책임자가 된 것이다.

『동광』은 1926년 5월 20일에 창간하여 통권 16호(1927.8)를 발행한 뒤에 일단 휴간하였다가 1931년 1월에 속간하여 1933년 1월 23일 통권 40호 발행으로 종간하였다. 1937년 동우회사건 때에 구속된 피고인들의

흥사단 이념 잡지 『동광』. 상하이 독립신문 시절부터 이광수를 도와 신문을 만들던 주요한이 발행인 겸 편집인이고, 창간호 발행소는 서울 서대문정 1정목 9번지 이광수 자택이었다. 1926년 5월 20일 창간.

혐의 가운데는 『동광』 발행에 참여하였거나 운영비를 내놓았다는 사실이 문제가 되었다.

『동광』은 1920년대 후반에서 1930년 초반에 이르는 기간에 사회주의 경향 잡지들에 맞서서 민족주의·개량주의적 입장을 대변한 잡지로 평가받는다. 안창호가 창설한 흥사단과 수양동우회의 정신을 구현하여 무실역행에 의한 인격 수양 및 민족성 개조(改造)를 주장하는 논조였다. 학술, 사상, 문예 등 다양한 편집으로 독자의 저속한 취향에 영합하지 않는 품격 높은 잡지를 지향했다.

초기 필진은 대부분 수양동우회 핵심 인물들이었다. 안창호를 비롯하여 이광수, 주요한, 김윤경, 이윤재의 글이 거의 매달 실렸다. 1931년 1월 속간사에서 이광수는 "『동광』의 주의는 조선인의 민족적 번영을 도(圖)하되 허위와 공론을 버리고, 무실역행으로써 하자는 것"이라고 밝혔다. 이전에는 윤리·학술 등 비정치적 분야의 글들이 주류를 이루었으나, 속간 후에는 정치·경제 분야 등 시사성 있는 글이 늘어났다.

그러나 속간된 『동광』도 1933년 1월 통권 40호를 마지막으로 폐간했다. 광복 후에 주요한은 『동광』의 후신으로 『새벽』(1954.9~1960.12)을 창간하여 자유당과 이승만의 독재를 비판하면서 『사상계』와 쌍벽을 이루는 종합잡지로 명성을 날렸다.

이광수는 동아일보 편집국장 취임 6개월 전인 5월 10일부터 「마의태자」를 연재 중이었는데 편집국장을 맡은 뒤에도 소설 집필은 계속했다. 과중한 업무에 시달리지 않을 수 없었다. 이듬해 1월 9일 「마의태자」를 227회로 끝낸 뒤 1월 16일 「유랑」 연재를 시작했지만 결국 1월 28일 다시 각혈하고 쓰러져 「유랑」은 1월 31일 16회로 중단할 수밖에 없었다. 이로부터 반년 이상 투병생활을 계속하다가 8개월여가 지난 1927년 9월 30일 편집국장직을 사임하고 편집고문으로 자리를 옮겼다.

그로부터도 1년 가까이 투병생활을 이어가는 동안인 1928년 9월에는 논문 「젊은 조선인의 소원」(9.4~19일, 15회)과, 「병창어(病窓語)」(10월 5일~11월 9일, 31회)를 연재했다. 「병창어」는 '병실에 누워 창문을 바라보며 쓴 글'이다. 병마와 싸우면서도 글쓰기를 멈추지 않았다.

1928년 11월 31일부터 동아일보에 「단종애사」 연재를 시작했다. 그러나 1929년 2월 신장결핵(腎臟結核) 진단을 받고 5월 24일 백인제 박사로부터 좌편신장을 떼어내는 대수술을 받았다. 「단종애사」는 5월 11일자 8면에 128회를 연재한 뒤 3개월여(5.12~8.19) 동안 중단하였다가 다시 붓을 잡아 12월 11일 217회로 완결 지었다.

이광수의 동아일보와 인연을 정리하면 두 번 퇴직에 두 번 복직의 되풀이였다. 첫 번째는 「민족적 경륜」 사설(1924.1) 필화로 퇴사였고, 두 번째로는 신병으로 인한 퇴사(1927.9)였다. 퇴사와 복직의 반복이었다. 놀라운 것은 이 기간에 두 번의 대수술을 받고 사경을 헤매는 가운데도 작품활동은 계속하였다. 1925년 3월의 척추카리에스 수술에 이어 2차는 1929년 5월의 왼쪽 신장절제 수술로 거의 2년 동안 병상과 정양지에서 보냈다.

편집국장 시기의 정간

38세였던 1929년 12월에는 두 번째로 취체역 편집국장에 취임하여 바쁜 나날을 보내야했다. 직후인 1930년 1월 1일부터는 「혁명가의 안해」를 연재했다. 39세에서 40세로 넘어가는 시기에 이광수는 신문사 업무와 원고 집필로 "이발 목욕할 여유가 없어서 곤란. 친구 방문은 거의 전폐. 이렇게 살아갑니다."라고 말할 정도로 바쁜 나날이었다.

> "신문사에 가서는 동료들의 출석 상황을 보고 숙직부를 보고 서신 온 것을 보고 주요한 신문을 보고 소설을 한 회 쓰고 혹시 횡설수설을 쓰고 부득이하면 사설도 쓰고 공장에 몇 번 들락날락. 사장실에 몇 번 불리어가고 사설, 횡설수설, 기타 각 면의 주요 기사를 읽어 혹시 시비 들을 것이나 없나 혹시 압수당할 것이나 없나를 보고 각 면 대장을 보고. 내객 몇 분을 보고. 전화 몇 십 차 주고받고 그리고 전표에 도장을 몇 번 찍고 간혹 편집회의를 하고 간혹 동료의 불평을 듣고 간혹 경무국에 불리고. 그리고 윤전기가 돌아 신문이 제 시간(오후 4시 20분 이전)에 나오는 것을 보고 나면 만족으로써 내 하루의 직업이 끝이 난다. 그리고는 곧 타기 싫은 버스를 타고 집으로 오고, 일 있으면 동광사에 들르고. 집에 오면 대개 5시 반 전후. 내가 대문 여는 소리를 들으면 5세 아, 6세 아가 '아빠!' 하고 마루로 뛰어나와 매어달리고. 그리고 손 씻고 발 씻고 저녁 먹고 신문사에 압수, 삭제, 호

외 등 사고가 있어 전화가 무시로 울지 아니하면 아이들과 노래하고 춤추고 말 되어 태워주고 그림 설명하다가 아홉시가 되면 5세아 자장가 불러 맡아 재우고 그리고 난 뒤가 내 시간이어서 신문도 보고 독서도 하고 공상도 하고 부처 간에 담화도 하고 원고도 쓰고, 11시 전후에 취침. 이발 목욕할 여유가 없어서 곤란. 친구 방문은 거의 전폐. 이렇게 살아갑니다.”[28]

이광수는 출근시간을 엄수하는 정도를 넘어서 기자들보다 먼저 편집국에 나타나서 청소부들을 당황하게 할 정도였다. 문인의 무절제 불규칙한 태도는 보이지 않았고, 오히려 사무적이라는 평이었다.[29] 이광수를 비롯하여 동아일보에 연재한 여러 작가들의 소설 삽화를 그린 이상범은 이렇게 증언했다.

“동아에서 수많은 소설 삽화를 그려온 덕에 여러분 작가들을 친근히 접할 수 있었던 나는 그때마다 춘원은 참으로 남다른 분이라는 생각을 되새기곤 한다. 그이는 대개 신문소설은 편집국장 책상에 앉아 마감 얼마 전부터 쓰기 시작하는 것이 일쑤였다. 그러나 한 번도 막히지 않고 슬슬 써 내리는 문장이 한 번의 가필도 없이 정연하고 삽화가의 머리에도 선연히 그 영상이 떠올라 그림 그리는 데 여간 편하지가 않았다.”[30]

28. 이광수, 「나의 하로」, 『동광』 1932.11. p.35.
29. 최상덕, 「민간 삼대신문 편집국장 인상기」, 『철필』, 1930.8. pp.39~41.
30. 이상범, 「동우 회고실」, 동아일보 사보 『동우』, 1963·12. p.13.

세키야 데이사부로(關屋貞三郞)와 함께. 총독부 학무국장(1910~1919)을 지낸 후 오랫동안 일본 궁내차관을 맡았던 인물이다. 앞줄 왼편 두 번째 두루마기 입은 이광수, 중앙이 세키야, 뒷줄 왼쪽 두 번째 김성수. 세 번째 송진우.

　　이광수 편집국장 재임 시에 동아일보는 세 번째 정간을 당했다. 1930년 4월 1일 창간 10주년을 맞아 순직기자 장덕준 추도식을 비롯한 각종 기념사업을 벌이면서 외국 명사의 축사를 실었다. 이 가운데 4월 16일자에 실린 미국의 급진적 주간지『네이션』주필 빌라즈의 축사「조선의 현상 밑에 귀보(貴報)의 사명은 중대하다」는 글이 발행정지 처분의 빌미가 되었다.

　　빌라즈의 축사는 "소수 민족의 자유, 각 인민의 생활양식의 자유는 여하한 곳으로부터 발생함을 막론하고 군국주의에 대한 항의로 일관했다." 고 전제하고, 동아일보는 사명을 위하여 모든 것을 희생한다면 조선 민족을 위해 가장 힘 있게 봉사할 수 있을 것이라면서 "지성을 다한다, 한 치라도 퇴각하지 않는다, 그리하여 초지(初志)를 관철한다."는 격려의 말을 인용했다. 경무국장 모리오카(森岡二郞)는 축사 가운데서 불온하다 하여 삭제를 명령한 부분을 없애지 않은 채 동아일보가 호외를 발행하여 당국의 행정처분에 반항하였다고 주장했다.

중외일보는 「동아일보 정간」(4월 18일)이라는 논설로 총독부를 비판했다. 총독부가 2년이 못 되는 사이에 민간 3대지에 모두 발행정지 처분을 내린 처사는 문화정치를 내세우는 총독부의 주장과는 완전히 모순된다는 사설을 실었다가 압수당했다. 동아일보의 정간은 138일 만인 9월 1일에 해제되었다.

동아일보는 이 정간이 문제된 기사 자체만이 아니라 그 전해에 있었던 광주학생운동 때부터 총독부가 품고 있던 불만이 누적된 결과로 보았다. 정간 전이었던 1929년 11월 14일 광주학생운동과 관련하여 편집국장 주요한이 구속되었고, 사장 송진우는 불구속으로 검사국에 넘어갔다가 기소유예 처분을 받았다. 이광수는 주요한의 후임 편집국장에 취임했는데, 1930년의 정간은 광주학생운동 때부터 경무국이 노리고 있다가 트집을 잡은 것이다.[31]

---

31. 주요한, 「기자생활의 추억(속)」, 『신동아』, 1934.6. p.77: 『동아일보 사사』, 권1, p.298.

서재에서 집필 중인 이광수. 1941.

| 5장 |

민중 속으로
문화운동

이순신장군 유적보존

조선의 노래 현상모집

이광수가 동아일보 편집국장을 맡고 있던 시기에 일본은 대륙침략을 감행하면서 언론탄압을 강화했다. 1931년 9월에 만주사변을 일으킨 후 일본의 군국주의 성향은 날이 갈수록 강화되었다. 이같은 정세에서 편집국장 이광수는 직접적인 항일 논조 대신 문화운동을 전개하는 방향전환을 시도했다.

1931년도 신춘문예는 「조선의 노래」를 공모하였는데, 창가부문은 마땅한 작품이 없어 심사를 맡았던 이은상(李殷相)이 후보작 가운데 좋은 구절을 뽑아 재구성하여 "백두산 뻗어내려…"로 시작되는 노래를 만들고 현제명(玄濟明)에게 작곡을 의뢰하여 1932년 4월 1일 지상에 발표하였다.

이 노래는 애국가 없는 민중에게 사실상 국가나 다름없는 역할을 하동아일보사는 성금 100원을 기탁하면서 충무공 묘소 영구보존 사업을 벌이겠다는 '사고'를 게재했다.(1931.5.20)

면서 널리 유행하여 일제 치하와 광복 후에도 애창되었다.[1]

이광수는 편집국장 재임 중 두 가지 언론 캠페인을 벌였다. 충무공 이순신 유적보존운동과 농촌계몽의 브나로드 운동이다.

유적보존운동은 충남 아산에 있는 이충무공 묘소의 위토가 후손의 부채로 말미암아 경매 직전에 놓이게 된 사실을 동아일보 1931년 5월 13일자에 상세히 보도하면서 시작되었다.

이튿날인 5월 14일에는 1면 사설 「민족적 수치, 채무에 시달린 충무공 묘소」라는 제목으로 크게 개탄했다. "우리들의 역사의 기록 면에서 그 인격으로나 그 사적(事績)으로나 충무공 이순신의 위를 갈 사람이 얼마 없으리라. 그의 위토(位土)와 묘소가 경매를 당하게 된다니 이런 변이 또 잇으랴 이런 민족적 욕이 더

1.『동아일보 사사』 권1. 1975. pp.329~330.

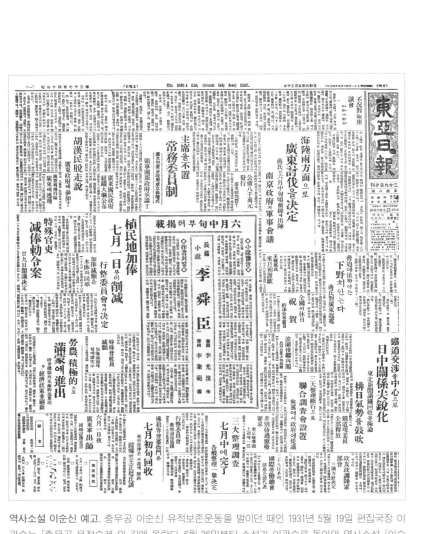

역사소설 이순신 예고. 충무공 이순신 유적보존운동을 벌이던 때인 1931년 5월 19일 편집국장 이광수는 「충무공 유적순례」의 길에 올랐다. 6월 26일부터 소설가 이광수로 돌아와 역사소설 「이순신」의 연재를 시작했다.

잇으랴"로 시작되는 사설은 필자를 밝히지 않았지만 필치로 보아서 이광수 집필이 확실하다.

이광수는 존경하는 역사적 인물은 이순신이고, 현세의 인물로는 안창호를 꼽았다.[2] 단군과 세종대왕도 우리 민족이 길이 숭앙할 인물로 보았다.

충무공은 국난을 당하여 백성과 국토를 누란의 위기에서 구출한 민족적 은인이라면서 그의 위토와 묘소가 채권자의 손에 넘어갈 처지임을 크게 개탄하고, 이는 '민족적 범죄'로 규정하면서 우리는 일층 민족문화에 대한 숭앙심과 애착심을 불러일으켜야 한다고 호소했다. 15일자 1면에는 정인보(鄭寅普)의 「이충무공 묘산(墓山) 경매문제」를 실었다. 묘소만이 아니라 충무공의 일기를 비롯하여 모든 유품은 전체 조선인이 책임을 지고 보존해야 한다고 강조했다.

편집국장의 현지취재

이광수는 5월 19일 「충무공 유적순례」의 길에 올랐다. "우리 님 찾아 떠나옵는 길입니다. 임 자취 찾는 대로 이야기를 적어 내어 조선의 아들딸에게 드리오려 합니다."라는 인사를 곁들여서 5월 21일 지면에서 시작하여 6월 10일까지 14회를 연재했다. 온양까지는 기차를 타고 가서 하룻밤 묵은 후 이튿날부터 충무공의 옛집과 묘소를 찾아서 반은 타고 반은 발로 뛰는 여정으로 후손과 인근 유지들을 만나고 피곤한 몸을 이끌면서 취재를 진행했다. 온양, 목포, 광주를 거쳐 여수, 통영, 한산도까지 누비는 일정이었다. 바다에서는 작은 배를 타고 여러 섬을 직접 취재했다. 우수영을 비롯하여 충무공의 발자취를 따라가는 동안 바다 위에서 벌어진 전쟁 당시의 역사적 전사(戰事)를 설명하다가도 현지의 느낌을 시로 표현

---

2. 이광수, 「이순신과 안창호」, 『삼천리』, 1931.6. p.32.

동아일보 사원들도 솔선하여 성금을 내놓았다. 사원 일동이 43원 70전, 공장직공 15원, 배달부와 용인(傭人)들까지 성금을 모아 동참했다.(1931.5.19)

하거나 주변의 풍경을 묘사하는 기행문 투의 부드러운 필치를 구사하는 글을 썼다. 순한문 현판과 비문을 그대로 인용하는 경우도 있었다. 역사 소설을 쓰는 소설가, 언론인, 논객의 면모가 동시에 드러난 르포 기사인 동시에 기행문이었다. 이 기행문은 후에 그의 『문장독본』에도 일부 수록되었다.

연재 마지막 회는 6월 11일자에 실린 「고금도(古今島)에서, 충무공 유적순례를 마치고」였다. 막중한 편집국장의 직책을 내려놓고 5월 29일까지 열흘 동안 기자의 입장이 되어 현장을 밟으면서 취재를 끝낸 마무리 결론이었다. 그리고 보름 뒤인 6월 26일부터 소설가 이광수로 돌아와 역사소설 「이순신」의 연재를 시작했다. 이광수는 "내가 그리려는 이순신은 충의로운 인격"이라고 말했다. 소설가로서 상상으로 창조하려는 작품이 아니라 역사적인 기록을 바탕으로 인간 이순신의 인격을 구체화 하겠다는 것이다.

동아일보가 충무공 유적보존 모금운동을 펼치면서 사원들은 솔선하여 성금을 내놓았다. 사원 일동이 43원 70전, 공장직공 15원, 배달부 일동 5원 60전을 모아 내놓았고, 용인(傭人)들까지 3원 30전을 모아 기탁했다.[3] 이리하여 충무공의 위토가 담보로 잡혔던 부채를 상환하고 유적보존을 선도했다. 이광수의 「이순신」은 사업이 진행되는 동안 연재가 계속되어 1932년 4월 3일까지 178회로 끝을 맺었다. 이광수가 집필한 사설, 유적 답사 기사, 소설 「이순신」의 감동이 영향을 미쳤다고 보아야 할 것이다.

충무공 유적보존 사업에 자극을 받아 행주대첩 권율(權慄) 장군 기공사(紀功祠; 공훈을 기리는 사당)를 수리하는 행사에도 이광수는 연사로 초청되었다. 8월 10일 심히 무더운 날에 이광수는 사진기자를 대동하고 고양군민대회가 열리는 행주산성을 찾아갔다. 그리고 「행주 승전봉(幸州 勝戰峰)과 권율 도원수(都元帥)」라는 제목으로 4회(8월 13, 14, 16, 18일)에 걸쳐 임진왜란 때에 일본군과 싸운 권율의 공적을 소개하는 글을 실었다.

'슬픈 이순신의 일생' 소설

충무공 유적보존운동을 벌이면서 시작된 역사소설 「이순신」(1931.6.20～1932.4.3, 178회)은 장렬하게 순국한 이순신의 최후를 묘사하면서 문득 현실로 눈을 돌렸다. 이순신 전사 후 334년이 흐르는 동안 강산은 피폐하고 가난한 백성이 고달픈 삶을 이어가는 조선의 오늘을 개탄해 마지않았다. 소설의 마무리는 이런 문장이었다.

---

3. 「이 충무공 묘소문제로 확대되는 사회적 반향」, 동아일보, 1931.5.19.

"순신의 유해는 고금도 본영으로 돌아 갓다가 아산 선영에 안장하엿다. 순신의 상여가 지날 때에 백성들은 길을 막고 통곡하엿다. 왕도 어려운 한문으로 제문을 지어 조상하고 우의정, 선무공신(宣武功臣) 일등을 책하엿다. 원균(元均)은 삼등이엇고 권율(權慄)이 이등이엇다. 그러나 그까진 것이 무엇이 그리 긴한 것이랴. 오직 그가 사랑하던 동포의 자손들이 사당을 짓고 춘추 제향을 지내엇다. 그 때에 적을 보면 달아나거나 적에게 항복한 무리들이 다 정권을 잡아 삼백년 호화로운 꿈을 꾸는 동안에 조선의 산에는 나무 한포기 없어지고 강에는 물이 마르고 백성들은 어리석고 가난해졌다. 그가 돌아간 지 삼백 삼십 사년 사월 이일에 조선 오백년에 처음이오 나종인 큰 사람 리순신(충무공이란 말을 나는 싫어한다. 그것은 왕과 그 밑에 썩은 무리들이 준 것이기 때문에)의 슬픈 일생을 그리는 붓을 놓는다."

충무공 유적보존운동은 전국적인 호응을 얻어 성공적으로 마무리되었다. 성금 16,021원30전으로 사당 및 영정을 모시고 남은 돈 386원 65전은 현충사 기금으로 하여 동년 6월 5일 송진우, 백관수(白寬洙), 유억겸(兪億兼) 등이 참석하여 영정 봉안식을 가졌다.

충무공 영정은 동아일보 전속화가 청전(靑田) 이상범(李象範, 1905~1972)이 그렸다. 그때까지는 충무공의 영정이 없어 전국 여기저기를 돌아다니고, 보급망을 통해서도 자료를 수집하면서 사학자들의 의견도 참고하여 영정을 완성했다.

영정에는 단기 연호와 화가의 이름을 써 넣으려 했다가 편집국장 이광수와 이상범은 일제의 탄압이 있을 것을 우려하여 영정의 뒷면 부벽 속에 넣고 봉함했다.[4] 이상범이 그린 영정의 뒷면에는 햇빛을 보지 못한 단기 연호가 남아 있을 것이다.[5] 이상범은 1927년 10월 동아일보에 입사하였는데, 일장기 말소사건으로 1937년 5월 퇴사했다가 광복 후에 재 입사했다.

1932년 6월 5일에 사장 송진우가 참석한 가운데 전국에서 3만여 명이 운집하여 영정봉안식과 현충사 낙성식을 거행하였고, 이듬해 6월 2일에는 통영 한산도에서 사장 송진우와 서울현충사보존회 백관수가 참석한 가운데 영정 봉안식과 제승당 중건 낙성식이 거행되었다.[6]

이순신 단행본. 충무공 유적보존운동을 벌이면서 연재했던 역사소설 「이순신」(1931.6.20.~1932.4.3., 178회). 단행본으로 출간되었다.

4. 이상범. 「동우 회고실」. 1963.12. p.13.
5. 청전 이상범이 그린 영정은 고증이 부족하다는 이유로 1949년에 충무공기념사업회 편집위원(위원장 이은상)들이 이당 김은호 화백(以堂 金殷鎬 畵伯)에 의뢰하여 두 폭의 영정을 그리게 하여 조복 화상은 현충사에 모셨다가 순천 충무사로 옮겼으며(불의의 화재로 영정 소실) 갑주 입상은 한산도 영정각에 모셨다. 현재 현충사의 영정은 유성룡의 징비록에 나타난 고증에 입각하여 1953년에 월전 장우성 화백(月田 張遇聖 畵伯)이 그린 것으로 1973년 10월 30일 표준영정으로 지정되었다.
6. 「한산도 상의 일대 성의(聖儀). 참배군중 수만명, 동해의 창랑에 넘치는 인파. 충무공 영정봉안식」, 동아일보 1933.6.4.

브나로드 운동

총독부의 조선어 말살정책

개화기 이래 언론이 벌인 구체적인 실천운동 가운데 가시적인 성과를 나타낸 대표적인 캠페인이 1907년에 시작된 국채보상운동과 1920년대 후반부터 30년대 중반까지 동아일보와 조선일보가 펼친 문자보급, 문맹퇴치 운동이었다. 문자보급운동은 일제시대 언론이 벌인 지속적이고 조직적인 전국 규모의 문맹퇴치와 민중 계몽운동이었다. 조선인구의 90%에 달하는 문맹을 타파하고 한글을 보급하여 민족정신을 선양하려는 실천적인 항일운동이었다.

문자보급운동은 일제의 민족 말살정책이 강도를 더해가면서 3·1운동 이후 한때 고조되었던 항일운동이 침체되던 시기에 문화운동의 형태로 전개된 민족운동이었다. 동아일보와 조선일보는 전국의 지사 지국을 통한 조직을 활용하고 방학 때에는 귀향하는 남녀 학생을 동원하여 이 운

동아일보가 무료로 배포한 「신철자편람」과 「한글공부」 교재.

동을 대표적인 민족운동으로 확산 시켰다.

　조선 동아 두 신문사에서 운동을 전개하던 무렵에 국내외적으로 긴장과 위기감이 감돌고 있었다. 1927년에 신간회가 창립되어 민족운동의 단일전선을 지향했으나 괄목할만한 활동을 벌이지는 못하고 있었다. 유럽에서는 독일 나치 세력의 약진으로(1930) 세계정세는 전쟁 발발의 긴장이 높아갔다.

　미국은 대공황(1929)의 고통을 겪고 있었고, 일본은 미국에 앞서 1927년 3월부터 공황이 몰아쳐서 일본 정부는 4월 25일에 지불유예령[모라토리엄]을 실시하여 조선의 재계에도 심각한 경제적 타격이 불어 닥쳤다.[7] 제1, 2차 조선공산당 사건(1925, 1926), 광주학생운동(1929), 만주사변(1931) 등을 거치는 동안 총독부의 식민지 통제는 도를 더해가는 상황이었다.

　일제는 한국어를 말살하는 민족 말살정책을 추진했다. 일어를 '국어'

---

7. 「일본 재계 혼란으로 조선 상계에 대공황」, 동아일보, 1927.4.23.; 「재계 혼란과 전황(錢慌)」, 중외일보, 4.24 ; 정진석, 『일제시대 민족지 압수기사 모음』 I, LG상남언론재단, 1998, pp.435~436.

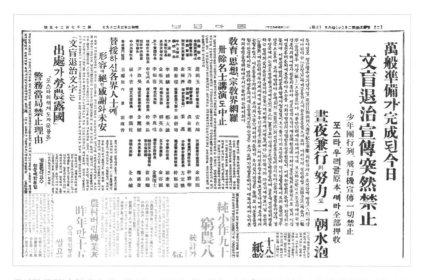

금지된 글장님 없애기. 동아일보는 1928년 4월 1일을 기해 「글장님 없애기 운동」을 벌일 것을 선언하였으나 총독부는 이를 금지하였다. 동아일보 1928.3.29.

라 하여 학교 교육의 현장에서 일어를 강요하고 한국어 사용을 금지하였다.

조선일보는 창간직후 1920년 5월 1일자에 「교육용 일본어에 대하여」라는 논설을 통해서 조선인에게 조선어를 학습시키지 않고 어린아이에게도 일본어를 교육하기 때문에 우리 고유의 정신이 파괴되고 일본의 단점만을 본받게 되는 현실을 통탄하면서 교육용 일본어를 폐지할 것을 주장했다가 총독부의 압수처분을 받았다.[8] 동아일보와 조선일보가 조직적인 문자 보급운동을 펼친 시대상황은 이러했다.

---

8. 정진석 편. 『일제시대 민족지 압수기사 모음』, 1. LG상남언론재단. 1998. pp.704~705.

문자보급운동을 시작하기 전에 동아일보는 「식자(識者)운동. 낙오의 설치(雪恥)는 문맹타파로」라는 기치를 내걸고. 20개 보통학교 선생을 초청하여 한글과 숫자 계산법을 가르칠 방법을 토론했다.(1931.1.1.)

문자보급운동이 본격화했던 1930년 무렵의 조선 인구는 2천만이 약간 넘었는데 1천7백만 명 가량이 문맹이었다. 학교에 입학할 나이가 되지 않은 학령미달 어린이를 약 2백만으로 잡고 늙거나 중년 이상 부녀자로서 문자를 깨우치기 불가능한 사람을 1백만으로 추산하더라도 1천4백

동아일보 브나로드운동 포스터.

만 명에 이르는 인구가 문맹이었다.[9] 그러므로 학령 아동과 성인을 위한 문자보급운동은 시급한 실정이었으며 신문사가 벌인 문맹퇴치운동은 중요한 민족적 당면 과제였다.

금지된 '글장님 없애기 운동'

동아일보는 1928년 4월 1일을 기해 '글장님 없애기 운동'을 벌일 것을 선언하였다. 이광수는 신병으로 그 전해 9월 10일 편집국장을 사임하고 편집고문으로 전임한 상태였다. 후임 국장은 김준연(金俊淵, 1927.10~1928.5 재임)이었고 한 달 동안 주요한(1929.11~12)이 재임한 뒤에 건강을 회복한 이광수가 다시 편집국장을 맡는다. 글장님 없애기 운동은 이광수가 신문사 휴직 중 김준연 국장 재임 시기에 발표되었지만 이광수가 기획한 사업일 것이다. 동아일보의 3월 16일자 사고(社告)는 다음과 같다.

"고상한 학문과 해박한 지식은 고만두드라도 쉬운 글자나마 알아보

---

9. 안재홍, 「1천 4백만 문맹과 대중문화운동」, 『삼천리』, 1931.9. p.3.

이광수 저, 「한글강습 교재요령」 총독부의 출판허가증.

아야 되겠습니다. 조선문으로 편지 한 장 쓰지 못하고 심지어 상회의 간판과 정거장 이름 하나 몰라본다는 것은 얼마나 답답한 일입니까. 기막힌 노릇입니까. 이와같이 가이업슨[가엾은] 동포가 우리 조선에는 얼마나 많습니까. 어찌하면 우리는 하루 바삐 이 무식의 지옥에서 벗어날가. 어찌하면 이 글장님의 눈을 한시 바삐 띄어볼가. 이에 본사에서는 창립 팔주년 기념사업의 하나로 사월 일일을 기회삼아 글장님 없애는 운동을 일으키고저 합니다. 경성 본사를 비롯하야 전 조선 삼백여처 지분국을 총동원으로 방방곡곡에 문맹타파의 횃불을 높이 들까 합니다…"

동아일보는 3월 17일자 사설 「문맹퇴치의 운동」에서 모음 10자, 자음 14자를 합쳐 24자의 간명한 과학적 문자를 조상으로부터 물려받았음에도 불구하고 우리 민족의 9할이 문맹으로 있음은 일대 민족적 치욕이므로 거족적으로 문맹퇴치 운동에 앞장서게 되었다고 취지를 밝혔다. 동아일보는 운동을 시작하면서 50원의 현상금을 걸고 문맹퇴치가(文盲退治歌)를 모집하고 3월 25일부터 29일까지는 연일 사회면 머리에 글장님 없애기 운동의 행사계획을 소개했다.

문맹퇴치운동의 구체적인 실천방법으로는 본사와 지·분국에서까지만반의 준비를 갖추었다. 전국에 선전 포스터를 걸고 소년단의 시가행진, 비행기를 동원한 전단의 공중살포, 인력거와 자전거에 꽂고 다닐 선전깃발, 독자들에게 배부할 한글원본 등을 준비했다. 4월 2일에는 교육, 종교, 사상, 언론계 등 각계 일류명사 30여 명을 초빙하여 강연회를 열 계획이었다.

연사는 조병옥(趙炳玉), 민태원(閔泰瑗), 이종린, 윤치호(尹致昊), 최두선(崔斗善), 안재홍(安在鴻), 홍명희(洪命熹), 최현배(崔鉉培), 최남선(崔南善), 김기전(金起田), 방정환(方定煥), 유각경(兪珏卿), 권덕규(權悳奎) 등 국어학계의 권위자들과 언론인을 비롯하여 사회적으로 명망이 높은 지도자들이었다.[10]

그러나 총독부는 운동을 시작하기 직전인 3월 29일 금지명령을 내렸다. '문맹퇴치'라는 표어가 러시아로부터 번져 나왔으며 포스터에 붉은 근육의 노동자를 그려 넣어 공산주의적 색채가 풍긴다는 이유였다. 또한 옥외의 소년 집회나 가두행렬은 청소년들에게 좋지 않은 영향을 준다는 이유를 들어 이 운동을 일체 금지한다고 통지하고 「우리글 원본」도 압수하였다. 이로써 문자보급운동의 첫 시도는 좌절되고 말았다. 총독부는 이 운동을 금지시켰다는 사실을 보도한 동아일보의 기사까지 압수하였다.[11]

한편 조선일보는 1929년 7월에 문자보급운동을 시작하였다. 조선일보는 7월 10일자 사설을 통해서 문자보급의 필요성을 역설했다. 문자보급을

---

10. 「교육, 사상, 종교계 망라, 30여 명 연사도 중지」, 동아일보, 1928.3.29; 정진석, 『일제시대 민족지 압수기사 모음』, pp.506~509.
11. 「만반 준비가 완성된 금일 문맹퇴치 선전 돌연 금지」, 동아일보, 1928.3.29.

위한 가장 현실적인 방안은 여름 방학을 맞아 귀향하는 학생들에게 한글을 가르치도록 하는 방법이다. 전국 각 면에 하나의 학교를 세우는 '1면 1교'의 실현, 보습(補習)교육의 확장, 잡종(雜種)학교 보습소 설치 등을 추진하는 일도 필요하다.

그러나 그러한 사업은 용이한 일도 아니고, 설사 설치가 되더라도 가난한 농촌에서 그 혜택을 얻기가 수월하지도 않다. 그러므로 학생들이 "순진 솔직한 봉사의 정신에 벅차서 그 지극한 동포애에 섬기는 성충(誠忠)으로 집안과 이웃과 및 가까운 동리의 사람들에게 간이한 한글 지식을 가르쳐 줄 것"이라고 주장했다.[12]

문자보급운동은 방학을 맞은 학생들이 고향에 가는 길에 하는 사업이므로 특별한 경비가 소요되지 않으며 신문사에서 제공하는 교재를 사용하여 자기 집이나 헛간 등 장소에 구애받지 않고 힘닿는 대로 몇 사람이고 가르칠 수 있기 때문에 가장 효율성이 큰 사업이라는 것이다.

동아일보가 1928년에 이 운동을 시작하려다가 총독부의 방해로 금지되었으나 이듬해에 조선일보가 먼저 사업을 벌이기 시작한 것이다. 이광수가 편집국장을 맡았던 시기인 1930년 4월부터 9월까지 동아일보는 정간상태였기 때문에 여름방학을 이용하여 벌이는 계몽운동을 시작할 수 없었다.

문자보급과 농촌계몽은 그 자체로서도 큰 의미를 지닌 민족운동이었지만 다른 한편으로 신문사의 입장에서는 판촉과 선전에도 도움이 되는 사업이었다.

---

12. 「귀향학생 문자보급반」, 조선일보, 1929.7.10, 사설.

브나로드(민중 속으로) 운동. 1931년부터 동아일보는 대대적인 계몽운동을 시작했다.

학생 계몽대, 강연대, 기자대

동아일보는 1928년에 시도했던 문맹타파운동은 금지 당했지만 1931년에
는 문맹타파를 비롯하여 농촌계몽운동으로 범위를 확대한 브나로드 운
동을 시작하였다. 이광수 편집국장 시기에 시작한 이 운동은 1934년까지
4 차례에 걸쳐 '학생 하기 브나로드 운동'을 전개하여 큰 성과를 거두었
다. 브나로드 운동은 1873년부터 1875년까지 러시아 지식층이 농민 속으
로 파고들어 벌인 계몽운동의 명칭으로 러시아어 '민중 속으로'를 뜻한다.

본격적인 운동을 시작하기 전에 동아일보는 같은 해 1월 1일 특집으
로 '식자(識者)운동, 낙오의 설치(雪恥)는 문맹타파로'라는 기치를 내걸고,
20개 보통학교 선생을 초청하여 좌담회를 열고 한글과 숫자 계산법을
가르칠 방법을 토론했다. 동아일보는『가정계몽 한글독본』(일명 한글천자)
을 4월 중에 발행할 계획을 발표했다. 이튿날인 1월 2일자 1면 사설「식
자(識者), 보건의 양 기치」를 통해서 앞으로 전개할 문자보급, 농촌계몽

운동의 중요성을 역설했다.

브나로드 운동은 한글강습 외에도 위생강연, 학술강연 등 광범한 계몽운동이었고 문맹타파가 주축이었다. 조선일보는 1929년부터 '귀향 남녀학생 문자보급운동'을 벌이고 있었다. 동아일보가 먼저 시도했다가 총독부가 금지한 이듬해에 조선일보는 이 운동을 펼치기 시작했으니 경쟁지의 독주를 동아일보가 방관할 수 없다는 입장도 있었다.

동아일보의 브나로드 운동은 편집국장 이광수의 역사관에 현실인식을 반영하여 실천적으로 구현한 사업이었다. 이광수는 오래 전부터 민중의 의식개혁, 농촌계몽을 기초로 민족의 역량을 증진할 꿈을 지니고 있었다. 1914년에 치타로 가는 도중에 블라디보스토크의 권업신문에 기고한 「독립준비하시오」를 비롯하여 치타의 대한인정교보에 게재하였던 논설과 1917년의 매일신보에 실린 「농촌 문제」, 개벽에 발표했던 「소년에게」와 「민족개조론」에서 일관되게 제시했던 농촌과 산업 부흥, 민족 개조의 계몽사상을 전국 조직을 갖춘 언론기관을 통해서 실천에 옮기고자 했던 것이다.

제1회 '학생 하기 브나로드 운동'은 1931년 7월 15일에 첫 「사고」가 나갔다. 동아일보는 이 운동을 다음과 같이 3개 대(隊)로 구분하여 추진하겠다고 밝혔다.

1) 학생 계몽대(중학 4-5학년생에 한함)

　① 조선문 강습, ② 숫자강습

2) 학생 강연대(전문학교 학생에 한함)

　① 위생강연, ② 학술강연

3) 학생 기자대

① 기행-일기, ② 척서(滌署)풍경, ③ 고향통신, ④ 생활체험

이 가운데 '학생 계몽대'는 중학교 4, 5학년생에 한하여 참가시키되 그 종목은 ① 조선문 강습, ② 숫자강습을 1주일 이상 시키는 것으로 교재와 대본은 동아일보가 제공하고 계몽활동의 성적에 따라 시상도 있을 예정이었다. 학생이 아닌 일반인들이 참가할 수 있는 길도 열어놓아서 이들은 「별동대」라는 명칭으로 참여할 수 있도록 했는데, 제2회부터는 학생 계몽대를 폐지하는 대신 별동대를 모집하여 각 지방 종교단체, 수양단체, 문화단체(서당 등 포함)도 참여할 수 있도록 하였다.

브나로드의 구호는 "배우자! 가리키자! 다함께!"였다. 학생 계몽대의 교재는 이윤재(李允宰, 국어학자 1888~1943) 편 「조선어 대본」과 백남규(白南奎, 수학자겸 언어학자) 편 「숫자대본」이었다.[13] 이 교재는 현재 보존된 실물을 찾을 수 없지만 이 해 2월 21일자로 총독부에서 발급한 출판허가 통지서가 남아있다. 이 서류에 의하면 출판허가를 받은 원고는 내용을 보태거나 빼지 못하며 출판이 되면 경무국 도서과에 납본하도록 규정하고 있다.

첫 해인 1931년에는 7월 21일부터 9월 20일까지 62일 동안 계몽요원 423명이 142곳 강습지를 순회하면서 강습을 실시하였다. 어떤 지역에서는 브나로드 운동을 확대하여 야학원으로 개편하고 보통학교 4년 과정을 3년만에 끝내겠다는 의욕을 보이기도 했다.

그러나 고달픈 노동을 끝낸 저녁에 1시간에서 2시간씩 매일 공부를 하

---

13. 「한글, 숫자 양 대본 각지에 일제 배부」, 동아일보. 1931.7.28.

현진건 이광수 방인근. 왼쪽부터 소설가이자 동아일보 사회부장 현진건은 편집국장 이광수를 대신하여 1932년 6월에 단군 성적(聖跡) 순례단을 인솔했다.

자니 힘이 들었다. 하루 이틀 지나는 동안에 20여 명이던 수강생이 7명으로 줄어들었다. 수료일자를 연기하는 경우도 있었다.[14) 지방에서는 경찰의 방해도 있었다.

『사상계』를 발행하여 잡지 저널리즘을 통한 민주화 운동으로 신화적인 발자취를 남긴 장준하(張俊河)도 문자보급운동에 참여했다. 장준하는 14살 되던 해인 1932년 봄 평양 숭실중학교에 입학했는데, 여름방학을 한 달쯤 앞둔 어느 날 학교 게시판에 동아일보의 제호와 마크가 새겨진 한 장의 포스터가 나붙어 있었다. 브나로드운동에 참가하라는 내용이었다.

그는 중학교 3년 동안 여름방학이면 현지 순사의 감시를 받으면서 마을 사람들을 모아놓고 한글을 가르쳤다. 이때가 장준하의 일생을 기초지어준 아주 중요한 계기가 되어 신문에 큰 관심을 갖게 되었다.(장준하, 「일시민이 읽은 30년간의 신문」, 「민족과 자유와 언론」, 일조각, 1963, pp.351~365)

---

14. 「제 1회 학생 브나로드운동, 용인군 덕성리」, 동아일보, 1931.9.8.

농촌계몽 문자보급

농촌계몽 소설 「흙」

이광수는 연재소설 「이순신」(1931.6~1932.4.3, 178회)을 끝낸 지 9일 뒤 1932년 4월 12일부터 「흙」(~1933.7.10, 271회)을 연재하기 시작했다. 농촌 계몽 브나로드 운동을 그린 캠페인 소설이다.

농촌계몽운동 소재 장편소설은 「흙」을 효시로 심 훈(沈熏, 1901~1936) 의 「상록수」로 이어졌다. 동아일보는 1935년 창간 15주년 장편소설 특별 공모를 실시하였는데, 1935년 8월 13일자에는 소설 공모의 취지와 선후 평이 실려 있다. "첫째, 조선의 농·어·산촌을 배경으로 하여 조선의 독 자적 색태와 정조를 가미할 것, 둘째, 인물 중에 한 사람쯤은 조선 청년 으로서의 명랑하고 진취적인 성격을 설정할 것, 셋째, 신문소설이니 만 치 사건을 흥미 있게 전개시켜 도회인 농·어·산촌을 물론하고 열독할 것"을 강조하고 있다.

이때 당선 소설이 심훈(沈熏, 본명 沈大燮)의 「상록수」였다. 이 소설은 1935년 9월 10일부터 1936년 2월 15일까지 동아일보에 연재되었다. 심훈은 심우섭의 동생이었다. 1916년에 이광수를 경성일보 사장 아베 미쓰이와 연결해 준 인물이 심우섭이었다. 「흙」은 문학사에 큰 영향을 미쳤다. 심훈의 「상록수」, 김유정의 「봄봄」(1935), 이태준의 「농군」(1939), 박화성(朴花城)의 「고향 없는 사람들」(1936) 등과 함께 농민문학을 대표하는 작품이었다.

동아일보의 브나로드 운동은 대중적 지지를 얻으며 본격화되었다. 2차 연도에는 브나로드 운동을 시작하기 전인 5월 14일 서울 소재 중등 이상 남녀 학교 교장을 초청하여 운동 방법을 토의하고 의견을 청취하는 자리를 마련하였다.[15] 제2회 브나로드 운동 출범식은 7월 18일 저녁 8시 서울 공회당에서 열렸는데 출동대원 500여 명과 사회 각 분야의 유지들이 참석했다. 편집국장 이광수는 운동 실천에 주의할 다섯 가지를 당부했다.[16]

① 지방에 있는 동지들과 협력하여 운동을 건실하게 할 것.
② 글과 세음(數) 이외에는 아무런 것도 이 운동에 혼합하지 말 것.
③ 지방 지국의 알선을 받아 당국의 허가를 얻은 후에 할 것.
④ 이 운동은 동포에 대한 봉사이므로, 그 정신은 민중정신의 기초가 되니 특히 품행에 주의 할 것.
⑤ 건강에 주의할 것.

---

15. 「전조선 학생이 봉화 들 본사 브나로드 운동」, 동아일보, 1932.5.16.
16. 「실지운동에 다섯 가지 주의」, 동아일보, 1932.7.18.

「흙」은 농촌계몽 브나로드 운동을 그린 캠페인 소설이다. 이광수의 「흙」을 효시로 농촌계몽운동 소재 장편소설은 심훈의 「상록수」로 이어졌다. 1935년 동아일보 창간 15주년 장편소설 특별 공모를 실시하였을 때에 당선 소설이 「상록수」이다.

이광수의 다섯 가지 주의 사항은 총독부의 탄압을 우려했기 때문이었다. "글과 세음[산수] 이외에는 아무런 것도 이 운동에 혼합하지 말 것"과 "지방 지국의 알선을 받아 당국의 허가를 얻은 후에 할 것"이라는 항목은 젊은 학생들이 혹시라도 과격한 방법으로 추진하거나 직접적인 항일운동으로 전개할 경우에 있을 총독부의 탄압을 염려한 것이다. 실지로 여러 지방에서 경찰이 운동을 금지시키는 일도 있었다. 그러므로 어디까지나 합법적으로 추진하여 장기적인 성과를 거두고 총독부의 탄압을 피할 수 있도록 하자는 전략이었다.

이해 10월 14일에는 배재고보 강당에서 1천5백여 명의 대원이 참가한

가운데 위안의 밤을 가졌다.[17]

계몽운동대로 명칭 변경

제3회 째인 1934년부터는 브나로드 운동의 명칭을 「계몽운동대」로 개칭하였다. 5월 6일 서울 시내 각 전문·중등학교 교장 20여 명을 초청하여 의견을 교환한 끝에 내린 결론이었다. 브나로드라는 러시아 말이 알아듣기 힘들다는 교장들의 의견을 받아들인 것이다.[18]

동아일보는 「한글공부」와 「일용계수법」 60여만 권을 전국에 배포하였다.[19] 6월 30일 저녁 서울 공회당에서 열린 하기 학생 계몽대 동원식에 참석한 편집국 차장 설의식(薛義植)이 '7대 지시사항'을 시달했는데 문자보급이라는 운동 본래 취지에 충실할 것을 강조했다. 계몽운동의 범위를 분명히 알아서 문자보급에 국한 할 것, 현지에서는 경찰 당국이나 행정당국의 양해를 구하고 동아일보 지국·분국의 협조를 받을 것 등 2년 전에 이광수가 지시한 내용과 같은 취지였다.

특히 "교재에 보인 것 이외에는 일체로 말하지 않는 것이 좋다. 우리의 사업을 이해하는 데 있어서는 더 설명하지 않아도 잘 이해할 것이다."라는 당부는 동아일보가 2년 전 이광수가 제시한 방침을 유지하면서 운동을 계속하고 있었던 사정을 보여준다. 사장 송진우도 식사에서 "각 방면의 오해를 받지 않는 것이 좋고 어떻게든지 모르는 사람에게 글을 가르

---

17. 「문맹전선의 개선용사, 일당에 회합한 위안의 밤」, 동아일보. 1933.10.15.

18. 「시내 각 학교 교장 초청 계몽운동 근본책 협의」, 동아일보. 1933.5.9.

19. 동아일보. 1934.9.19.

치는 데만 목표가 있기를 바란다"고 같은 취지를 강조했다.[20] 동아일보는 1931년부터 1934년까지 4년에 걸쳐 약 10만 명의 문맹자에게 강습을 실시하는 일대 민중운동으로 전개되어 큰 성과를 거두었다.[21]

이광수가 편집국장 재임 중에 벌인 브나로드운동 3년과 '계몽운동대'로 명칭을 바꾼 1934년까지의 성과를 정리하면 다음과 같다.

연도별	1회(1931)	2회(1932)	3회(1933)	4회(1934)	합 계
운동기간	62일간 (7.21–9.20)	82일간 (7.11–9.30)	81일간 (7.12–9.30)	73일간 (7.2–9.12)	298일
개강 총일수	2,289일	8,182일	6,304일	3,962일	20,737명
계몽 대원수	423명	2,724명	1,506명	1,098명	5,751명
강습지	142곳	592곳	315곳	271곳(만주29, 일본 7 포함)	1,320곳
수강 총인원	9,492명	41,153명	27,352명	20,601명	97,598명
교재 배부수	30만 부	60만 부	60만 부	60만 부	210만 부
경찰의 금지	11개 처	69개 처	67개 처	33개 처	180개 처
중지	–	10개 처	17개 처	26개 처	53개 처

교재 「한글공부」, 「일용계수법」

동아일보는 학생 계몽대용 교재를 「한글공부」와 「산수교재」(일용계수법)로 나누어 2개의 책자로 만들었다. 판형은 「한글공부」 13×19㎝로 B6판(46판) 24쪽, 「일용계수법」 22쪽이었다.[22]

---

20. 「7대 지시사항, 본사 편집차장 설의식씨」: 「글 가르치기를 최고의 목표로, 본사 송사장 식사」, 동아일보, 1934.7.1.

21. 『동아일보 사사』, 권1, 동아일보사, 1975, pp.335~346.

22. 자세한 내용은 정진석 편, 『문자보급운동교재, 조선일보·동아일보』, LG상남언론재단, 1999 참고.

이윤재(李允宰)의 「한글공부」는 홀소리 10자와 닿소리 14자를 한 페이지에 넣고 1과에서 11과까지는 단음으로 된 단어와 2음절 또는 3음절로 된 단어에서 시작하여 점차로 수준을 높여 문장을 이해하도록 만들었다. 12과부터는 재담, 속담, 노래에 이어 한석봉의 이야기까지 읽을 수 있도록 하였다. 끝으로 조선의 지리와 역사를 간단한 문장으로 만들어서 글자를 깨우친 사람들이 조선 13도와 산과 강의 이름을 배우게 하고 고구려 백제 신라에서 발해, 고려, 조선의 시조와 위인을 소개하였다. 마지막에는 문맹 타파가를 실어 소리내어 노래 부르면서 기역, 니은을 외우도록 하였다.

백남규의 「일용계수법(日用計數法)」은 수(數) 노래를 곡조에 맞춰 부르도록 악보와 함께 싣고, 숫자에 대한 개념을 가르치는 단계에서 시작하여 가감승제의 계산법과 수를 가로로 쓰는 법, 세로로 쓰는 법 등을 가르치는 방식으로 구성되었다.

이 교재는 1931년 7월 26일 초판 발행 후 1932년 6월 1일 정정 재간(再刊), 1933년 7월에는 3간 발행으로 되어 있다.[23] 그 외에도 동아일보에서 여러 차례에 걸쳐서 교재를 발행하였다는 기록이 남아있다. 동아일보가 보관한 자료에 의하면 총독부의 발행허가를 받은 교재는 다음과 같다.

① 1931년 2월 21일 「가정계몽 한글 독본」(저작자 沈宜麟)
② 1931년 7월 23일 「한글강습 교재요령」(저작겸 발행자 李光洙)

---

23. 동아일보, 1999년 4월 2일자 참조.

③ 1932년 6월 29일 「한글공부」(저작자 李允宰)

④ 1933년 6월 10일 「한글공부」「일용계수법」(저작겸 발행자 宋鎭禹)

동아일보는 1931년과 1932년에는 조선어학회의 후원으로 저명한 국어학자들을 총동원하여 '하기 한글강습회'를 개최하여 한글을 옳게 이해시키도록 노력했다. 1933년 4월 1일에는 창간 일을 맞아 부록(지령 4,416호)으로 「신철자 편람」을 배포했다.

부록은 책자 형태로 만든 것이 아니라 전지(全紙) 한 장에 인쇄하여 독자들이 접어서 책으로 만들도록 편집한 것이다. 표지를 합쳐서 28페이지인데 새로 제정된 철자법을 소개하면서 구 철자와 신 철자를 비교할 수 있도록 2단으로 조판하여 이용에 편리하게 하였다. 마지막 페이지에는 신구 철자로 된 문장을 예문으로 대비하였다.

1933년 10월 29일에는 제 487주년 한글날을 맞아 조선어학회의 「한글마춤법 통일안」 20만부를 인쇄하여 국내뿐 아니라 만주 일본 등지에까지 널리 배포하였다. 이번에도 전지(全紙)에 인쇄하였는데 46판 32쪽 분량에 한글 맞춤법 통일안을 모두 수록하였다. 이 통일안이 제정되기까지의 경과를 「머리말」에서 밝히고 있다.

전문 학자들이 3년에 걸쳐 433시간이 소요된 125회의 회의를 가진 끝에 확정한 맞춤법이었다. 당시에는 한글날을 10월 29일로 기념하였으며, 맞춤법을 '마춤법'으로 표기했다.

총독부 방해로 중단

문자보급운동은 일제 치하에 발행되던 동아, 조선 두 신문사가 벌인 민족 계몽운동이었다. 동아일보는 "민족적 모든 생활의 원동력이 지식에 있다"는 사실을 강조하면서 이 운동은 글 모르는 개인의 문제가 아니라 글 모르는 민족의 문제이며 문맹퇴치는 민족적 모든 사업의 기초가 되는 것이라고 지적했다.[24] 조선일보는 이 운동을 홀로 조선이라는 조그마한 사회에 대한 헌신적 봉사이며 나아가서는 세계 전 인류의 안녕과 행복에 대한 헌신적 봉사로 규정했다.[25] 이 운동 참여 학생은 봉사정신을 기를 뿐 아니라 자기계발의 효과도 크다는 사실도 강조한 것이다.

그러나 총독부는 두 신문사의 문자보급운동을 처음부터 달갑게 여기지 않았다. 동아일보는 1931년 첫 해에 강습회를 연 142개 처 가운데 11 곳이 금지 당했다.[26] 이듬해 제 2회 운동을 시작할 때인 5월 17일에는 「학교와 학생에 고함」이라는 사설을 실었으나 총독부는 후반부 일부를 삭제하였다. 지방에 따라서는 집회허가를 제때에 내주지 않거나 금지 또는 중지시키는 경우도 있었다.[27]

마침내 1935년 여름방학부터는 동아, 조선 양 신문사가 문자보급운동을 동시에 중단하지 않을 수 없었다. 총독부의 압력으로 학생 동원 계몽운동은 계속할 수 없었기 때문이다. 그러나 조선일보는 1935년 12월에 교재 10만 부를 인쇄하여 각지에 배포하였고, 1936년 12월에는 50만 부를 배포하였다. 이전과 같은 방법으로 계몽운동을 벌이기 어려웠기 때문에 농한기를 이용하여 교재를 배포하고 겨울방학에 귀향하는 학생들이

---

24. 「브나로드 총동원에 참가하자」, 동아일보, 1932.6.24, 사설.

25. 「문보전사(文普戰士)의 출진, 반 만명 학도에게 정(呈)함」, 조선일보, 1934.7.21, 사설.

26. 「금년 하기 이용 제1회 브나로드운동 총결산」, 동아일보, 1931.10.21.

27. 「제2회 브나로드 운동의 성과」, 동아일보, 1932.10.6, 사설.

자율적으로 계몽운동을 계속하도록 하였던 것이다.

　1933년 7월 11일 이광수는 평양에서 동아일보 지·분국(支分局)대회를 마친 다음에 고향인 정주에 들러서 저녁 9시부터 10시 반까지 열린 강연회에서 청중 1천여 명을 상대로 「새로 일어나는 세계의 사조」를 연제로 강연했다. 열광적인 환영에 이어 유지 30여 명의 환영회가 이어졌다.[28] 연재소설 「흙」은 전날인 7월 10일에 끝났던 시점이었다.

　8월 2일에는 만주 다롄(大連)에서 일본 전국신문협회대회가 개최되었는데, 이광수는 조선일보 편집국장 김형원(金炯元, 1900~1950, 납북)과 함께 총회에 참석하였다가 만주 지방 여러 곳을 돌아보고 왔다. 여행기 「만주에서」는 동아일보에 5회 연재했다.(8월 9, 10, 18, 20, 23) 『삼천리』 8월호 좌담회 「재만(在滿) 동포문제」에도 참석하여 느낀 바를 밝혔다.

---

28. 「이광수씨 강연 정주에서 성황」, 동아일보, 1933.7.13.

서재의 이광수. 동우회사건 재판에 계류 중인 1938년.

| 6장 |

조선일보
부사장

사장 방응모의 혁신작업

조선일보 증축, 증액, 증면

이광수는 1933년 8월 10년 넘게 몸담았던 동아일보를 떠나 조선일보로
옮겼다. 동아일보 '촉탁기자'로 발령받아 처음 입사한 때는 1923년 5월
16일이었고, 퇴사와 입사를 반복하거나 발병으로 휴직을 하면서 편집국
장 두 차례, 소설 13편 연재를 비롯하여 논설, 르포기사, 기행문, 시, 시
조 등 수 많은 글을 발표하였다.

이광수는 동아일보의 논설, 사설, 소설, 횡설수설을 써 "신문의 4설(說)
을 도맡았다."는 평을 들었을 정도였다. 그의 소설 때문에 신문을 구독하
는 독자도 많았다. 이처럼 동아일보를 대표하는 언론인으로 세상에 널리
알려진 이광수가 경쟁지 조선일보로 옮긴 것이다. 다른 신문으로 자리를
바꾸는 기자는 많았지만 널리 알려진 거물 이광수가 경쟁지로 옮겨갔으
니 큰 충격과 화제꺼리가 아닐 수 없었다.

이광수는 무엇 때문에 동아일보를
떠났을까. 사세가 동아일보에 뒤졌던
조선일보를 인수하여 과감한 혁신을 단
행하던 방응모(方應謨, 1883.9.29~1950
납북)와의 관계를 살펴볼 필요가 있다.
1933년은 신문 시장에 큰 변화의 바람
이 불고 있었다. 방응모의 조선일보 인수, 여운형의 조선중앙일보 사장 취
임에 이은 증면경쟁이 불붙은 시기였다.

조선일보는 창간 후 몇 차례나 주인이 바뀌었다. 1930년대에 접어들
면서 경영은 난맥상을 드러내었다. 경영권 장악을 둘러싸고 두 파로 갈라
져서 내분이 격화되어 신문이 발행되지 못하는 사태까지 벌어졌다. 1932
년 11월에는 조만식(曺晩植, 1882~1950)이 제8대 사장에 취임하여 부사장
임경래(林景來), 전무 조병옥(趙炳玉, 1894~1960, 정치가), 편집국장 주요한
으로 진용을 갖추었다. 하지만 경영난은 해소되지 않았다. 사장 조만식
을 필두로 조병옥과 주요한은 금광으로 거부가 된 방응모에게 조선일보
인수를 설득했다.

이런 과정을 거쳐 조선일보사는 1933년 1월 18일에 방응모를 주식회
사 창립위원장으로 선출하고 새로운 출발을 선언했다. 3월 22일 조만식
사장, 방응모를 부사장으로 선출했다가 7월 18일에는 방응모가 사장에
취임하면서 조만식을 고문으로 추대했다. 조선일보는 35일간 휴간 중이

조선일보 혁신기념호. 1933년 4월 26일자 지면 상단에는 사장 조만식과 부사장 방응모가 공동 취임 사를 실었다. 아래 오른쪽은 동아일보 사장 송진우, 왼쪽은 조선중앙일보 사장 여운형의 사진과 축사. 조선일보는 혁신기념호 100만 부를 독자들에게 무료 배포했다.

방응모 취임 전의 조선일보 임원. 왼쪽부터 한기악(편집국장) 안재홍(사장) 김준연(모스크바 특파원)

다가 4월 26일에 속간하면서 '혁신기념호' 100만 부를 발행하여 독자들에게 무료 배포했다. 혁신호 1면에는 사장 조만식과 부사장 방응모 두 사람의 이름을 나란히 하여 취임사를 실었다. 방응모는 혁신 작업을 과감하게 진행하였다. 4월 29일부터 조·석간제를 부활하여 조간 석간 각 4면으로 하루 두 차례 발행하기 시작하였다.[1] 조·석간제는 1924년에 처음 시행하였으나 중단과 발행을 거듭하다가 1929년에는 석간 8면 발행으로 고정되어 있었다. 조선일보가 하루 두 번 발행을 단행하자 동아일보도 6월 1일부터 조석간 4면 발행으로 대응하였다. 이에 조선일보는 지면을 더욱 늘려 9월 1일부터는 석간 4면, 조간 6면으로 맞섰다.

『조선일보 90년사』.상, 조선일보사, 2010, pp.289 이하 참고.

조선일보는 8월 20일자「사고」로 증면 계획을 보도했다. 조선·동아의 증면경쟁이 조석간 지면확대 전쟁으로 불이 붙은 것이다. 후발주자였던 중앙일보는 1933년 2월 16일 여운형을 사장에 영입하였는데, 3월 7일에는 제호를『조선중앙일보』로 바꾸고 기존의 동아, 조선을 상대로 경쟁에 뛰어들었다. 3개의 민간신문이 치열한 경쟁상태에 돌입한 것이다.

방응모는 8월 5일 태평로 1가 61번지에 새 사옥 정지공사에 착공했다가 10월 10일에는 공장 신축 정초식을 가졌고 9월 14일에는 법인등기를 마쳤다. 이리하여 착실한 토대에서 안정된 성장을 계속해 오던 동아일보와 새 주인을 맞아 공격적인 경영을 펼치는 두 신문이 선두를 다투는 형국이 전개되었다. 세간에서는 조선 동아가 세 분야에 걸친 경쟁을 벌인다 하여 3증(三增)이라 불렀다. 자본의 증액(增資), 사옥의 증축(增築), 지면의 증면(增頁)이었다.

평안도 중심 인재 영입

방응모는 증액, 증축, 증면 분야의 확장과 함께 인재 영입에 나섰다. 이광수를 비롯하여 유능한 언론인의 대거 영입이었다. 그래서 조선일보의 편집부 조직은 "가위 수상급 내각이요 황금내각이라 하리만치 신문사 창간이래의 초유의 광휘(光輝) 있는 조직이며 제(諸) 민간신문사의 필진중 가장 호화판에 속한다."는 평을 들었다.[2]

부사장 겸 편집국장 이광수, 주필 서춘, 편집국장 대리 주요한, 차장

2.「대란전 중의 동아일보대 조선일보 신문전」,『삼천리』, 1933.12(판권에는 10월호로 표시되어 있다), pp.32~33.

조선일보 편집간부. 앞줄 오른쪽은 주요한 조선일보 편집국장(1932~1933). 그 왼쪽은 이관용(편집고문). 뒤에 선 사람은 이관구(정경부장)

김형원, 외보부장 홍양명(洪陽明), 정치부장 함상훈(咸尙勳), 조사부장 홍기문(洪起文) 같은 쟁쟁한 논객 책사(策士)로 신문기자의 관록이 쌓인 사람들이 포진했다는 평이었다. 더구나 이광수 한 사람의 독자만 해도 1만을 헤아릴 수 있을 정도였고, 주필 서춘은 상공업계에서 명망이 높았다. 사설은 이광수, 주요한, 서춘, 함상훈, 홍양명, 홍기문, 문일평이 집필하고, 객원(客員) 격인 조만식, 취체역에 신태악(辛泰嶽), 홍명희는 빈객(賓客) 대우를 받았다. 소설 집필진은 이광수, 홍명희, 김동인, 이기영, 채만식이 있었다.[3]

방응모 인수 후 조선일보에는 평안도 사람이 너무 많아서 '평안도 기

3. 위의 글.

서춘. 조선일보 주필 겸 경제부장.

관지'라는 비판의 소리까지 나오게 되었다.[4] 사장 방응모, 부사장 이광수, 주필겸 경제부장 서춘까지 평안북도 정주(定州) 출신이고, 전무겸 편집국장 대리 주요한, 영업국장 김기범(金箕範)은 평양이 고향이었다. 취체역(이사) 고일청, 신태악, 김동원, 박흥식, 조만식, 최형직은 평안남도(평양) 아니면 평안북도 출신이었다. 그런데 이광수가 동아를 떠나 조선일보로 갔던 이유는 무엇일까.

첫째, 조선일보가 새 주인 방응모를 맞아 공격적인 확장정책을 펴기 시작했던 사정과 관련이 있었다. 조선일보는 동아일보와 같은 해에 출발하였지만 사주가 몇 차례 바뀌고 경영이 불안정했다. 이광수는 말했다. "정으로는 동아를 참아 못 떠나겠지만, 돌이켜 생각하면 동아는 주초(柱礎)도 잡히고, 완성하여가는 도중에 있는 공기(公器)니까, 나의 조그마한 힘이 아니라도 넉넉히 하여 나갈 줄 아나 조선은 아직 창업 초에 있어 힘과 정성을 다할 곳일 것 같아서 가기로 하였습니다."[5]

"창업 초에 있어 힘과 정성을 다할 곳"일 것 같다는 말은 방응모 체제로 새 출발하는 신문사에 가서 능력을 발휘해 보겠다는 포부였다. 김성수와 송진우가 확고한 자리를 잡고 있는 동아에서 많은 혜택을 입었지만 더 이상은 신문 제작을 주도하기 어렵다고 판단했을 수 있다. 더구나 자신

---

4. 황금산인, 「김성수냐 방응모냐, 전라도? 평안도? 동아·조선의 일기전(一騎戰)」, 『호외』, 1933, 창간호, p.12.

5. 「이광수씨와 교담록(交談錄)」, 『삼천리』, 1933,제5권 9호, pp.58~61.

의 소설이 절대적인 인기를 끌고 있다고 확신했던 이광수는 조선일보로 옮기더라도 독자들의 사랑을 받을 수 있을 것으로 판단했을 것이다. 편집국장이라는 중책을 맡은 채 쉬지 않고 소설을 연재했던 것은 그의 소설이 독자 유치에 큰 역할을 했기 때문이다. 소설 연재는 신문제작에 중요한 요소였다.

1930년 동아일보 편집국장 이광수.

둘째는 방응모와 주요한의 강력한 권유였다. 이광수는 "더구나 사장 방응모 씨라거나, 편집국장 주요한 군 그밖에 여러 동지의 관계로 보아 조선으로 아니 갈 수 없어 그리한 것입니다."라고 말했다. "내가 연전 동아일보를 나와서 조선일보로 간 것은 세상이 배신행위라고 비난하는 것도 당연한 일이다. 비록 내 내적 동기가 그렇지 않다고 하더라도 그것이 변명은 되지 아니하는 것이다. 설사 내가 조선일보로 간 것이 부득이한 사정이 있고 또 공적 견지로 보아서 죄 될 것이 없다하더라도 내 은인에 대한 배신 행동임에 다름없는 것이다."[6]

시간 여유, 경제적 안정

셋째는 이광수의 개인적인 시간 여유, 경제적 안정 등의 요인도 복합적으로 작용했다. 큰 병을 지니고 사는 체질에 바쁘게 돌아가는 신문사 업무와 소설 집필에 지친 이광수에게 이제 시간의 여유가 절실했다. 방응모는

---

6. 이광수, 「문단생활 30년의 회고」, 『조광』, 1936.6. p.121.

안창호 출옥. 왼쪽부터 여운형. 안창호. 조만식. 1935년 치안유지법 위반으로 투옥되었던 안창호가
출옥한 직후 위로하는 자리였다.

이광수의 부담을 덜어 주겠다고 약속했다. 이광수는 부사장과 편집국장
을 겸하는 중책을 맡았지만 소설 한 편 연재 외에는 칼럼 「일사일언(一事
一言)」만 쓰도록 방응모가 배려했다. 이광수의 바람이었다.[7]

> "소설 쓴 지 30년. 그러나 그동안 밥에 달리고 사무에 달린 몸이라 소
> 설 쓰는 것은 항상 여가를 타서 하는 부업에도 부업이어서 조용히 생각
> 하고 고치고 할 여유를 가져본 일이 없고, 그날 그날의 신문기사를 쓰
> 는 모양으로, 쓴다기보다 갈겨왔습니다. (중략) 이번 「그 여자의 일생」을

---

7. 『조선일보 사람들』, 일제 시대편. 랜덤하우스 중앙. 2004. p.314.

쓰기로 한 때에는 내가 지금 일 보고 있는 조선일보사와 사장의 호의로 넉넉히 생각하고 넉넉히 고칠 여유를 얻었습니다. 나는 날마다 반일(半日)을 이 소설을 쓰기에 바칠 시간을 가졌습니다. 이것은 내가 소설을 쓰는 일생의 처음 되는 기회로, 이 기회를 준 조선일보사와 사장께 대하여 깊이 감사합니다."(「그 여자의 일생」 작가의 말, 1934.2.16.)

경제적인 이유도 있었다. 서대문 자택은 은행 저당이 잡혀 있었고, 저서의 판권도 대부분 팔린[放賣] 상태였다.[8] 이광수가 동아일보에서 받는 급료는 사장 송진우(250원), 영업국장 양원모(梁源模, 170원)에 이어 사내 세번째로 많은 150원이었다. 편집국장 대리 설의식(薛義植)은 100원이었고 부장급은 80원 내지 85원으로 부장 중에 유일하게 조사부장 서 춘이 가장 많은 90원이었다. 평기자 최고봉은 김동진(金東進) 80원, 나머지는 모두 60원에서 75원 내외였다. 이광수는 사장 다음으로 많은 급료를 받을 수 있었지만 양원모보다 입사 경력이 짧아서 세번째가 되었다.

동아일보의 부장급은 초임 군수 월급에 맞먹는 수준이었다. 편집국장 이광수는 도(道)의 사무관이나 참여관 월급보다 높은 액수였다. 이광수가 동아일보를 떠나기 한 해 전에 『삼천리』 잡지가 보도한 급료실태였다.(삼천리, 「祕密探偵局」, 1932.9)

이광수는 신문사 급료 외에도 원고료, 인세 등의 수입이 있었지만 병원 입원비, 전지 요양비 등으로 많은 돈이 필요했다. 4년 후인 1937년에 동우회사건으로 구속되었을 때에도 병원비용과 생활비가 없어 평안도와

---

8. 「춘원 출가 방랑기, 조선일보 부사장 사임 내면과 산수방랑의 전후 사정기」, 『삼천리』, 1934.7. p.94.

최서해 3주기. 앞줄 오른쪽 다섯 번째가 이광수. 1934년.

황해도의 김석황, 김홍량 등에게 돈을 얻어서 연명할 형편이었다. 조선일보로 옮기는 조건으로 동아일보 이상의 급료를 제시했을 것은 짐작하기 어렵지 않다. 침체한 수양동우회에 활력을 불어넣기 위해 조선일보로 옮겼을 것으로 보는 견해도 있으나[9] 결정적인 동기였을지는 의문이다.

　김성수와 송진우로부터 많은 도움을 받은 이광수는 인정상으로는 동아일보를 떠나기 어려웠을 것이다. 이광수는 김성수를 인간적, 인격적으

---

9. "배신자라는 비난을 들어가며 조선일보로 옮긴 춘원의 내적 동기는 아마도 침체한 동우회에 활력을 불어넣기 위한 방도의 일환이었으리라. 이 명분이라면 어떤 비난도 능히 감수할 수 있는 사람이다. 조선일보의 부사장직을 가짐으로써 또 동지 주요한이 편집국장을 함으로써 그야말로 조선일보라는 대 사회적 공기를 배경으로 보다 적극적인 동우회 운동이 가능하다고 판단했을 것이다. 도산까지 수감되어 복역하고 있는 마당이어서, 춘원은 최후의 도박을 했는지도 모른다."(김윤식, 『이광수와 그의 시대』, p.219.)

로 신뢰하고 높이 평가했다. 김성수의 성공 요인 가운데 인격이 가장 큰 비중을 차지한다고 평했다. 재산의 뒷받침과 함께 그에게는 인격(또는 덕)이 있었기에 동아일보, 중앙고보, 보성전문과 같은 교육기관을 성공적으로 육성할 수 있었다는 것이다.[10] 동아일보를 떠난 지 6년이 지난 때인 1939년에 김성수에게 보낸 편지에도 고마움이 담겨 있다.

"산거에 일이 없어 고요히 생각하오매 오직 지난날의 잘못들만이 회한의 날카로운 칼날로 병든 심혼을 어이옵니다. 모두 모래 위에 엎지른 물이라 다시 주어 담을 길 없아오매 더욱 고민만 크옵니다. 형의 넓으신 마음은 벌써 광수의 불신을 다 잊어버리셨겠지만 어쩌다 광수의 생각이 나시면 유쾌한 추억이 아니실 걸 생각하오면 이 마음 심히 괴롭습니다…지난 48년간에 해온 일이 모두 덕을 잃고 복을 깎는 일이어서 형을 마음으로 사모하면서도 형을 가까이 할 인연이 항상 적사오며 은혜 높으신 형께 무엇을 드리고 싶은 마음 간절하오나 물(物)과 심(心)이 다 빈궁한 광수로서는 아무 드릴 것이 없는 처지에 있습니다. 광수로서 오직 한 가지 일은 늘 중심에 형을 념(念)하여 건강과 복덕(福德) 원만하기를 빌고 사람을 대하여 형의 감덕을 찬양하는 것뿐이옵니다. 오늘, 날이 청명하고 새소리 청아하옵니다. 아무 일도 없으면서 형께 편지 드리고 싶어 이런 말씀 아룁니다. 이만. 1939년 6월 17일 제(弟) 이광수 배상"[11]

---

10. 이광수, 「인물月旦, 김성수론」, 『동광』, 1931.8, pp.24~26.
11. 이광수전집 18권, 춘원 서간문, pp.366~367.

부사장 편집국장 학예부장 겸직

지면혁신, 내용혁신

방응모는 1933년 8월 23일자로 이광수를 조선일보 부사장에 임명한 뒤에 9월 14일에는 편집국장과 학예부장을 겸하는 3개 핵심 부서를 맡겼다. [12] 대중잡지 『삼천리』는 "춘원은 뭇소리니의 강인정치(强人政治)를 본바덧는지" 부사장 취체역 편집국장 정리부장 학예부장 하는 큰 자리[大役] 5~6개를 한 몸에 지녔다고 썼지만[13] 정리부장까지 겸했는지 확실한 공식기록이 보이지 않는다. 이광수와 함께 조선일보로 옮긴 서 춘은 "경제학계의 제1인자"로 "그의 경제학상의 온축은 아마도 현대 조선에서 첫 자리를 다툴만하다."(『동광』, 1931.7)는 평을 들었다.

---

12. 『조선일보 90년사』, 화보·인물·자료, 조선일보사, 2010, p.268 이하. 「역대 임원·간부사원 명단」, 같은 책 p.772에는 이광수의 입사 날짜를 8월 29일로 적고 있어 약 1주일의 시차가 있다.
13. 「유정(有情)한 이광수씨」, 『삼천리』, 1933·12(판권에는 10월호로 표시), pp.16~17.

이광수가 부사장을 맡은 이튿날부터 조선일보는 공세적인 혁신계획을 발표했다. 8월 24일부터 5일 동안 연속으로 내보낸 「사고」를 통해 다음과 같이 지면 혁신을 약속했다.[14]

8월 24일: 조석간 합쳐 1일 10면으로 지면을 확장한다. 하지만 구독료 (지가)는 1원을 그대로 유지한다. "이는 실로 조선의 신문계 에 있어서 파천황의 기록인 동시에 본보의 희생적 영단"이 라고 선전했다. 10면 증면은 4일 후인 28일자에 구체적인 계획을 다시 발표했다. 2 페이지는 간지(間紙)를 접은 타블 로이드로 제작하여 실질적으로는 12 페이지의 효과를 거둘 수 있다고 선전했다.

8월 25일: 지면확장에 이은 내용혁신. ①경제면 확충, ②산업란 신설, ③학예·가정란 쇄신, ④아동란 독립을 내세웠다.

8월 26일: 서울 시내와 인근 독자에게는 조간판을 야간에 배달. 이로 써 전세계의 중요 뉴스를 약 12시간 일찍 독자의 손에 들 어가도록 한다.

8월 27일: 8월 25일자에 이은 독자봉사 계획으로 ④백화 대리부 설 치, ⑤실비 진료권 발행, ⑥독자상담부 신설. 백화대리부는 우수한 생활용품을 독자들에게 저렴한 가격으로 편리하게 공급할 수 있도록 통신 소비조합을 형성한다는 계획이다.(8 월 25일자 4개 혁신계획에 이은 독자봉사 계획인데, 번호는 ⑤번부 터가 아니라 ④번으로 시작하였다)

14. 『조선일보 90년사』 상. 조선일보사. 2010. p.310.

이광수 부사장 취임. 조선일보는 혁신을 알리는 「사고」를 연일 실었다.

이같은 대대적인 지면개편은 이광수가 조선일보로 옮기기 전에 방응모와 사전 협의한 내용이었을 것이다. 방응모의 야심은 동아일보의 거물 언론인 이광수를 영입하여 지면을 일신하고 일거에 동아일보를 능가하고 말겠다는 목표였다. 신문인으로 경험을 쌓은 논객 이광수와 언론 경영에 처음 뛰어든 사주 방응모의 의욕이 맞아떨어진 결과였다.

이광수는 서양의 대중지와 같은 타블로이드 판형의 로컬 페이퍼를 구상하고 있었다. 일본의 경우는 정론 중심의 '대신문'이 아니라 '소신문'에 해당하는 신문이었다. 구독료를 싸게 하고 서울 각 동에 지국을 두고 "서대문 뉴쓰라든가, 동대문 뉴쓰라 하야 실리게 하고 판형[紙型]은 『동광』보다 좀 크게 4 페이지 신문으로 하고 정가는 25전 쯤 하고 그렇게 하면 틀림없이 성공합니다. '푸란크린신문'도 그러케 성공하지 않엇습니까."[15]라

---

15. 이광수가 말한 '프란크린신문'은 벤자민 프랭클린(Benjamin Franklin)의 The Pennsylvania Gazette(1728~1800)를 지칭했을 것이다.

고 말했다. 신문을 이렇게 만들면 첫째 구독료 수입이 용이하고 둘째는 독자를 많이 얻을 수 있다는 것이다. 서울 사대문 안 사람은 지방 사람이 상상하지 못하는 취향이 있다. 서울을 중심으로 개성, 인천, 안성, 의정부와 같이 서울과 인근 지역을 대상으로 신문을 발행하면 서울만으로도 3만부 이상 나갈 수 있다고 추산했다.[16] 조선일보로 옮기기 한 해 전인 1932년에 했던 발언으로 정치기사를 마음대로 쓸 수 없는 당시의 현실에서 차라리 지역독자의 관심을 끄는 신문이 현실적이라는 판단에서 한 말이었다.

그는 논설, 칼럼, 르포기사, 기행문에서 소설에 이르기까지 모두 전국의 독자를 대상으로 글을 썼지만 신문의 경영 현실은 정론신문보다는 지역독자의 관심을 끄는 내용으로 만들어 더 많은 독자를 확보할 수 있다고 말한 것이다.

---

16. 「신문경영·편집 좌담회」, 『동광』, 1932.7.

편집국 조직혁신

이광수는 조선일보 9월 17일자에 장백산인이라는 필명의 칼럼「일사일언」을 1면에 게재하기 시작했다. 같은 지면에는「본사 편집국 조직에 대하야」라는 박스기사를 통해서 이렇게 말했다.

"본사는 조선 신문계의 재래의 경험을 기초로 하고 내외 제 신문사 조직의 이론과 실제를 참작하야 단연히 편집국 조직혁신을 단행하였습니다."라면서 이는 취재와 편집의 기획화, 조직화, 국원의 능률증진과 부담의 균등을 주지(主旨)로 하였다고 밝히면서 조직의 역할을 소개했다.

주필: 5명의 논설위원회를 관장.

편집국장: 편집 차장

    A정리부장, 각 면 편집주임

    B취재부장, ①정치부장, 동 차석

           ②경제부장, 동 차석, 외근기자

           ③사회부장, 동 차석

           ④외보부장, 동 차석

           ⑤지방부장, 동 차석, 지방특파기자 및 지국통신원

    C학예부장, 동 차석

    D조사부장, 동 차석

    E교정반 주임, 교정반원

    F사진반 주임, 동 차석

    G검열위원

    H서무계

이광수와 김팔봉. 김팔봉(왼쪽)은 1930년에 조선일보 사회부장으로 입사했다.

신설한 주필 겸 경제부장은 동아일보 경제부장이었던 서춘이 임명되었다. 그는 이광수와 같은 고향인 평안북도 정주 출생이었다. 정추 출신이라는 지역 연고 외에도 이광수와 인연이 깊었다. 1912년 오산중학에 입학하였을 때 이광수는 교사로 근무 중이었다. 일본 동경고등사범학교, 동양대학 철학과, 교토제대 경제학과를 졸업하였다.

도쿄 유학시절인 1919년의 2·8 독립선언 주동 유학생 대표 11인의 한 사람으로 금고형을 받았다. 귀국하여 오산중학교 교사를 거쳐 1926년 10월 동아일보 입사 후 경제부장(1927.5~1932.4), 조사부장(1932.4~1933.6)을 맡았는데 경제평론가로는 제1인자라는 평을 들었다. 1933년 8월 29일 이광수와 함께 조선일보로 옮겨 주필 겸 경제부장에 임명되었다가 1934년 12월에 경제부장은 면하고 주필은 그대로 맡아 1937년 11월까지 재임

문석준. 조선일보 총무부장으로 입사(1933.2.12)하여 방응모의 경영권 인수에 핵심 실무 역할을 맡았다.

했다. 1940년 조선일보 폐간 뒤 9월 매일신보 주필을 맡았는데 재직 중에 사망했다.

이광수는 고정칼럼 「일사일언」(장백산인)을 쓰기 시작한 지 열흘 뒤인 9월 27일부터 장편소설 「유정」(1933.9.27~1933.12.31, 76회)을 연재했다. 1914년에 러시아 치타에서 『대한인정교보』를 편집하던 때의 시베리아가 후반부의 무대로 펼쳐지는 소설이다. 연재 시작 한 달 뒤인 10월 15일에는 사장 방응모와 함께 일본으로 건너가서 도쿄와 오사카의 대기업 광고주들을 만나고 11월 10일에 돌아왔다. 증면에는 광고도 비례해서 늘려야 할 필요가 있었다. 광고 유치를 위해서 일본의 대기업 광고 유치활동을 적극적으로 벌였던 것이다. 방응모의 일본 방문은 처음이었다.

편집간부와 총무국의 갈등

일본에서 돌아온 직후에 조선일보의 갈등이 표면화 되었다. 동아일보 출신 이광수, 주요한, 서춘 세 사람과 영업국장 김기범은 사장 방응모를 만나 총무국장 문석준(文錫俊)이 편집계통을 견제한다면서 불만을 토로하였다.[17] 동아일보의 안정된 경영과 편집에 익숙했던 이광수와 주요한은

---

17. 「방응모 사장과 흥사단계 간부, 과연! 정면충돌을 야기, 주요한 김기범 양씨는 사표를 제출코, 재래사원들은 신 간부 배척을 결의, 평온튼 조선일보 재차로 분규」, 『호외』, 1933. 창간호. p.56.

244 언론인 춘원 이광수

방응모 체제의 영업우선 조선일보에서 적응하기 어려웠던 것이다.

총무국장 문석준은 도쿄고등사범 출신으로 보성고등보통학교 교사로 근무하다가 조선일보 총무부장으로 입사(1933.2.12)하여 방응모의 경영권 인수에 핵심 실무 역할을 맡았던 인물이다. 문석준은 1936년 7월에 조선일보를 떠났고 광산업에 종사하였는데, 경성방국의 단파방송 밀청사건에 연루되어 복역 중 옥사했다.[18]

1934년 1월 14일 전무이사 주요한이 신문사를 떠났고,[19] 영업국장 김기범도 사표를 제출했으나 약 1년을 더 근무한 뒤에 12월 1일에 물러났다.[20] 이광수를 비롯하여 동아에서 온 편집 간부들이 영업국장 문석준을 견제하려 하였으나 사주 방응모가 문석준 편을 드는 상황으로 전개되었다. 긴장된 사내 분위기 속에서 1934년 1월 1일자로 이광수는 편집국장과 문화부장을 면하고 부사장직만 맡았다. 후임 편집국장은 김형원이었다.

18. 정진석, 일제말 단파방송 수신사건으로 옥사한 신문기자 문석준·홍익범, 이승만·김구의 對日방송 내용을 송진우 등에게 전파, 월간조선, 2007.4. pp.372~383.

19. 『조선일보 90년사』, 화보·인물·자료, p.269.

20. 『조선일보 90년사』, 화보·인물·자료, p.296.

신문사 사퇴, 편집고문

돌연한 사임

1933년 말에서 1934년 초까지 계속된 사내 진통이 있은 지 약 6개월이 지난 뒤인 5월 22일, 이광수는 갑자기 사임의 이유를 공개적으로 신문 지면에 싣고 자취를 감추었다.

사임에 제하야

본인이 병후의 몸으로 5,6년간 신문사 사무와 저술에 심신이 피로 하엿사옵기 조선일보사 취체역 부사장의 직을 사(辭)하옵고 이로부 터 약 1년간 산수간에 방랑하야 휴양을 도(圖)하려 하오며 방랑인지 라 주지(住地)를 예정할 수 업슴으로 자연 통신이 두절되겟사오니 지 구(知舊) 여러분은 조량하시기 바라오며 그 동안 변변치 못한 이 몸을 애호하여 주신 후의를 못내 감사하옵니다. 1934년 5월 22일 이광수

이광수의 사임. 이광수는 사임을 알리는 글을 조선일보 1면에 게재하고 신문사를 떠났다. 1934년 5월 22일.

이 글이 지면에 실린 날은 5
월 23일자 조간이었지만 이광수
는 그보다 10여 일 전부터 신문사
에 나타나지 않았다. 1934년 2월
18일부터 연재를 시작했던 「그 여
자의 일생」은 5월 13일 81회에서
아무 설명 없이 중단되었고 필명

장백산인으로 연재하던 1면 칼럼 「일사일언」도 14일부터 지면에서 사라졌다. 이광수는 어디에서 보낸다는 발신지도 밝히지 않고 사표를 우편으로 신문사에 보냈다.

「사임에 제하야」는 1면에 본문보다 큰 4호 활자로 확실히 눈에 띄게 편집되어 있었다. 그 바로 아랫단에는 '취체역 부사장 이광수 의원해직'이라는 「본사사령」이 실려 있어서 신문사도 이광수를 해임했음을 알리고 있다. 신문사 부사장이라는 막중한 자리를 홀연히 내던지면서 연재하던 소설과 칼럼을 중단하고 방랑의 길을 떠난다니 누구나 의아할 수밖에 없었다. 그런데 실은 50일 전인 4월 3일에 이광수는 회사에 사임을 통고한 상태였다.[21]

도쿄 유학시절 동급생이었고 1914년에는 상하이에서 같은 방을 썼던 오랜 친구 문일평은[22] 1934년 4월 3일자 일기에 "춘원이 사직했다. 사장실에서 오랫동안 회의를 열었다."고 적었다. 이를 보면 사장 방응모는 이광수의 사표를 수리하지 않고 사임을 만류했던 것을 알 수 있다. 사표를 던지고 서울을 떠난 이광수는 아무도 모르게 어느 산 속 절간에 숨었는데 겨우 그 곳 지국이 찾아내어 영업국장 김기범이 찾아가서 회사로 돌아왔다.[23]

이광수는 일주일 뒤인 9일에 다시 출근했다. 그리고 문일평에게 옛날부터 조선이 무(武)를 숭상한 여러 놀이를 써 보라고 권유하고, 한용운의

21. 이한수, 『문일평 1934년』, p.62.
22. 문일평은 이광수가 조선일보 부사장에 취임할 무렵에 조선일보 편집고문으로 입사했다.
23. 「춘원 출가 방랑기, 조선일보 부사장 사임 내면과 산수방랑의 전후 사정기」, 『삼천리』, 1934.7, p.94.

편집고문 문일평. 오른쪽에 있는 아들 문동표는 광복 후 조선일보 편집국장을 지냈다. 두루마기 차림의 문일평은 유학시절부터 이광수와 친구였다. 이광수가 조선일보에서 퇴사할 무렵의 상황을 일기에 남겼다.

소설을 조선일보에 연재하는 문제를 교섭해 보라고 말했다.[24] 한용운의 소설 「흑풍」(1935.4.9~1956.2.1, 241회)은 1년 후에 연재가 시작되었다. 이광수는 사임의 뜻을 거두고 신문사 업무에 복귀한 것이다. 이때의 갈등은 신문사 바깥에는 알려지지 않았다.

하지만 5월 22일 이광수는 자신의 퇴로를 완전히 차단하는 극단적인 조치를 취했다. 그는 사임을 알리는 글을 누구나 볼 수 있도록 신문에 공개하여 돌이킬 수 없는 사태로 만들어 놓았다. 문일평은 조간신문에 실린 사임 기사를 보고 놀랐다.

---

24. 문일평. 1934년 4월 11일자 일기. 위의 책. p.64.

"춘해(春海)를 만나 춘원이 사임한 이유를 물었다."고 일기에 적었다. 춘해는 사장 방응모다.[25] 방응모는 "우리 회사가 끝내 일대의 문사를 잃었다."고 한탄하면서 앞으로 더욱 노력해서 회사의 일이 잘 되도록 해야 한다고 말했다. 문일평은 서춘에게도 물어보았으나 고개를 끄덕이면서 대답하지 않고 책상 쪽을 향해 앉았다.[26]

이광수는 이전 동아일보 재직 중에도 발병과 과로 때문에 연재를 중단하였다가 다시 시작하여 마무리 지은 소설이 더러 있었다. 「재생」(1924.11.9~1925.2.8 병으로 중단, 7월 1일에 다시 시작하여 9월 28일, 218회로 완결), 「단종애사」(1928.11~1929.12)는 연재 도중에 병으로 3개월 이상 중단하였다가 완결하였다. 「금십자가(金十字架, 1924.3~5, 49회)」와 「유랑」(1927.1, 16회)는 끝나지 않은 상태로 중단하였고, 「선도자」(1923.3~7, 111회)는 총독부의 간섭으로 중단하여 끝맺지 못한 작품이다. 그러나 이번에는 아무런 예고도 없을 뿐 아니라 특별히 병 때문도 아니었다. 대중잡지 『삼천리』는 이렇게 썼다.

돌연히 애조에 잠긴 이 비장미를 띄인 성명이 나온 것이다. 엇재서 이 성명이 애조와 비장미를 띠엇다 하는고. 그는 "약 1년간 산수간에 방랑하리라" 하엿다. 구름과 흐르는 물! 벌서 그리할 나이 아니건만 운수(雲水)의 편로(遍路)! 이것부터 엇더케나 뜻밧게 말인고. 그런데다가 "방랑인지라 자연 통신이 두절하겟고"라 하엿다. 속세와의 통신거래까지

25. 이동욱, 『계초 방응모전』, 방일영문화재단, 1996, p.76. 방응모의 호는 계초(啓礎)로 알려져 있지만 1930년대 초 조선일보를 인수 경영 할 때까지 춘해로도 불렸다.
26. 문일평, 1934년 5월 23일자 일기, 위의 책, p.84.

조선일보 새 사옥 완공. 현재 코리아나 호텔 자리에 신축한 조선일보. 가운데 방응모, 왼쪽 함상훈 (편집국장). 오른 쪽 이훈구(주필).

끈코 지는 해 솟는 달을 천지적멸(天地寂滅)한 산사(山寺) 천변(川邊)에서 마즈며 비바람으로 더부러 벗하리라 하엿다. 놀나운 심경의 변화다.[27]

『삼천리』는 이광수가 신문사를 떠난 배경을 여러 모로 분석하였다. 직접적인 동기는 사내에서의 불만이었다. 동아일보 10년 동안 동경 유학 출신으로 자신을 이해해 주었던 사주 김성수와 사장 송진우가 호의를 베풀었던 태도와는 달리, 조선일보를 인수하여 사세확장을 최우선 과제로 저돌적으로 내달리는 방응모는 영업 부문을 중요시하는 분위기였다.

---

27. 「춘원 출가 방랑기, 조선일보 부사장 사임 내면과 산수방랑의 전후 사정기」, 『삼천리』, 1934.7. p.93.

개성 선죽교에서. 중앙이 안창호. 오른쪽에서 네 번째 앉은 사람 이광수. 1935년 8월.

사표를 던지기 전 5월 초순 어느 날 아침 사장 방응모는 이광수에게 어떤 글 한 장을 건네주었다. 무심코 읽어보니 어느 도 기자단이 방응모에게 보낸 편지였다.

연재 중인 소설 「여자의 일생」은 "연애 중심의 감상적 소설로서 생(生)에 약진하여야 할 조선의 청년 대중에게 그릇된 정신적 양식을 주는 것이니"라는 내용이 들어 있었다. '일종 탄핵문'이었다. 이광수는 자존심을 크게 상하였다. 이날부터 소설은 중단되었다. 이튿날부터 이광수는 신문사에 모습을 나타내지 않았다.

그러나 이는 이광수가 사임한 원인 전부는 아니었다. 그는 전부터 소외감과 불만을 품고 있었다. 이 일은 참고 있던 불만에 불을 붙인 것이고, 소설가 이광수의 자존심에 결정적인 상처를 입혀 마침내 폭발하고

개성 만월대에서. 중앙이 안창호. 오른쪽으로 한 사람 건너 이광수. 1935년.

말았다. 그는 전부터 "나는 촉탁이오", 또는 "나는 고문이오"라는 자조(自嘲)의 말을 입버릇처럼 내뱉었다. 『삼천리』 잡지는 그 이면을 이렇게 썼다.

> "그는 비록 방 사장의 지우(知遇)와 초려삼고의 후례(厚禮)로 동아일보 편집국장 자리를 버리고 조선일보 부사장이 되었지만은 금권으로 다진 주식회사 기구 속에 있어선 아무 실권을 쥘 수 없었다."

『삼천리』는 이렇게도 분석했다. 또 정치적 술수와 모략을 싫어하는 단순한 성격인 이광수가 맑고 탁한 부분을 아우르는 경영을 하지 못하여 사내에서 따돌림을 받는 분위기였다. 더구나 주요한, 조만식, 김동인 등 이광수와 가까운 평안도 출신 인물들이 신문사를 떠난 뒤에는 외로운 섬

금강산에서 경성제대 학생들과 함께. 가운데가 이광수. 왼쪽 네 번째가 이항녕. 1935년 5월 5일. 박연폭포.

에 유배된 기분이었다.

이광수는 이기영의 「서화(鼠火)」(1933.5.30~7.1, 24회) 후속 연재소설로 여류화가 나혜석(羅蕙錫)의 처녀작 장편 연재를 주장하였지만 방응모 사장이 거부하였고, 박화성의 「그립던 옛터를 차저」(1934.2·8~3.21, 28회)는 중간에 끝내고 말았으며, 채만식(蔡萬植)의 「인형의 집을 나와서」(1933.5.27~11.14, 150회)는 이광수가 알지 못하는 사이에 연재가 결정이 되었다.[28]

---

28. 『삼천리』는 이기영의 「민촌」과 채만식의 탐정소설이라고 썼지만 이때 조선일보에 실린 이기영의 소설은 「서화」였고, 채만식의 연재소설은 「인형의 집을 나와서」였다.

아들의 죽음, 건강악화

신문사 부사장이자 학예부장을 겸했던 문인 이광수는 이같은 사태에 모욕감을 느끼지 않을 수 없었다. 인사, 재정은 그렇다 하더라도 문학에 관해서도 그가 행사할 수 있는 권한은 아무 것도 없었다. 그래서 여러 차례 사표를 냈다. 주요한의 퇴사 때도 그랬고, 그 후에도 여러 차례였다. 그러나 이번에는 끝까지 고집을 꺾지 않았고 신문사를 떠났다. 신문 잡지에 소속된 기자 언론인 이광수는 이제 완전히 끝이 났다. 1914년 『대한인정교보』에서 시작된 언론활동은 20여 년 만에 막을 내린 것이다.

이광수가 조선일보와 결별하고 방랑을 결심한 동기는 신문사에서의 불만에만 있었던 것은 아니다. 2월 20일 사랑하는 여덟 살 아들 봉근(鳳根, 1927.5.30~1934.2.20)이 패혈병으로 죽었기에 커다란 심리적인 타격을 받았다.[29] 조실부모하고 육친의 애정을 그리면서 살아온 이광수로서는 충격이 컸다. 그 전해 가을부터는 건강도 좋지 않았다. 『삼천리』는 이렇게 썼다.

> "그의 심령은 고적(孤寂)에 울었고 그의 건강은 늘 불안에 떨었다. 이것이 춘원을 산사에 닷게한 한 까닭이었다."

이광수는 5월 29일 신문사에 들렀다. 금강산에서 돌아왔다고 말했다.[30] 금강산 장안사에 머물면서 머리를 깎고 중이 될 결심까지 하였다.

---

29. 이광수는 아들 봉근의 죽음을 애달파하는 심정을 「창천이여 애아(愛兒)를 돌려주소서」(『삼천리』, 1935.3. pp.68~86)라는 글로 남겼다.

30. 문일평, 1934년 5월 29일자 일기, 위의 책. p.86.

조선일보를 떠났던 이광수가 편집고문
자격으로 「그 여자의 일생」을 다시 쓰
기로 했다. 1935년 4월 15일.

허영숙과 이종수(李鍾洙,
1906~1989)가 아들 영근(榮根,
1929.9.26. 생)을 데리고 가서
만류하는 바람에 고집을 꺾
고 서울로 돌아왔지만[31] 조
선일보에 낸 사표를 거두어
들이지는 않았다.[32] 이틀 후
인 31일 사장 방응모는 편집국장 김형원을 학예부장 겸임, 편집 차장에
함상훈(咸尙勳), 정리부장 김교영(金敎英)으로 임명하고 직접 사령장을 주
었다.[33] 이광수가 물러난 후속인사를 단행한 것이다.

거의 1년이 지난 때인 1935년 4월 15일자 지면에는 16일부터 「그 여자
의 일생」을 다시 연재한다는 「사고」가 실렸다. "본사 전 취체역 부사장 이
광수씨는 작년 5월 심신 휴양차" 신문사를 사직하고 휴양생활을 하였으

---

31. 아들 이영근의 회고. 이정화, 『그리운 아버님 춘원』, 우신사, 1993. p.201.

32. 이종수는 평양출생으로 『동광』(1931) 기자, 조선일보 기자(1932)로 이광수와는 인연이 있었다. 「조선 신
문사―사상변천을 중심으로」(『동광』, 1931.12), 「조선 잡지발달사」(신동아,1934.5~6)를 발표하여 우리나라
신문사 연구와 함께 잡지사라는 특수 분야사 연구분야를 개척했다. 광복 후 서울대학교 사범대학 교수
로 부임하여 근 30년간을 서울대학교에 재직하면서 서울대학교 교무처장·교학국장·사범대학장·교육대학
원장을 역임했다.

33. 문일평, 5월 31일자 일기, 위의 책, p.87.

나 건강이 회복되었으므로 연재를 재개하게 되었다고 밝혔다. 같은 사고에 실린 「작자의 말씀」은 독자 중에는 소설의 끝을 맺으라는 사람도 있기에 다시 쓰기로 하였다고 말했다.

차라리 새로운 소설을 쓸 생각도 하였으나 독자의 요구에 따라 연재를 계속하여 끝을 맺기로 했다는 것이다. 이때 이광수는 안재홍, 이은상과 함께 편집고문으로 재입사하였다.[34] 정규 직책은 아니지만 편집고문, 또는 객원 자격으로 칼럼과 소설을 집필했을 수 있다.

이광수와 같은 때에 조선일보에 복귀한 안재홍(安在鴻, 호 民世; 1891~1965)도 1935년 5월 4일자 「민세필담」 제1회에 "나는 이번 조선일보에 다시 집필키로 결정하여 10수일이 지납니다"라는 말로 시작하는 것을 보면 이광수가 4월 13일부터 1면 칼럼 「일사일언」을 집필하던 때에 안재홍도 조선일보 편집고문(또는 객원)이 되었음을 확인할 수 있다. 이은상(李殷相, 1903~1982)은 1935년 5월 23일부터 6월 16일까지 16회에 걸쳐 기행문을 연재했다.[35]

조선일보 편집고문

안재홍은 일제 치하에 필화로 가장 빈번하게 투옥되었던 언론인이다. 와세다대학 정경학부를 졸업(1914)했다. 이광수의 와세다대 선배였다. 1924년 3월 31일 최남선이 창간한 시대일보의 논설반과 정치부장으로 언론활동을 시작하여 조선일보 논설위원(1924.9.13), 발행인(1926.9.11~1928.9.28), 부사

---

34. 『조용만 회고수필집 세월의 너울을 벗고』, 교문사, 1986. p.65.
35. 『조선일보 사람들』, 일제시대편, 랜덤하우스 중앙, 2004. p.429 이하.

장(1929.4.1~1931.5.20)을 거쳐 1931년 5월 사장에 취임했으나[36] 이듬해 3월 만주동포구호 의연금을 유용하였다는 혐의로 영업국장 이승복과 함께 구속되어 옥중에서 조선일보 사장직을 사임했다. 1932년 11월에 출옥하여 1935년 5월 4일부터 조선일보 객원으로 「민세필담」을 집필했다.

편집고문 복귀 후인 1935년 7월 6일부터 7월 28일까지 「조선 신문소사」를 19회에 걸쳐 연재했다. 「신문소사」 연재가 시작되던 날은 방응모가 태평로에 사옥을 신축하여 「낙성기념 부록」을 발행하는 등으로 대대적인 홍보 지면을 제작하던 날이었다. 기념 부록 한 페이지는 「신문화 건설 제창」이라는 주제로 이광수의 「조선에 있어서 예술을 진흥시키자면」과 안재홍의 「문화 앙양의 신공작」을 지면 한 페이지 분량으로 편집했다.

사옥 신축을 기념하여 다양한 '15대 사업'을 펼쳤는데, 신문 전시회도 포함되어 있었다. 7월 6일부터 12일까지 1주일 동안 전시된 신문은 전 세계 60여 개 나라 1,300여 개 신문사의 수천여 점이 전시되었다고 소개했다.(1935.6.30. 사고). 이광수는 전시가 끝난 이튿날인 7월 13일자 「일사일언」에 「신문의 흥미성」을 썼고, 안재홍은 전시가 시작되는 날부터 「조선 신문 소사」 연재를 시작한 것이다. 1935년 9월에 조선일보는 월간잡지 『조광』을 창간하여 동아일보의 『신동아』에 비해서는 늦었지만 잡지 발행에도 뛰어드는 한편 출판사업도 병행하여 사세확장을 과시하고 있었다.

이광수는 중단했던 「그 여자의 일생」(1935.4.16~9.26)을 다시 시작하기 전인 4월 13일부터 1면 칼럼 「일사일언」도 집필하였다. 지면에 실린 소

---

36. 『조선일보 90년사』. 화보·인물·자료는 사장 재임 기간을 1931년 7월 25일부터 1932년 4월 22일까지로 기록하고 있다(pp.269~271).

설과 칼럼은 신문사를 떠나기 전과 같은 상태로 회복이 된 셈이다. 「그 여자의 일생」이 끝난 4일 뒤에는 「이차돈의 사」(1935.9.30~1936.4.12, 137회)와 「애욕의 피안」(1936.5.1~ 12.21, 172회)을 연재했다. 조선일보에 실린 이광수의 마지막 작품은 「그의 자서전」(1936.12.22~1937.5.1, 130회)이었고 뒤이어 시작한 「공민왕」은 불과 14회까지 연재하다가 중단되었다.

칼럼 「일사일언」은 「이차돈의 사」를 연재 중이던 1935년 11월 23일자 「진리인(眞理人)」이 마지막이었다. 칼럼을 중단하기 얼마 전부터는 매일 집필하지 않고 며칠씩 거르면서 게재되었다. 3~4일 또는 그 이상 간격으로도 실렸는데 칼럼 집필에 이전보다 열기가 식은 듯했다. 「일사일언」 중단 후 1936년 2월 26일부터 3월 14일까지는 「졸업생을 생각하고」(10회)를 연재했다. 조간 1면에 실린 글로 전문학교, 대학교를 졸업하는 젊은이들에게 보내는 공개서한 형식이었다. "조선은 내가 주인이다. 조선은 내 집이요, 조선인은 내 식구이다."라는 생각을 가지라고 말했다.

1935년 11월의 「일사일언」 중단으로 이광수의 언론 활동은 사실상 끝이 났다. 그 후로는 문인 이광수였다. 「그의 자서전」이 1937년 5월 1일 130회로 끝나기 전인 4월 28일 석간부터 후속작품으로 역사소설 「공민왕」을 연재한다는 「사고」가 2회(4.25, 4.27) 게재되었고 28일부터 연재가 시작되었지만 6월 10일 14회까지 연재되던 중에 아무런 이유를 밝히지 않은 채 중단되었다. 동우회 사건으로 이광수가 6월 7일에 구속된 상태였다.

이광수는 이로써 조선일보와의 인연이 끊어졌고 언론인으로서의 삶도 끝이 났다. 구속되던 바로 그날인 6월 7일 조선일보 지면에는 「그의 자서전」이 단행본으로 출간되었다는 광고가 실렸다. 이 사건 이후 이광수의 연재소설은 조선일보와 동아일보에 더 이상 실리지 않았다. 신문 연재소설은 동아와 조선이 폐간된 뒤에 매일신보에 실린 「원효대사」(1942.3.1~10.31)가 마지막이었다.

동우회사건 주모자로 이광수는 1937년 6월 7일에 구속되었다. 8월 23일 서대문감옥에서 촬영한 사진. 죄수번호 695호.

| 7장 |

이광수의
언론사상과 역사관

신문기자의 보람과 자질

언전–말의 싸움

이광수는 언론이 가진 힘과 역할을 일찍부터 잘 알고 있었다. 어린 시절 동학 교주 손병희가 동학 도인들에게 보낸 「삼전론(三戰論)」에 공감하였다. 세계는 우승열패, 약육강식으로 잘난 놈은 이기고 못난 놈은 져서 약한 놈의 살을 강한 놈이 먹는 생존경쟁의 시대라는 것이다. 제국주의 힘의 논리가 지배하던 국제질서에서 사회적 다윈이즘(social Darwinism) 이론을 받아들인 한말 개화파들은 중국 양계초(梁啓超)의 영향으로 이같은 이론을 지니게 된 것으로도 보고 있다.

세계 열강국은 서로 다투어 동양을 침략하는 데 싸우는 방법 세 가지가 바로 인전(人戰), 언전(言戰), 재전(財戰)이라는 것이다. 세 가지 전쟁 가운데도 이광수는 자신의 능력이 '언전' 즉 말싸움에 있다고 생각하고 그 중요성을 강조했다.

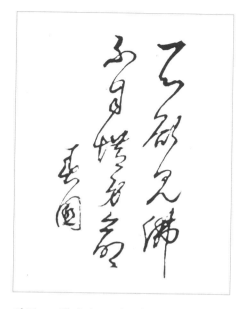
이광수 자필휘호. 『춘원 시가집』에 자필로 써서 배포했다.

　　신문의 중요성에 관한 이광수의 생각은 1916년에 매일신보에 연재한 「농촌계발」 제9장 「신문회(新聞會)」에서 상세히 설명한 바가 있었다. 신문은 조선 8도와 전 세계의 소식을 알려주고 지식을 넓혀주는 중요한 교육기관이자 하루도 없어서는 안 될 오락기관이라고 강조한다.(「농촌계발」, 「신문회」3, 1916.11.26) 그러나 이것은 '언전'의 필요성을 말한 것은 아니었고, 농촌발전에 신문이 중요하다는 요지였다. 안창호의 교육사상과도 연관이 있다.

　　1919년에 상하이에서 독립신문을 발행할 때에 그는 언론을 통한 전쟁을 본격적으로 시작하였다. 국내로 돌아와서 동아일보에서 직업 언론인으로 활동할 때에 이광수는 보람을 느끼면서 신문을 만들었다. 신문 편집을 마치고 인쇄가 끝난 뒤 퇴근하면서 길거리에서 사람들이 자신이 만든 신문을 탐독하는 모습을 보면 즐거웠다. 언론인으로서 천직이 사회의 양심이 되고 대언자(代言者)가 된다는 프라이드를 느낄 때가 신문기자의 보람이라는 것이다.[1]

---

1. 이광수, 「신문기자의 기쁨과 슬픔」, 『철필』, 1931.2. p.27.

홍지산장에서. 조선일보를 떠난 후 이광수는 자하문 밖 홍지동에 산장을 짓고 거기서 살았다. 아들 영근, 딸 정란과 함께. 1935년.

기자는 다음과 같은 천품을 타고나야 한다고 말했다.

첫째, 신문을 사랑하고 좋아한다. 둘째, 사건 진상을 탐구하는 데 흥미를 가져야 한다. 셋째, 보도욕(報道慾)이 있어야 한다. 넷째, 비평의 안목이 있어야 한다. 다섯째, 자기 개인의 일보다도 국가 사회를 염두에 두는 성격이 있어야 한다. 여기에 덧붙이자면 용모, 언어, 행동이 접하는 사람에게 호감을 주는 것도 중요한 천품이다. 그리고 신문기자 되려면 다음 13개 분야에 지식을 가지도록 공부하라고 권고했다.

① 조선어문전, 문학, 작문
② 조선역사, 조선지리, 일본역사, 일본지리

③ 조선현대의 정치조직, 법제개요, 단체계통, 사상계통, 중요인물

④ 정치학원론

⑤ 경제학원론(정통파, 맑스파)

⑥ 사회학, 사회심리학

⑦ 동양사, 서양사, 세계지리, 문명사

⑧ 인도, 중화민국, 러시아 사정

⑨ 논리학, 수사법, 문장론

⑩ 문학개론, 철학개론

⑪ 신문지학

⑫ 신문지관계 법규

⑬ 검열관의 심리, 독자심리 등.

이광수는 Something of Everything: Everything of Something 이라는 서양인의 신문기자 지식수양 격언을 소개하면서 모든 것을 조금 씩은 알아야 하고, 특정분야는 철저하게 잘 알라는 뜻이라고 풀이했다. 한 가지는 깊은 전문가이면서, 만사에 넓은 상식을 가지라는 뜻이라는 설명이었다.[2]

그러나 위의 13개 분야를 모두 공부하라는 것이 아니라 폭넓은 지식 을 갖추라는 취지였다. 신문기자의 금기는 주, 색, 금전이다. 주도(酒徒), 호색자, 애금가(愛金家)는 반드시 신문을 망치는 결과를 초래할 것이기 때 문이다. 1919년 11월 1일(24호)자 독립신문에 실린 「본보의 주의」라는 글

---

2. 이광수, 「열세가지를」, 『철필』, 1930.7, pp.11~13.

세 자녀와. 1936년 홍지산장에서.

에도 이광수의 언론관이 나타난다.(제3장의 1 참고)

우리말과 한글 사랑

신문기자는 문장력이 필수적이라고 이광수는 말한다.[3]

> "신문기자의 연장은 문장이니 문장술의 난숙(爛熟)하지 아니하면 아
> 니 됩니다. 평이하고, 정확하고, 간결하고, 생기 있고, 그리고도 읽어
> 서 유쾌한 문장을 쓰는 이는 신문기자로 팔분(八分)의 자격이 있다고
> 할 것입니다. 글 못 쓰는 이는 신문기자 되기를 단념하는 것이 좋으
> 리라 믿습니다."

신문기자는 바른 조선어를 말하고 옳은 조선문을 쓰는 사람이라야
한다. 조선어, 조선문을 바로 모르고 외국어, 외국문을 잘 한다고 해도
소용이 없다. 비록 500~600년 동안 지각없는 선인들의 손에 한문화(
漢文化)의 악영향을 받았지만 조선말이야말로 고급한 정신문화의 자랑이
다. 이광수는 1914년에 러시아 치타에 머물던 때에 교민들이 우리말식으
로 창작한 러시아어도 눈여겨보았다. 하바롭스크(허발깨), 니콜라엡스크
(미깔래), 포그라니치나야(베리와; 이를 한자로 표기하여 花發捕)는 교민들이
만들어 사용하는 지명이었다.

> "지명뿐 아니라 보통말도 그들은 많이 지었다. 기차는 부슬기, 전신

---

3. 이광수, 「열세가지를」

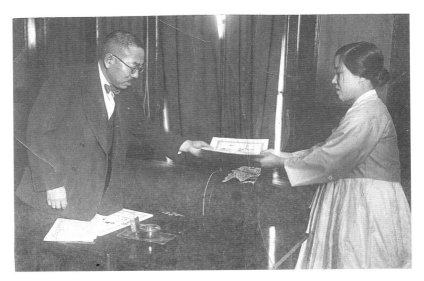

일본 모던일본사 주관 제1회 조선예술상 수상. 작품은 소설 「무명」이었고, 이광수를 대신하여 부인 허영숙이 상을 받았다. 1940년 2월.

은 쇠줄글, 여행권은 몸글, 차표는 글, 이런 것은 순 국어로 지은 것이니 그 얼마나 총명한 조선어인고. 우리말로 번역하기 어려운 러시아 말을 발음만을 국어화 하여 빠라호드(기선)는 뽀로대, 스피치카(성냥)는 비지깨, 사뽀기(장화)는 사바귀, 이 모양이었다. 깐또라(사무보는 데)는 건드리, 구베르나뜨르(도 장관)는 구부렁낙지, 대승정은 승감사라고 부르는 것은 참으로 유머다. 만일 우리에게 한문이란 것이 없었던들 이 곳 동포들이 한 모양으로 순수한 우리말로 새 물건과 새 일의 이름을 지었을 것이다."

치타에서 한글 풀어쓰기와 흘림체[필기체]를 고안할 때에 압록강을

'아리나리'로 표현했는데 후에 동아일보 기
행문에서 한자로 "아리나례(阿利那禮)라고
우리 선민(先民)이 부르든 한자로 훈허철교
(渾河鐵橋: 훈허는 중국 랴오닝성을 흐르는 강)
를 지나면 봉천역입니다."라고 썼다.[4] 함박
(太白) 쪽박(小白) 아달메(阿斯達山) 등 한자
로 바뀐 우리 고유 지명의 어원을 밝히려
했고,[5] 추풍령은 '갈바람이'나 '갈바람재'로
불렀을 신라 사람들이 가을바람(추풍)을 맞
는 곳이었을 것으로 풀이했다.[6] 국어학자

"신문기자는 바른 조선어를 말하고
옳은 조선문을 쓰는 사람이라야
한다"고 이광수는 말했다.

가 우리 고어의 뿌리를 찾는 모습을 떠올리게 한다.

역사소설에서 이광수는 『삼국사기』나 『삼국유사』에 나오는 한문지명,
사람이름, 관직명 등을 이두식으로 번역하여 말의 뿌리를 찾으려 시도
하였으며, 창작적인 기여를 한 것으로 평가할 수 있다. 다음과 같은 인명
과 지명 등이다.[7]

> 인명: 이마로(伊宗, 또는 異斯夫), 한마로(漢宗), 거칠마로(荒宗), 거칠아비
>   (荒夫·巨漆夫), 달님(月主), 별님(星主), 선마로(立宗)
> 지명: 우메나라(于山國), 알메(閼山), 밝을메(明活山), 한개(大同江), 너른

---

4. 동아일보, 1933.8.9. 「만주에서」 1. '나리'는 우리 고어 '내', '나루'라는 뜻이 있다.

5. 이광수, 「단군릉」, 『삼천리』, 1936.4. pp.71~72.

6. 허영숙에게 보낸 편지, 1918년 8월 25일, 전집. 18, p.450.

7. 『이광수전집』 9권, 삼중당. 1966. p.464. 이밖에 관직명 등도 많지만 생략한다.

나루(廣灘), 함박재(牧丹峯), 쪽박재(乙密臺), 한재(大城山).

「조선어문 예찬」은 이광수가 5회에 걸쳐 「일사일언」(1935.10.29~11.3) 칼럼에 쓴 글이다. 이광수는 말한다.

"하나님, 검, 넋, 옳음, 그름, 사랑, 참, 어여삐 여김, 나라, 마음, 뉘(세대사회) 같은 말이 남아 있음은 조선말의 자랑일뿐더러 조선문화의 자랑이다." "하물며 그 글에 이르러서는 실로 세계에 유례를 볼 수 없는 간이하고도 풍부하여, 거의 인류가 발하는 모든 소리를 기사(記寫)할 만한 완전성을 가진 것임에랴."[8]

단군, 세종대왕 소설 계획

「흙」 연재가 끝나기 전인 1932년 6월 22일에 이광수는 약 3주일 예정으로 단군유적 탐사여행을 떠날 계획을 세웠다. 그 전 해에 장편 「이순신」을 연재하면서 역사적인 위인 세 사람의 소설을 집필할 생각을 비쳤다. 사장 송진우는 이광수에게 우리 역사의 세 위인 단군, 세종대왕, 이순신의 소설을 써 보라고 권유했다.[9] 그래서 이광수는 이순신 다음 차례로 단군 소설을 구상했던 것 같다.

"필자의 생각에는 이번 단군의 유적—옛날 우리 조상이 처음으로 조

---

8. 이광수, 「조선어문 예찬」1, 조선일보, 1935.10.29.
9. 이광수, 「장편소설 이순신, 작자의 말」, 동아일보, 1931.5.30.

매일신보 베이징 지국의 초청으로 베이징에 갔을 때. 더 이상 버틸 수 없었던 이광수가 친일의 길로 들어섰던 시기였다. 1940년 4월.

인천 월미도에서. 1940년 무렵 여름 어느 날.

아들 영근과.

「순애보」(박계주; 본명 박진) 매일신보 현상모집 당선 축하회. 앉은 줄 왼쪽에서 세 번째가 이광수, 다섯 번째 김동환, 여섯 번째 박계주, 서 있는 사람 오른 쪽에서 세 번째가 박종화. 1940년 1월 9일.

선 문화를 이루노라고 애쓰던 자최를 찾아 태백산으로, 비류수로, 강동, 강서로, 반만년 력사의 증인인 대동강으로, 당장경으로,[10] 강화로 헤매는 동안에는, 오늘날 조선의 사람과 흙을 그리려 하는 나에게는, 도회생활만 하고 농촌을 등졌던 나에게는 반드시 많은 느낌과 재료를 얻으리라고 믿는다."[11]

이같이 말하고 약 한달 동안 소설 연재를 중단했는데, 무슨 사정이

---

10. 당장경(唐藏京). 고조선시대 단군의 도읍지. 장당경(藏唐京).
11. 이광수, 「흙」, 동아일보, 1932.6.22.

부여에서. 1943년 11월 3일. 소위 '부여신궁(神宮)' 조영(造營) 근로봉사에 문인협회가 강제 동원되었다. 이광수(서 있는 사람 왼편 다섯 번째), 주요한(네 번째).

있어 유적 탐사를 떠나지 않았다고 동아일보는 밝혔다.[12) 이광수를 대신하여 '단군 성적(聖跡) 순례'를 떠난 특파원은 소설가 사회부장 현진건(玄鎭健, 1900~1943)이었다.

현진건은 순례단 일행을 인솔하고 7월 8일 서울역을 출발하여 태백산으로부터 단군 유적을 순례하는 15일간의 일정을 마치고 51회(1932.7.29~11.9)에 걸치는 순례기를 연재했다. 동아일보는 이때 단군릉 수축(修築)을 위한 모금운동을 벌였지만 소기의 성과를 거두지는 못했고, 이광수는 이

---

12. 「소설 흙 속재(續載)」, "본지에 련재되든 소설 흙은 작자 리광수(李光洙) 씨가 단군유적 순례를 하기로 하고 이 동안 부득이 쉬이기로 하얏든 바 사정에 의하야 이것을 다른 이로 교대하고 독자 여러분께서 기다리시든 소설을 14일부터 계속 게재하기로 되엇습니다." 동아일보. 1932.7.12.

최남선(왼쪽 두 번째) 이광수.

듬 해 8월 조선일보로 옮기고 말았다.

이광수는 4년 뒤인 1936년 4월 『삼천리』에 기고한 「단군릉」에서 몇 년 전에 김성업(金性業)과 두 사람이 함께 자동차를 타고 평양을 떠나 강동(江東)의 단군릉을 찾아 간 적이 있다고 술회했다.[13] 이광수는 1932년 6월 경에 소설 연재를 한 달 동안 중단하면서 단군릉을 답사했을 것이다. 김성업은 1924년 5월에 동아일보 평양지국 기자로 입사하여 후에 평양지국장, 지국 고문을 지내다가 1937년 9월 이광수와 함께 동우회 사건으로 구속되면서 동아일보에서 퇴사했다.

단군릉에 관한 이광수의 생각은 조선일보로 옮긴 뒤의 글에도 나타

---

13. 이광수, 「단군릉」, 『삼천리』, 1936.4. pp.70~76.

난다. 1934년 1월 11일에 쓴 칼럼 「일사일언, 단군릉」에는 단군의 존재를 학문적으로 의심하는 사람도 있지만 모든 학자들이 무슨 소리를 하더라도 단군은 우리 민족의 국가생활과 문화의 모든 법을 내려주신 어른이라고 주장했다.

단군은 "우리에게 문화를 처음으로 주시고 국가생활을 처음으로 주신 조상"이라는 것이다.[14]

> "먹고 마시다가 죽은 무명한 조상들을 위하야 족보를 꾸미기에는 힘을 쓰면서도 족보의 족보인 조선인 전체의 역사와 위인의 전기를 발행하기 위하야 분전(分錢)을 내이랴는 사람이 없습니다. 잘못된 조선(祖先) 숭배는 마침내 조선을 못살게 하고 말았습니다. 지금이라도 어느 재산 있는 조선인이 돈 만 원이나 내어서 단군릉을 수축수호(修築守護)케 하고 조선사를 편찬 발행케 하고 조선어의 사전과 문전(文典)을 발행케 하고 단군에게는 좋은 자손이오 우리에게는 높은 선조인 모든 민족적 위인들의 유적을 찾아 기념하고 전기를 편수하야 발행케 할 특지가는 없는가. 얼마 안 되는 돈. 10만 원이면 족할 일. 이만한 일을 할 자손은 없는가. 이만 일을 할 자손은 없는가."

이광수는 총독부의 탄압으로 단군릉 개축을 위한 모금이 중단된 것을 아쉬워하면서 뜻 있는 한 사람이 나서서 10만 원을 쾌척하라고 강조했다.

---

14. 이광수, 위의 글.

"강동 인사들은 단군릉의 수축존호(修築存護)를 위하야서 의연금을 모집하엿으나 모 사정으로 중지가 되고 잇습니다. 한 사람이 나서시오. 한 사람이!"

기회가 닿았으면 이광수는 단군을 주인공으로 소설을 썼을 것이고, 세종대왕과 한글도 소설화했을지 모른다.

친일의 길에 들어서다

흥사단-동우회 주모자로 피검

1937년 6월 7일 아침을 먹던 이광수는 종로경찰서원 3명에게 영문도 모르고 연행되었다. 조선일보에 연재를 새로 시작한 「공민왕」은 겨우 11회가 나간 날이었다. 서울에서는 주요한, 박현환, 김윤경이 잡혀들어갔고, 평남 대동군 대보면 송태산장에 은거하던 안창호는 6월 16일에 검거되었다. 181명이 검거되어 1937년 8월 10일 서울의 15명을 1차로 송치했고, 10월에는 평양과 선천 검거자 송치에 이어 이듬해 1월의 3차 송치자(안악과 기타 지역)를 합쳐서 42명이 기소되었는데 중간에 한 명이 옥사하여 41명이 재판에 회부되었다.[15]

그 가운데는 소설가 김동인(金東仁, 1900~1951)의 친형 김동원(金東元,

---

15. 기소자 명단은 『흥사단 70년사』, 흥사단출판부, 1986, pp.166 이하 참고.

평안고무공업 사장)도 포함되어 있었다. 동우회 평남지부 책임자였다.

　이광수가 구속되자 일본에서 연수 중이던 아내 허영숙이 급히 서울로 돌아왔다. 경찰 유치장에 수감된 지 한 달 반 만에 이광수는 병원으로 옮겨졌다. 기침과 열이 나고 척추카리에스가 도진 때문이다. 2주일 후에는 다시 서대문형무소에 수감되었다가 3~4일 후에 병감으로 옮겨졌다. 12월 18일에는 병보석으로 경성의전병원에 입원했다.

　검거 이후 경찰과 검찰[검사 長崎祐三]에서 취조 받은 내용과 과정, 예심판사(渡邊隆治)의 심문과 12월 18일에 보석으로 풀려났던 사실은 광복 후에 쓴 『나의 고백』에 상세히 기록되어 있다.[16] 이듬해인 1938년 3월 10일 흥사단의 창설자 안창호가 옥사했다는 소식을 병실에서 듣고 이광수는 큰 충격을 받았다. 안창호는 상하이 시절부터 이광수가 존경하던 정신적 지주였다. 이제 동우회 사건은 이광수가 주범이 되어 재판받아야 하는 처지가 되었다.

　이광수는 병원에 누어서 소설 『무명』과 『사랑』을 썼다. 박문서관 주인 노성석(盧聖錫, 1914~1946)의 호의로 『사랑』이 출간되어 병원비를 충당했다.[17] 1938년 7월 29일 이광수는 보석으로 병원생활 8개월 만에 퇴원하여 자하문 밖 홍지산장으로 돌아갔다. 이 집은 1934년 아들 봉근이 죽고 조선일보에 사표를 던지던 때에 은둔생활을 하려고 지은 집이었다. 그런데 보석 기간에 이광수는 평양의 민족지도자 오윤선(吳胤善) 장로의 집

---

16. 『나의 고백』, 춘추사, 1948. p.149 이하 「나의 훼절」에 자세히 기록되어 있다. 이 책은 이광수 전집에도 그대로 수록되었다.

17. 『사랑』을 출간하던 무렵 이광수는 박문서관 사장 노성석을 일본 도쿠토미 소호에게 소개한 편지가 있다. 최주한, 「박문서관과 이광수」, 『근대서지』 13호, 2016년 상반기, pp.87~106.

영화 「무정」 시사회. 1939년 「무정」이 영화로 제작되었다. 오른쪽 배우 한은진, 이광수, 감독 박기채. 이 영화는 여류 소설가 최정희도 특별출연하는 것으로 소개되었다.

에 가서 정양한 적도 있었다. 김사엽(金思燁, 1912~1992, 국문학자)은 오윤 선의 아들 오영진(吳泳鎭, 1916~1974, 극작가)과 경성제대 조선어문학과 동 기로 1937년 여름 방학 때 오영진의 평양 집에 가서 한동안 함께 지냈는 데 거기서 이광수를 만났다는 것이다.[18]

징역 5년에서 무죄로

일본은 동우회 사건 직후부터 침략전쟁을 확대하면서 조선의 지식인과

---

18. 김사엽, 「내가 만난 춘원」, 『춘원 이광수 애국의 글, 상해 임시정부 기관지 「독립」에 무기명으로 쓴 항일 논설 모음집』, 문학생활사, 1988, pp.309~310.

창씨와 나. 1940년 2월 11일 이광수는 가야마 미츠로(香山光郎)라는 이름으로 창씨개명하고 2월 20일자 매일신보에 「창씨와 나」를 게재하여 친일의 길로 들어선 사실을 공개했다.

문화인 탄압을 강행했다. 1937년 7월 7일에는 중국을 침략하여 중일전쟁을 일으켰고, 1938년의 흥업구락부(興業俱樂部) 회원 검거, 1940년 8월 동아일보와 조선일보 폐간, 1941년 12월의 태평양전쟁, 조선어학회 사건(1942년 10월), 단파방송 밀청사건(1942년 말)으로 사건이 이어지면서 시국은 더욱 경직되고 있었다.

이런 와중이었던 1939년 12월 8일 동우회사건 1심 판결에 검찰은 이광수에게 7년 징역을 구형하였다. 하지만 판사가 무죄를 선고하자 검사는 즉일로 공소를 제기하여 여전히 형사피고인 신분으로 재판을 받아야 했다.

1940년 2월 11일 이광수는 가야마 미츠로라는 이름으로 창씨개명하고 2월 20일자 매일신보에 「창씨와 나」를 게재하여 친일의 길로 들어선 사실을 공개했다. 6개월 후인 8월 21일에 열린 2심 재판에서 이광수는 징역 5년의 유죄판결을 받았다. 하지만 1941년 11월 17일 경성고등법원 상고심에서는 뜻밖에도 무죄 판결을 받았다. 4년 5개월 동안 끌었던 사건이 무죄로 결론 난 것이다.

김동인은 20년간을 민족주의적 지도자로서 자타가 허락하던 이광수가 전향한 것은 동우회 40여 명의 생명을 구하기 위한 것이었다고 훗날 회고했다.

친형 김동원의 부탁으로 이광수를 찾아가 동우회 40여 명의 생명을 구해 달라는 뜻을 전달하고 그의 '전향'을 부탁했다 한다. 이광수는 한 시간 동안 한숨만 쉬며 대답하지 못하다 "내 잘 연구해서 좋도록 처리하리다. 백씨(김동원)께 그렇게 말씀드려 주시오"라고 대답했다는 것이다.[19]

이광수가 전향하여 친일의 길로 들어선 사실이 일반에 처음 공개된 것은 1938년 11월 4일 매일신보에 실린 기사였다. 일본 4대 명절의 하나인 명치절(明治節, 11월 3일) 조선신궁에 참배한 6만을 헤아리는 일반 시민 가운데 이광수를 비롯한 유지 32명이 있었다. 이들은 조선신궁 참배 후에 새전(賽錢, 신령이나 부처 앞에 돈을 바침) 1백 원을 헌납하고 이광수의 집으로 가서 일동이 4천여 원을 거두어 국방헌금을 하기로 하였다는 내용이었다.[20] 이광수의 집으로 갔던 사람들은 대개 재판에 계류 중인 동우회 회원일 것이다.

무죄 판결이 나기 전인 1941년 9월 경기도 경찰부장은 이광수의 저서 18종의 판매를 금지하는 조치를 취했다. 이광수가 조선문인협회 회장에 선임 되는 등 표면적으로는 과거의 죄과를 깊이 뉘우치는 모습을 보이고 있지만 면종복배의 행태일 뿐 진의는 어디에 있는지 알기 어렵기 때문에 저서의 판매를 금지한다는 것이다.

---

19. 김동인, 「문단 30년의 자취」, 『신천지』, 1948.3~1949.9. 연재.

20. 「이광수씨 등 33인. 신문이 적성 피력. 신궁참배, 새전 봉납」, 매일신보, 1938.11.4.

"이 동안에 총독부에서는 내 저서의 재 검열을 하여 십 수종을 발매금지에 부치고 책사에 있는 책까지 압수하였으니, 소설 「흙」은 말할 것도 없었거니와, 발행한 지 20여 년이나 된 「무정」도 금지를 당하였다. 이것이 다 우리 사건의 반증을 얻으려는 것이었다."(나의 고백, 「나의 훼절」, p.265)

김동인. 20년간 민족주의적 지도자로서 자타가 인정하던 이광수가 전향한 것은 동우회 40여 명의 생명을 구하기 위한 것이었다고 훗날 회고했다.

금지도서 18종:

흙, 혁명가의 안해, 춘원 단편소설, 문학과 평론, 수필 시가집, 허생전, 신생활론, 무정, 마의태자, 재생(상.하), 이순신, 춘원 단편선집, 그의 자서전, 유정, 조선의 현재와 장래, 시가집, 문장독본, 인생의 향기.[21]

이광수와 동우회 회원들의 무죄판결이 난 지 22일 뒤인 12월 8일에 일본은 미국령 하와이를 기습 공격하여 태평양전쟁을 일으켰다. 이광수가 각지를 돌며 친일 연설을 하고 다닌 것은 이때부터였다.

1944년 3월에 경기도 양주군 진건면 사릉리에 집을 짓고 농사를 지으며 세상을 등진 생활을 하던 중 이듬해 8월 15일에 광복을 맞았다. 1947년에는 흥사단의 요청으로 『도산 안창호』를 집필하고, 이듬해에는 『나의 고백』을 춘추사에서 출판했다. 1949년 2월 12일 반민특위에 구

---

21. 「同友會事件關係者ノ香山光郎動靜二關スル件」, 1941.9.17., 京高特秘 第2,492號.

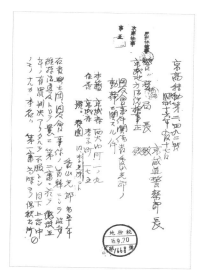

이광수의 동정. 창씨개명과 친일을 공개적으로 선언한 후에도 일제는 감시와 탄압을 멈추지 않았다. 1941년 9월 경기도 경찰부장은 이광수의 소설과 평론 등 18종을 판매하지 못하도록 금지조치를 취했다.

속되었다가 3일 뒤에 병보석으로 출감했다. 8월 29일 반민특위의 불기소처분을 받았다.

긍정과 부정, 끝없는 논란

1950년 6·25전쟁으로 북한군이 서울을 점령하였으나 이광수는 거동이 자유롭지 못하여 피난을 떠날 수 없는 상태로 집에 머물던 중 7월 12일에 납북되었다. 평양에서 강계로 이동하던 중에 홍명희의 도움으로 인민군 병원으로 후송되어 치료 받았으나 지병으로 10월 25일에 사망한 것으로 알려졌다. 파란 많은 59세의 일생을 이광수는 이렇게 비참한 상황에서 마감했다. 그의 죽음에 관해서는 여러 설이 떠돌았지만 평양의 '재북

미국 군인 친구와. 정란, 정화, 허영숙, 이광수. 1947년 효자동 집에서

인사묘역'에 묻혀 있다는 사실이 한참 후에야 밝혀졌다.

그의 비석에는 사망일이 1950년 10월 25일로 기록되어 있다. 7월 12일에 납북되어 3개월 넘게 시달리다가 죽은 것이다. 평양감옥에서 보았다는 사람도 있는데, 국군의 평양 탈환이 10월 20일이었으니 어디론가 끌려가던 중에 민족의 비극을 안고 몸부림치던 파란만장한 천재의 생을 마감하였다.

이광수의 일제 말기 친일행위는 영원히 지워질 수 없는 오점으로 남는다. 글을 쓰는 사람의 친일은 단 한편의 글이라도 천년만년 사라지지 않는다. 일제에 부역하여 권력을 누리거나 돈을 벌어 자신의 호의호식은 물론이고 후손에게 물려주기까지 하는 친일행적은 세월이 흐르면 잘 드러나지 않는다. 하지만 글을 쓴 사람은 그로 인해 얻은 사익은 단 몇 푼 원고료에 지나지 않았을지라도 영원히 남아 복제되고 확대될 수도 있다. 기록은 무서운 것이다. 다음 두 자료에는 이광수의 친일 행적이 상세하게 종합 정리되어 있다.

① 『친일인명사전』, '이광수' 항목, 민족문제연구소, 2009, pp.744~755.
② 『친일 반민족행위 진상규명 보고서』, Ⅳ-11, 친일반민족행위진상규명위원회, 2009, pp.762~857.

이광수의 친일행위에 대해서는 추상같은 단죄가 영원히 계속되고 있다. 민족의 비극적인 수난기에 살면서 가난, 질병, 탄압에 시달리다가 마침내 친일로 변절했던 이광수는 6·25전쟁 중에 북으로 끌려가서 일생을 마쳤다. 생전에 그랬던 것처럼 죽은 뒤에도 그에 대한 긍정과 부정의 논란은 지속되고 있다. 하지만 변절 이전의 언론활동도 객관적인 평가를 받을 수 있어야 한다. 주요 자료를 정리해 본다.

1) 이광수 주모자 동우회 사건 공판기록:
  ① 경성복심법원 판결문(1940.8.21), 『독립운동사자료집 12, 문화투쟁사자료집』, 독립운동사편찬위원회, 1977, pp.1282~1365.
  ② 고등법원 판결문(1941.7.21) 위 책, 1365~1433.
2) 1957년 11월 23일 『사상계』 주최 「육당 춘원의 밤」 추모강연회, 서울대학교 강당.
  "최남선과 이광수가 우리 문화에 남긴 커다란 족적을 회고하고 추념하는 행사"

·작가로서의 춘원 / 김팔봉

·사가로서의 육당 / 이병도

·춘원의 인간과 생애 / 주요한

·육당·춘원의 시대적 배경 / 이은상

·육당의 생애와 업적 / 진학문[22]

3) 춘원 이광수 전집 삼중당 20권 1962년~1963년에 완간.

4) 춘원 이광수기념비. 경기도 남양주군 봉선사 입구에 건립. 1976
   년 5월 29일.

5) 2007년 3월 16일 서울대학교 호암교수회관에서 춘원연구학회 창
   립. 2008년 3월『춘원연구학보』제1호 창간. 2016년 12월 통권 9
   호. 앞으로도 계속 발행.

6) 이광수 연구: 평전 논문 등 한국, 일본, 미국에서도 계속 나오고
   있다.

함석헌은『사상계』주최「육당 춘원의 밤」추모강연회의 소감을 이렇
게 남겼다.

"육당·춘원이 무엇인가? 한퇴지(韓退之: 韓愈, 768~824, 중국 당(唐)을 대
표하는 문장가·정치가·사상가)의 말을 빌어하면 잘 운 사람들 아닌가?
이 나라가 기울어지려할 때, 이 민중이 고난에 빠지려 할 때 그 불평
을 잘 울라고 하늘이 세웠던 이들 아닌가? 그들은 참 잘 울었다. …

---

22. 진학문을 제외한 발표문은『사상계』1958년 2월호에 수록.

서재필 방문. 광복 후 귀국한 서재필과 백인제 집에서 기념촬영. 앞줄 왼쪽에서 두 번째가 이광수, 네 번째 여성이 서재필의 딸 뮤리엘. 서재필. 뒷줄 중앙 뮤리엘 뒤가 주요한.

우리가 그들의 공로를 찬양하는 것은 그들이 우리 마음을 잘 알아서 우리가 있으면서도 잘 발표하지 못하는 것을 대신 잘 해 주었기 때문 아닌가?"[23]

함석헌은 이광수의 「개척자」, 「단종애사」, 「이순신」, 「원효대사」, 「이차돈」 그것이 다 이 민족을 위해 울고 이 나라를 위해 슬프게 힘 있게, 우렁차게 운 것 아닌가 라고 말했다. 하지만 이광수는 울기만 했던 인물은 아니다. 조선을 문명의 단계로 끌어올리기 위한 경륜을 품은 경세가(經世家)

---

23. 함석헌, 「육당 춘원의 밤은 가고, 육당 춘원은 금이 간 옥이었다」, 『신태양』, 1958.2, pp.158~167.

였다. 그는 몸으로 실천했다. 상하이로 가서 독립신문을 발행하면서 붓을 들어 '언전'의 선두에서 싸웠고, 흥사단—수양동우회를 통해 민중의 역량을 기르는 실천운동을 벌였다. 아산 현충사 이순신 장군 묘역 복원에 앞장섰고, 문자보급, 농촌계몽운동을 설계하고 진두지휘했다. 그러면서 글을 써서 운동을 독려했다. 그랬던 이광수였지만 친일로 돌아선 이후의 행적은 비판받지 않을 수 없다. 이전에는 "진두(陳頭)에 앞서서 총칼을 무릅쓰고 울던 그 사람과 후의 그 사람을 대조해 볼 때에, 우리는 이 사람에 어째 이 일이 있었느냐고 주먹으로 땅을 치고 싶고, 보던 역사의 페이지를 찢고 싶음을 금치 못한다."고 함석헌은 두 사람을 비판하고 통탄하면서도, 비난만 하지 말고 민족 전체가 반성할 것을 촉구한다.

"육당·춘원의 생애는 하나님의 이 민족에 대한 심판이다. 너희 성의와 너희 지혜와 너희 용기가 요것뿐임을 알아라 하는 판결문이다. 그

사릉 이광수 집필 터. 일제 패망 직전인 1944년 3월 이광수는 경기도 남양주 사릉리(520-1)에 농막을 짓고 은거하여 『돌베개』, 『도산 안창호』, 자전소설 『나』 등을 집필했다. 집은 없어지고 집터에 두 단체가 만든 표지석이 서 있다. 왼쪽 3개는 탄생 100주년(1992년)에 춘원이광수기념사업회가 만든 표지석이고, 맨 오른쪽 검은 색 표지석은 한국문인협회가 문화유산의 해(1997)에 세운 표지석이다.

러므로 민중은 자기 가운데 서는 인물에서 자기상(自己像)을 읽어내어 반성해야 할 것이다. 개인적으로 칭찬만 하면 그것은 우상숭배요, 개인적으로 비평만 하면 그것은 자기를 속임이며 자기를 낮추는 일이다. 민중은 인물을 떠받들 뿐만 아니라 비판할 줄도 알아야 하는 것이요, 엄정하게 비평할 줄만 알 뿐 아니라 용서할 줄도 알아야 한다."

우리는 예로부터 인물 대접할 줄을 모른다. 그것이 우리의 국민적 성격의 큰 결함이다. 나라가 쇠한 큰 원인의 하나는 인물 빈곤이다. 비판을 하되 가혹하고 도량 좁은 제재를 가하지 말아야한다. 그래서는 사회가 건전한 발달을 할 수 없다고 함석헌은 결론지었다.

춘원 이광수 언론활동 연보

1) 이 연보는 이광수의 언론활동 위주로 작성되었기 때문에 문학활동은 다루지 않았음.

2) 이광수 이해에 필요한 경력은 언론활동이 아니라도 다루었음.

01세 1892년 2월 28일(음력 2월 1일) 평안북도 정주군 산갈면 익성리 940번지 돌고지에서 출생. 이종원(42세) 3취 부인 충주 김씨(23세) 사이에 전주 이씨 문중 5대 장손으로 출생. 아명은 보경(寶鏡).

06세 1897년 8월(음력 8월 18일) 허영숙 출생. 1975년 9월 7일 사망.

08세 1899년 동리 글방에서 한학 공부.

11세 1902년 8월 아버지 종원(52세)과 어머니 김씨(33세) 콜레라에 감염 사망. 외가와 아버지의 육촌형 집을 떠돌면서 방랑.

12세 1903년 11월 동학당원 승이달(承履達)이라는 유식한 선비의 인도로 동학당에 입도하여 박찬명 대령 집에 기숙하며 도쿄와 서울에서 오는 문서를 베껴 배포하거나 입으로 전하는 심부름을 하면서 사상형성에 많은 영향을 받다.

13세 1904년 9월 동학에서 문서를 수발하던 중 일본 헌병대가 포상금을 걸고 자신을 체포하려 한다는 사실을 알고 몸을 숨긴 일이 있었다.

14세 1905년 2월 진남포에서 인천을 거쳐 서울에 도착하여 머리 깎고 양복을 사 입다. 시골에서 『일어독학(日語獨學)』을 암기한 실력으로 소공동에서 일본어 교사 노릇도 하다. 그러는 사이에 황성신문, 뎨국신문. 1904년에 창간된 대한매일신보를 읽으면서 나라 형편과 러일전쟁의 전황, 세계소식을 접할 수 있었다. 8월에는 천도교(일진회) 유학생 9명 가운데 하나로 선발되어 일본 유학을 떠나다.

15세 1906년 2월 일본 다이세이(大成)중학에 입학하여 정치가를 꿈꾸면서 서구를 비롯한 일본의 신학문을 본격적으로 배우기 시작하다. 홍명희(19세)도 같은 학교 동급생이었다. 천도교의 학비가 끊어져 귀국.

16세 1907년 2월 관비 유학생으로 다시 일본으로 건너가서 메이지학원 보통부 3학년 2학기 편입시험에 합격하여 9월부터 공부하기 시작. 문일평(20세)도 같은 학교 동급생이었다.

17세 1908년 5월에 발행된 『태극학보』(제22호)에 「국문과 한문의 과도시대」 발표. 메이지학원 보통부의 한국인 유학생들이 발행한 회람잡지 『신한자유종』의 편찬 임무를 맡다.

18세	1909년 11월 30일 홍명희의 소개로 최남선을 처음 만나다.
19세	1910년 3월 메이지학원 보통부 중학 5학년을 졸업하고 고등학교에 들어가면 학비를 대주겠다는 독지가도 있었지만 고향인 평안북도 정주 오산학교의 교사로 부임하기 위해 귀국. 오산학교 교주 이승훈(李昇薰)이 105인 사건으로 투옥되자 이광수는 학감을 맡아 실질적인 책임자가 된다. 7월 시골처녀 백혜순과 결혼.
22세	1913년 11월 오산학교를 사직하고 세계여행을 목적으로 국경을 넘어 만주의 안동(安東縣, 현재 단둥)으로 가다. 그곳에서 정인보의 권유로 상하이로 목적지를 바꾸다. 상하이에 한 달 남짓 머무는 동안 여러 망명객들을 만나다. 도쿄 유학시절부터 절친했던 홍명희를 비롯하여 조소앙. 김규식. 신규식. 신채호. 문일평. 변영태. 신성모 등이다.
23세	1914년 1월 5일 상하이에서 출발하는 러시아 의용함대(義勇艦隊) 포르타와호 편으로 일본 나가사키를 거쳐 블라디보스토크로 가다. 이곳에서도 이광수는 여러 독립운동가를 만나다. 2월 모스크바 행 밤 열차를 타고 바이칼 주의 수도 치타로 가다. 치타에서 교포들이 발행하는 월간『대한인정교보』편집. 주필에 임명되어 한글 풀어쓰기 시도. 키릴 문자를 채용한 필기체 고안. 제1차 세계대전으로 유럽을 거쳐 미국으로 가려던 계획 좌절. 8월 치타를 떠나 귀국.
24세	1915년 최남선이 운영하는 신문관에서 잡지『청춘』의 편집을 도우며 해외를 떠돌던 경험을 써서 발표. 9월 김성수의 도움으로 다시 일본으로 건너가 와세다대학 고등예과 편입학. 학업을 계속하다. 와세다대 입학 직후인 11월 10일 비밀결사 성격의 조선학회 결성. 이광수, 신익희, 진학문, 장덕수 등으로 조선의 당면문제 연구를 목적. 장덕수, 진학문, 이광수는 후에 동아일보에서 활동.
25세	재동경조선인유학생 학우회 편집부장에 선출되어 3월 4일에 발행된 회지『학지광(學之光)』제8호에 발행인으로 등재되다. 국내 유일의 한국어 일간지 매일신보에「동경잡신」과「농촌계발」을 기고하여 이름이 알려지다.
26세	1917년 1월 1일부터 소설「무정」연재. 단편 여러 편 집필. 6월에는 매일신보─경성일보 '특파기자'로 임명되어 두 신문에 한국어와 일어로「오도답파여행(五道踏破旅行)」게재 (6.26～9.7). 정력적인 글쓰기로 소설과 논설을 집필하면서 학업을 동시에 수행하다. 8월 총독부가 성적 우수 일본 유학생 7명에게 지급한 장학금 받다. 이광수는 성적이 가장 우수한 특대생이었다. 매일신보에 연재한「신생활론」(9월 6일부터 10월 19일까지)은 유림의 불만이 커서 "이광수의 글을 싣지 말라"고 항의하는 진정서가 총독부와 매일신보사에 날아오다.
27세	1917년 무렵에 폐병. 이듬해에 확진. 백혜순과 이혼하고 한국 최초의 여의사 허영숙과 결혼. 10월 허영숙과 베이징에 가서 현지 발행 일본어 신문『순천시보』사장 만남. 신문기자가 될 계획을 가지고 있었으나 여의치 않았던 듯.

28세 1919년 1월 서울을 거쳐 도쿄로 가서 유학생 독립선언 계획 추진. 2.8독립선언서 기초. 영문으로 번역 상하이로 탈출하여 현지 발행 영어신문에 기사 제공. 안창호 주도의 『한일관계 사료집』 편찬회 주임에 임명되어 편찬사업 완료(9.22). 8월 21일(임정 수립 20일 전)에 『독립신문』 창간. 사장겸 주필로 항일 논설집필. 격일간 매주 화목토 3회 발행.

29세 1920년 4월 29일 흥사단 정식 가입. 2월 5일 독립신문에 처형할 인간 일곱 유형을 구체적으로 나열한 「칠가살」 게재. 6월 10일(83호)자 독립신문에 『춘원 이광수 저 독립신문 논설집』 7월 1일 출판예고. 여름 무렵 재정난과 일본의 방해로 신문에서 손을 떼려고 생각하다.

30세 1921년 2월 17일 마지막 글 「광복 기도회셔」 게재. 3월 텐진과 펑텐 경유 밤차로 압록강을 건너 귀국. 경성학교에서 영어를 가르치고 불교학원, 보성전문, 종학원에서 철학 심리학 강의. 『개벽』 7월호에 「중추계급과 사회」 발표. 11월호부터 「소년에게」 5회 연재.

31세 1922년 『개벽』 5월호에 「민족개조론」 발표. 식민통치의 극복을 위해서 철저한 자기반성이 선행되어야 하며, 도덕성을 회복해야 한다고 주장하는 논리를 펴서 비판의 대상이 되다.

32세 1923년 5월 동아일보 입사 촉탁기자. 12월부터 논설기자. 논설 집필과 소설 연재. 안창호를 모델로 쓴 「선도자」 총독부의 간섭으로 중단(111회)

33세 1924년 1월 2일부터 6일까지 동아일보 연속논설 「민족적 경륜」 5회 연재. 이 논설로 민족주의 강경파와 사회주의 성향 청년 학생 등 동아일보 공격. 양자 합세로 동아일보 비매동맹(非買同盟)을 형성하고 각지에 성토문을 내는 등 격렬한 공격이 계속되자 사장 편집국장 사퇴. 이광수도 4월 26일 동아일보 퇴사. 4월 베이징으로 가서 안창호 만나 8일간 함께 있다가 귀국. 발병으로 3월 22일부터 연재 중이던 「금십자가」(장백산인) 5월 11일(49회) 미완으로 중단. 10월 『조선문단』 창간 주재.

34세 1925년 경신학교에서 영어를 가르치다. 전 해에 북경에서 안창호를 만나 기록해온 어록을 1월 23일자부터 동아일보에 게재. 「국내 동포에게 드림, 동아일보를 통하야」. 필자는 '도산 안창호'로 되어 있지만 이광수 집필이었다. 1월 25일자 3회까지 게재. 26일자 4회분은 총독부의 검열로 전문 삭제 후 연재 중단. 3월 척추카리에스 판정. 백인제의원에서 한 쪽 갈빗대를 도려내는 큰 수술 받고 100여일 입원 후 황해도 신천으로 정양을 떠나다. 8월 동아일보 복직. 아내 허영숙 12월부터 동아일보 입사 학예부장으로 1년 3개월 (1925년 12월~1927년 3월) 근무.

35세 1926년 5월 20일 흥사단 이념 종합잡지 『동광』 창간. 6월 1일 경성제국대학 법문학부 문학과 입학. 신병으로 학업을 계속할 수 없어 4년 후인 1930년 1월 23일부로 제적처리. 11월 8일 동아일보 편집국장, 1927년 9월 10일까지.

36세 1927년 1월 16일 동아일보에 「유랑」 연재, 31일 16회로 중단. 28일 폐병 재발로 많은 피를 토하여 시력이 떨어지고 혼수상태에 빠지기도 하다. 세 차례 위기. ①6월 1일 객혈, ②9월 2차 객혈, ③11월 3차 객혈. 동아일보 편집국장 사임(9월 10일) 편집고문으로 전임하여 황해도 안악의 연등사와 신천온천에서 전지 요양 후 경성의전병원 입원.

37세	1928년 1월 경성의전병원 퇴원. 1년 가까운 투병생활. 동아일보에 「병창어(病窓語)」(1928.10.5.〜11.9, 31회 연재)
38세	1929년 2월 신장결핵(腎臟結核). 5월 24일 좌편신장을 떼어내는 대수술. 12월 두 번째 편집국장 취임(1929년 12월~1933년 8월)
39세	1930년 편집국장 재임 중. 4월 16일 동아일보 정간, 9월 2일 속간.
40세	1931년 편집국장 재임 중. 신춘문예 「조선의 노래」 공모. 5월 충무공 이순신 유적보존운동 전개. 5월 19일 「충무공 유적순례」 시작. 온양, 목포, 광주를 거쳐 여수, 통영, 한산도를 답사하며 6월 11일까지 기행문 15회 연재. 6월 26일부터 역사소설 「이순신」, 1932년 4월 3일까지 178회. 충무공 유적보존운동은 전국적인 호응을 얻어 성공적으로 마무리. 성금 16,021원30전으로 사당과 영정을 모시고 남은 돈 386원 65전은 현충사 기금으로 하여 동년 6월 5일 영정 봉안식. 문맹타파와 농촌계몽운동을 벌이는 브나로드(민중 속으로) 운동 시작. 이광수 편집국장 시기에 시작한 이 운동은 1934년까지 4 차례에 걸쳐 학생 하기(夏期) 브나로드 운동을 계속하여 큰 성과를 거두다.
41세	1932년 4월 12일 「흙」 연재. 농촌계몽 브나로드 운동을 그린 캠페인 소설. 6월 단군릉 답사계획. 이광수가 직접 떠나려했으나 여의치 않자 사회부장 현진건이 답사. 동아일보 단군릉 수축(修築)을 위한 모금운동 전개.
42세	1933년 8월 2일 만주 다롄(大連)에서 열린 일본 신문협회대회 참석한 기회에 만주 지방 여러 곳을 돌아보다. 여행기는 「만주에서」라는 제목으로 동아일보에 5회 연재. 그 직후에 동아일보를 떠나 조선일보 부사장 겸 편집국장(8월 23일)으로 옮기다. 이튿날부터 조선일보는 5일 연속 지면혁신 발표. 9월 17일부터 기명 칼럼 「일사일언」(장백산인) 집필.
43세	1934년 5월 22일 공개적으로 조선일보 지면에 사퇴를 알리고 퇴사. 연재 중인 소설 「그 여자의 일생」과 칼럼 「일사일언」도 중단.
44세	1935년 4월 16일부터 「그 여자의 일생」 다시 연재. 편집고문(또는 객원)으로 영입되어 칼럼과 소설 집필. 안재홍, 이은상도 이때 편집고문으로 입사. 1935년 11월 23일 「일사일언」을 마지막으로 이광수의 언론 활동은 사실상 끝나다.
45세	1936년~1937년 조선일보 고문. 연재소설 「이차돈의 사」, 「애욕의 피안」, 「그의 자서전」.
46세	1937년 6월 7일 동우회 사건으로 구속되다. 이후 언론활동은 완전히 차단됨.
47세	1938년 11월 3일 명치절에 조선신궁 참배 인원 6만 여명. 일반 시민 가운데 이광수를 비롯한 유지 32명 참배하고 1백원 헌납. 이광수의 집으로 가서 4천여원 국방헌금 모금 계

획. 이로써 친일 제1보를 내딛다. 재판에 계류 중이고, 병약한 체질의 이광수로서는 더 이상 버티기 어려운 상황이 된 것이다.

48세 1939년 12월 8일 동우회사건 1심 판결. 검찰은 이광수에게 7년 징역 구형, 판사는 무죄 선고.

49세 1940년 2월 11일 이광수 가야마 미츠로(香山光郎)로 창씨개명하고 2월 20일자 매일신보에 「창씨와 나」를 게재하여 공개적인 친일의 길로 들어섬. 8월 21일에 열린 동우회 사건 2심 재판에서 이광수 징역 5년의 유죄 판결.

50세 1941년 11월 17일 경성고등법원 상고심에서 무죄 판결. 4년 5개월 동안 끌었던 사건 무죄로 결론. 앞서 9월에 경기도 경찰부장은 이광수의 저서 18종의 판매를 금지하다.

53세 1944년 3월 경기도 양주군 진건면 사릉리에 집을 짓고 농사지으며 세상을 등진 생활을 하던 중 이듬해 8월 15일에 광복을 맞다.

56세 1947년 흥사단의 요청으로 『도산 안창호』 집필.

58세 1949년 『나의 고백』을 춘추사에서 출판. 2월 12일 반민특위에 구속되었다가 병보석으로 출감. 8월 29일 반민특위의 불기소처분을 받다.

59세 1950년 6.25전쟁 북한군 서울 점령 때에 피난가지 못하고 납북. 10월 25일 사망.

참고문헌

저서 단행본

김동인, 『춘원연구』, 신구문화사, 1956.

김병조, 『한국독립운동사략』, 아세아문화사, 1977.

김사엽 편, 『춘원 이광수 애국의 글 모음집』, 문학생활사, 1988.

김영석 외 3인 공역, 『개혁의 확산』, 커뮤니케이션북스, 2005.

김원모, 『자유 꽃이 피리라』, 상-하, 철학과 현실사, 2015.

김원모·이경훈 역, 『춘원 이광수 친일문학』, 철학과 현실사, 1997.

김윤식, 『이광수와 그의 시대』, 상-하, 솔출판사, 1999.

김재관, 『춘원을 따라 걷다, 이광수의 「오도답파여행」 따라가기』, 솔출판사, 1999.

류시현, 『동경 삼재, 동경 유학생 홍명희 최남선 이광수의 삶과 선택』, 도서출판 산처럼, 2016.

박은식, 『한국독립운동지혈사』 상권, 서문문고 191, 1975.

박 환, 『러시아 한인민족 운동사』, 탐구당, 1996.

박 환, 『러시아 한인언론과 민족운동』, 경인문화사, 2008.

山本文雄, 김재홍 역, 『일본 매스커뮤니케이션사』, 커뮤니케이션북스, 2000.

서정우·최선열 공역, 『개혁커뮤니케이션론』, 박영사, 1976.

심원섭, 『아베 미츠이에와 조선』, 소명출판, 2017.

이강훈, 『대한민국 임시정부사』, 서문문고 184, 1975.

이광수, 『도산 안창호』, 이광수전집 7, 삼중당, 1971.

이광수, 『나의 고백』, 이광수전집 7권, 우신사, 1979.

이광수, 『나의 고백』, 이광수전집, 13, 삼중당, 1963.

이광수, 『나의 고백』, 춘추사, 1948.

이동욱, 『계초 방응모전』, 방일영문화재단, 1996.

이정화, 『그리운 아버님 춘원』, 우신사, 1993.

이한수, 『문일평 1934년/ 식민지 시대 한 지식인의 일기』, 살림, 2008.

이현희, 『대한민국 임시정부사』, 집문당, 1983.

이현희, 『조동호 항일투쟁사, 급진적 항일투쟁가의 일생』, 청아출판사, 1992.

정일성, 『일본 군국주의의 괴벨스 도쿠토미 소호』, 지식산업사, 2005.

정진석, 『언론과 한국 현대사』, 커뮤니케이션북스, 2001.

정진석, 『역사와 언론인』, 커뮤니케이션북스, 2001.

정진석, 『언론조선총독부』, 커뮤니케이션북스, 2005.

조용만, 『육당 최남선』, 삼중당, 1964.

조용만, 『조용만 회고수필집 세월의 너울을 벗고』, 교문사, 1986.

주요한 편, 『안도산전서』, 샘터사, 1979.

주요한, 『도산 안창호전』, 마당문고사, 1983.

최기영, 『대한제국시기 신문연구』, 일조각, 1991.

최기영, 『식민지 시기 민족지성과 문화운동』, 한울아카데미, 2003.

최종고 편, 『나의 일생, 춘원 자서전』, 푸른사상, 2014.

하타노 세츠코(최주한 역), 『이광수 일본을 만나다』, 푸른역사, 2016.

하타노 세츠코(최주한 역), 『일본유학생 작가연구』, 소명출판, 2011.

『조선일보 사람들』, 일제 시대편, 랜덤하우스 중앙, 2004.

사사 자료집

국사편찬위원회 편, 『한국독립운동사』 자료 5, 3.1운동 I, 탐구당, 1975.

독립운동사 편찬위원회, 『독립운동사자료집 12, 문화투쟁사자료집』, 1977.

정진석 편, 『일제시대 민족지 압수기사 모음』, 1, LG상남언론재단, 1998.

『동아일보 사사』 권1, 1975.

『나라사랑』, 1971, 제4집, '한힌샘 주시경 특집호'.

『조선일보 50년사』, 조선일보사, 1970.

『조선일보 90년사』, 화보·인물·자료, 조선일보사, 2010.

『조선일보 90년사』,상, 조선일보사, 2010.

『흥사단 70년사』, 흥사단출판부, 1986.

한승옥, 『이광수 문학사전』, 고려대학교 출판부, 2002.

논문 기타

고송무, 「대한인정교보에 실린 한글 풀어쓰기 흘림과 그 판독」, 『한글새소식』 89호, 1980.1.5.

권두연, 「근대 매체와 한글 가로풀어쓰기의 실험」, 『서강인문논총』, 서강대학교 인문과학연구소, 2015.

권보드레, 「학지광 제8호, 편집장 이광수와 새 자료」, 『민족문학사연구』, 제39권, 2009.

김동인, 「문단 30년의 자취」, 『신천지』, 1948.3~1949.9. 연재.

김사엽, 「내가 만난 춘원」, 『춘원 이광수 애국의 글, 상해 임시정부 기관지 「독립」에 무기명으로
　　　쓴 항일 논설 모음집』, 문학생활사, 1988.

김여제, 「독립신문 시절」, 『신동아』, 1967.7.

김영민, 「남·북한에서의 이광수 문학 연구사 정리와 검토」, 『동방학지』, 연세대학교 국학연구원,
　　　1994.3.

김영호, 「단재의 생애와 활동」, 『나라사랑』 제 3집, 1971.

김종욱, 「변절 이전에 쓴 춘원의 항일 논설들」, 『월간 광장』, 1986.12.

魯啞子, 「소년에게」, 『개벽』, 1921.11~1922.3.

송진우, 「교우록」, 『삼천리』, 1935.6.

신용철, 「독일 유학생 이극로의 조선어 강좌 개설과 이광수의 '허생전'」, 『춘원연구학보』, 제5호,
　　　2012.

심원섭, 「나카무라 겐타로의 阿部 無佛翁을 추모함」, 『정신문화연구』, 제39권 1호, 2010.

안병욱, 「작품해설」, 『춘원의 명작논문집 민족개조론』, 우신사, 1981.

안병욱, 이광수의 「민족개조론, 민족 백년대계를 구상한 대 경륜의 서(書)」, 『사상계』, 1967.1.

안재홍, 「1천 4백만 문맹과 대중문화운동」, 『삼천리』, 1931.9.

양동국, 「동경과 상해 시절 주요한의 알려지지 않은 행적」, 『문학사상』, 2000.4.

유재천, 「언론인으로서의 춘원 이광수」, 『문학과 지성』, 1975.가을.

윤병석, 「1910년대 일제의 언론정책과 『독립신문』류」, 『한국근대언론과 민족운동』, 위암장지연기
　　　념사업회 편, 커뮤니케이션북스, 2001.

윤병석, 「조선독립신문의 습유(拾遺)」, 『中央史論』 제 1집, 중앙대 사학연구회, 1972.

이광수(외배), 「어린 벗에게」, 제3신, 『청춘』, 제10호, 1915.9.

이광수, 「기미년과 나」, 전집 7권, 우신사.

이광수, 「나의 하로」, 『동광』 1932.11.

이광수, 「나의 해외 망명시대, 상해의 2년간」, 『삼천리』, 1932. 신년호.

이광수, 「南道雜感」, 『삼천리』, 1930. 초하호.

이광수, 「단군릉」, 『삼천리』, 1936.4.

이광수, 「동경에서 경성까지」, 『청춘』, 제9호, 1917.7.

이광수, 「무부츠 옹의 추억」, 『춘원 이광수 친일문학』, 철학과 현실사, 1997.

이광수, 「無佛翁の憶出」(경성일보, 1939.3.11.~3.17.), ①私が翁を知った前後のこと ②齋藤總督と
　　　靈犀相通じた翁 ③眞に朝鮮同胞を愛した二人 ④物慾に括淡な趣味の運動屋 ⑤その生
　　　涯を物語る葬祭場 ⑥その後の蘇峰翁をめぐる感懷.

이광수, 「문단 고행 30년, 서백리아서 다시 동경으로」, 『조광』, 1936.5.

이광수, 「문단생활 30년의 회고, 무정을 쓰던 때와 그후」, 『조광』, 1936.6.

이광수, 「민족개조론과 경륜, 최근 10년간 필화사」, 『삼천리』, 1931.4.

이광수, 「신문기자의 기쁨과 슬픔」, 『철필』, 1931.2.

이광수, 「열세가지를」, 『철필』, 1930.7.

이광수, 「이순신과 안창호」, 『삼천리』, 1931.6.

이광수, 「인물月旦, 김성수론」, 『동광』, 1931.8.

이광수, 「조선어문 예찬」, 조선일보, 1935.10.29.

이광수, 「조선어의 빈궁」, 조선일보, 1933.10.3.

이광수, 「최초의 저서 무정」, 『삼천리』, 1932.2.

이광수, 「친지 동지에게」, 독립신문, 1920.5.6.

이광수, 「탈출 도중의 단재 인상」, 『조광』, 1936.4.

이광수, 「폐병 사생 15년」, 『삼천리』, 1932.2.

이상범, 「동우 회고실」, 동아일보 사보 『동우』, 1963.12.

정광현, 「3.1운동 피검자에 대한 적용법령」, 『3.1운동 50주년 기념논집』, 동아일보사, 1978.

정진석, 「문사일체 최남선의 언론활동」, 『역사와 언론인』, 커뮤니케이션북스, 2001.

정진석, 「韋庵 張志淵의 언론사상과 언론 활동」, 천관우 외, 『위암 장지연의 사상과 활동』, 민음사, 1993.

정진석, 「일제말 단파방송 수신사건으로 옥사한 신문기자 문석준·홍익범」, 월간조선, 2007.4.

주요한, 「기자생활의 추억」, 『신동아』, 1934.4~6.

주요한, 「상해판 독립신문과 나」, 『아세아』, 1969.7.

최 준, 「삼일운동과 언론의 투쟁」, 『삼일운동 50주년 기념논집』, 동아일보사, 1978.

최기영, 「1914년 이광수의 러시아 체류와 문필활동」, 『식민지 시기 민족지성과 문화운동』, 한울아카데미, 2003.

최남선, 「병우(病友) 생각」, 『청춘』 제 13호, 1918.4.

최상덕, 「민간 삼대신문 편집국장 인상기」, 『철필』, 1930.8.

최주한, 「두 가지 판본의 오도답파여행기」, 『근대서지』, 9호, 근대서지학회, 2014.

최주한, 「박문서관과 이광수」, 『근대서지』 13호, 2016년 상반기.

최주한, 「이광수와 『대한인정교보』 9,10,11호에 대하여」, 『대동문화연구』, 제86집, 대동문화연구원, 2014.

최혜림, 「춘원 이광수 연구사 목록」, 『춘원연구학보』 1호, 2008, 춘원연구학회.

하타노 세츠코(최주한 역), 「사이토 문서와 이광수의 건의서」, 『근대서지』, 2013 하반기.

함석헌, 「육당 춘원의 밤은 가고, 육당 춘원은 금이 간 옥이었다」, 『신태양』, 1958.2.

홍명희, 「자서전」, 『삼천리』, 1929.7~9. 2회 연재 후 중단.

황 건, 「리광수 문학의 매국적 정체」, 『문학예술』, 1956.5.

황금산인, 「김성수냐 방응모냐, 전라도? 평안도? 동아·조선의 일기전(一騎戰)」, 『호외』, 1933, 창간호.

「유정(有情)한 이광수씨」, 『삼천리』, 1933.12(판권에는 10월호로 표시.)

「이광수씨와 교담록(交談錄)」, 『삼천리』, 1933.9.

「인재순례(제일편), 신문사측」, 『삼천리』, 1930.1.

「춘원 출가 방랑기, 조선일보 부사장 사임 내면과 산수방랑의 전후 사정기」, 『삼천리』, 1934.7.

「편집실 통기」, 『소년』, 제3년, 제2권, 1910. 3 ; 「소년의 기왕과 밋 장래」, 『소년』, 제3년 제6권.

일본어 영어

『高等警察要史』, 경북경찰부, 1934, 민족운동사자료 I, 고려대학교 민족문화연구소 영인, 1967; 번역본은 『국역 고등경찰요사』, 안동독립운동기념관 자료총서 3, 2009.

金正明, 『朝鮮獨立運動 II, 民族主義運動篇』, 동경: 原書房, 1967.

조선총독부 경무국, 『高等警察關係年表』, 1930.

조선총독부 경무국, 『上海在住不逞鮮人ノ行動』, 1920.6, 「제5 假政府ノ窮狀」

中村健太郎, 『朝鮮生活50年』, 日本 熊本: 靑潮社.

『德富蘇峰民友社 關係資料集』, 民友社 사상문학총서 제1권, 1968, 三一書房.

「同友會事件關係者ノ香山光郎動靜ニ關スル件」, 1941.9.17., 京高特秘 第2,492號.

「上海在住不逞鮮人ノ行動」 警務局, 1920.6.

「要視察鮮人滯在中ノ行動ニ關スル件」, 베이징 주재 일본공사관 警部 波多野龜太郎가 공사관에 제출한 보고, 1919.1.30.

「要視察鮮人滯在中ノ行動ニ關スル件」, 북경주재 일본공사관 보고, 1918.12.7.

「要視察鮮人李光洙行動ニ關スル件」, 내무성 警保국장 川村이 외무성 정무국장 埴原에 보낸 보고, 1819.3.24.

「要視察朝鮮人ニ關スル件」, 내무성 警保국장 川村가 외무성 정무국장 埴原에 보낸 보고, 1819.2.6.

Michael Edson Robinson, *Cultural Nationalism in Korea, 1920~1925*, University of Washington Press, 1988; 김민환 역, 『일제하 문화적 민족주의』, 나남, 1990 참고.

Travis Workman, The Colony and the World, Nation, Poetics, and Biopolitics in Yi Kwang-su, Imperial Genus, University of California Press, 2016.

찾아보기

언론인 춘원 이광수

1판 1쇄 발행 | 2017년 9월 15일

지은이 | 정진석
펴낸이 | 안병훈
디자인 | 조의환, 오숙이

펴낸곳 | 도서출판 기파랑
등록 | 2004. 12. 27 | 제 300-2004-204호
주소 | 서울시 종로구 대학로8가길 56(동숭동 1-49 동숭빌딩) 301호
전화 | 02-763-8996(편집부) 02-3288-0077(영업마케팅부)
팩스 | 02-763-8936
홈페이지 | www.guiparang.com
이메일 | info@guiparang.com

ISBN 978-89-6523-683-2 03990

이 책은 관훈클럽신영연구기금의 저술지원을 받아 출판되었습니다.